KB263911

복 있는 사람

오직 여호와의 율법을 즐거워하여 그 율법을 주야로 묵상하는 자로다.
저는 시냇가에 심은 나무가 시절을 좇아 과실을 맺으며 그 잎사귀가 마르지 아니함 같으니
그 행사가 다 형통하리로다. (시편 1:2-3)

일요일에 예배를 마치고 교회 문밖을 나서면 왠지 모를 허전함이 밀려든다. 다시 일상으로 돌아가 바쁘게 몸을 움직여야 한다는 막막함 때문일까. 아니면 익숙하게 해석되는 기독교적 질서를 벗어나 혼란스러운 세속 세계로 돌아가야 한다는 자각 때문일까. 『미디어 미식』은 바로 그 지점에 서 있는 월요일의 우리에게 중요한 감각을 일깨운다. 세상은 원래 하나님의 것이라는 믿음 말이다. 이 책은 그리스도인이 세상에서 도망치는 대신, 신앙의 언어로 세상을 다시 읽어내도록 돕는다. 그리스도인의 삶을 주일로만 국한하지 않기로 한 이들에게 꼭 필요한 안내서다.

김호현, 대중음악평론가·한국힙합어워즈 선정위원

찬양과 미디어 문화 사역에 몸담고 있는 입장에서 기독교와 문화에 관한 책은 늘 반갑다. 오성민 작가의 『미디어 미식』은 영화, 드라마, 웹툰 등 대중문화 콘텐츠를 기독교 관점에서 성찰한 책으로, 단순한 비평을 넘어 신앙과 문화의 접점을 모색한다. '미디어 금식'이 아니라 '미디어 미식'이라는 개념을 제안하며, 그저 회피하거나 무비판적으로 소비하는 것이 아니라 복음적 시선으로 문화를 음미할 것을 권한다. 저자는 스스로를 전문가나 신학자가 아니라 문화 '덕후'로 소개하면서도, 작품들 속에 담긴 신학적 질문을 탁월하게 포착한다. 이 책은 기독교 신앙을 가진 독자들에게만 유의미한 것이 아니라, 문화 속에서 삶의 의미를 찾아가는 모든 대중에게 충분히 유용할 것이라 믿는다. 저자가 강조하듯, 복음은 모든 이야기와 공명한다. 따라서 『미디어 미식』은 오늘날 미디어의 홍수 속에 살고 있는 우리에게 문화를 바라보는 올바른 시선과 신앙적 성찰을 제시하며, 우리의 신앙 여정에 든든한 이정표가 될 것이다.

박은총, 위러브(WELOVE) 대표

기독교 문화 비평은 작품을 분석하는 일과 더불어, '그것을 신앙과 어떻게 연결할 것인가'라는 과제를 안고 있다. 오성민 작가의 『미디어 미식』은 이 난제 앞에서 '공감'이라는 마음의 축과 '복음'이라는 분별의 축을 균형 있게 세우며 문화를 바라보는 사려 깊은 시선의 전형을 보여준다. 오늘날 그리스도인에게 가장 필요한 태도가 바로 이 책 속에 담겨 있다. 참으로 반가운 책이다.

성현, 창조의정원교회 담임목사·유튜브 채널 '아웃플루언서' 운영자

나는 오성민 작가를 '질문으로 시작해 예수로 끝맺는 사람'으로 기억한다. 수십 년간 축적된 '신학 덕후적 성실함'과 '현장적 변증 감각'이 이 책 『미디어 미식』에서 정확한 온도로 끓어오른다. 대중문화와 '좋은 이웃'으로 서는 법을 배우고 싶은 독자로서 그동안 이 책만큼 실속 있는 길라잡이를 보지 못했다. 논리의 칼날과 예수의 심장이 이 책 한 권에서 만났다.

이종찬, 유튜브 채널 '종리스찬TV' 운영자

같은 음식을 먹어도 남들보다 더 맛있게 먹는 사람이 있다. 음식에 대한 깊은 관찰과 배경지식으로 미각을 넘어서는 가치를 발견하는 사람들. 우리는 그들을 '미식가'라고 부른다. 바로 그런 점에서 오성민 작가는 '미디어 미식가'다. 그는 영화든 드라마든 무언가를 감상하고 나면 늘 자신만의 시각으로 새로운 해석과 통찰을 들려주곤 했는데, 그게 참 부러웠다. 이 책에 기록된 미디어들을 내 플레이리스트에 넣었으니, 이제부터 그 탐났던 통찰을 슬쩍 훔쳐보려 한다.

차성진, 유튜브 채널 '엠마오 연구소' 운영자

미디어 미식

미디어 미식

미디어 미식

2025년 9월 04일 초판 1쇄 인쇄
2025년 9월 11일 초판 1쇄 발행

지은이 오성민
펴낸이 박종현

(주) 복 있는 사람
주소 서울특별시 마포구 연남동 246-21(성미산로23길 26-6)
전화 02-723-7183(편집), 7734(영업·마케팅)
팩스 02-723-7184
이메일 hismessage@naver.com
등록 1998년 1월 19일 제1-2280호

ISBN 979-11-7083-285-0 03230

Media
美食

영화, 드라마, 웹툰 속 숨겨진 복음 레시피

복 있는 사람

오성민 지음

미디어 미식

복 있는 사람

이 책 『미디어 미식』은 여러 영화와 드라마, 만화와 같은 문화 콘텐츠를 기독교적 관점에서 다루는 책입니다. 여러분이 이 책을 집어 든 이유 중 하나는 차례에 여러분이 좋아하는 작품이 포함되어 있기 때문일 것입니다. 하지만 저는 문화 콘텐츠에 대한 전문적인 지식을 지닌 평론가도, 해석의 틀이 되어 줄 기독교 신학을 전공한 사람도 아닙니다. 저는 문화 콘텐츠에서도, 신학에서도 오히려 팬 내지 '덕후'에 가까운 사람입니다. 그러한 저의 '덕력'을 힘입어 지난 10년간 유튜브 채널에서 여러 콘텐츠를 기독교적으로 분석해 왔습니다.

그럼에도 평론가가 아닌 저의 분석을 왜 들어야 하는지 궁금해하실 수 있습니다. 그러게 말입니다. 당당히 내놓을 만한 무언가가 있으면 좋겠지만, 제가 이 작품들을 얼마나 좋아하는지 말씀드리는 것 외에는 달리 방법이 없을 것 같습니다. 그것만큼은 정말로 자신이 있습니다. 여러분도 어떤 작품을 너무나 좋아해서 밤잠을 설쳤던 기억이 있지 않으십니까?

제가 처음으로 본 문화 콘텐츠는 비디오로 100번도 넘게 본 「라이온 킹」입니다. 지금도 아쉬운 것은, 영어판이 아닌 한국어판으로 봤다는 점입니다. 유치원생 때 이미 이 애니메이션의 대사를 모두 외울 정도였으니, 만약 영어로 봤다면 인생이 훨씬 편해졌을지도 모르겠습니다. 이 외에도 「101마리의 달마시안 개」와 같은 작품을 수도 없이 돌려 봤습니다. 당시에는 '디즈니 만화동산'의 존재를 몰라서 그저 집에 있던 비디오들만 닳도록 봤습니다.

운 좋게도 저의 초등학교 저학년 시절은 일본 애니메이션의 최절정기에 있던 작품들이 국내에 많이 들어오기 시작한 시기였습니다. 「포켓몬스터」와 「디지몬 어드벤처」는 물론이고, 「다간」이나 「골드런」 같은 로봇 만화들, 남자아이들끼리 서로 안 보는 척하면서 다들 몰래 봤던 「천사소녀 네티」나 「웨딩 피치」와 같은 마법소녀물까지, 쏟아지는 명작의 향연에 정신을 차리지 못하는 어린 시절을 보냈습니다.

하지만 이 황금기가 누군가에게는 시련을 주기도 했습니다. 모든 것이 디지털로 넘어가던 시대였기 때문입니다. 동네에 가득했던 비디오 가게들은 하나둘씩 문을 닫기 시작했습니다. 하루는 아버지가 재고 정리 중인 가게에 단 세 개 남은 「드래곤볼」 비디오를 몇백 원에 모두 사 오신 기억이 납니다. 문제는 각각의 비디오가 이야기의 극초반부와 후반부를 담고 있어서 중간 내용을 전혀 예상할 수 없었다는 것입니다. 그중 하나는 많은 이들이 기억할 베지터의 자폭 장면이었습니다. 이런 명장면을 담은 비디오를 '득템'해 수십 번을 돌려 봤으니 지금 생각하면 참 운도 좋았습니다.

만화책에 처음 빠졌던 계기도 기억이 납니다. 우연히 「팡팡」이라는 국내 만화 잡지를 사서 보게 되었는데, 당시에는 구독을 하지 않는 이상 지난 호를 구하기가 어려워 몇 달씩 건너뛰는 일이 생겼습니다. 그러면 좋아하는 만화들의 중간 내용을 알 길이 없어 상상으로 채울 수밖에 없었습니다. 이때 저의 상상력이 굉장히 훈련된 듯합니다.

만화에 대한 제 사랑은 아직 현재 진행형입니다. 각 잡고 만화책을 볼 기회는 줄었지만, 대신 웹툰 감상이 점심 시간의 낙이 되었습니다. 저는 강풀과 주호민 작가가 '다음'과 '야후'에서 웹툰의 기틀을 다지던 시절부터 20년 가까이 수많은 웹툰을 감상해 왔습니다. 그러니 나름대로 오래된 팬이라고 부를 수 있을 것입니다.

다시 초등학생 시절로 돌아가면, 현재 2030 세대라면 대부분 기억할 '투니버스'라는 애니메이션 전문 TV 채널을 빼놓고 이야기할 수 없습니다. 이 채널은 정말 좋은 일본 애니메이션들을 완벽하게 우리말로 옮겨 왔는데, 여기서 「원피스」, 「이누야샤」, 「더 파이팅」과 같은 소년 만화를 처음 접했습니다. 이 장르에 대해서는 이 책의 본문에서 한 장 전체를 할애해 놓았으니 기대해 주시기 바랍니다.

하지만 '투니버스'도 만화를 정주행하기에 좋은 매체는 아니었습니다. 학교에 가고, 친구들과 놀다 보면 이야기를 전부 따라갈 수 없었지요. 제가 매일 같은 시간에 앉아서 끝까지 시청한 '투니버스' 작품은 오직 여름 방학 때 방영한 「디지몬 테이머즈」 하나뿐이었습니다. 그러다 보니 또다시 중간 내용을 상상으로 채워 넣어야 했습니다. 그때 길러진 상상력 덕분인지, 초등학교 고학년이 되자 무언가를 보는 것을 넘어 창작하는 취미가 생기기 시작했습니다.

첫 번째 취미는 소설을 쓰는 것이었습니다. 이 당시에는 소설을 연재하는 인터넷 카페들이 많았습니다. 아마도 시대를 지배했던 전설적인 작가 귀여니 덕분에 인터넷 소설 쓰기가 유행했었나 봅니다. 이 중 몇

개의 카페에 가입해 초등학교 2학년 때부터 중학교 1학년 때까지 틈틈이 소설을 썼습니다. 너무 어려서 창작력이 부족했던 저는 제가 즐겨 하던 「스타크래프트」나 「테일즈 위버」, 「노바 1492」와 같은 게임을 배경 삼아 소설을 쓰곤 했습니다. 계속 쓰다 보니 한 카페에서는 운영진을 맡기도 했습니다.

또 다른 창작 취미는 게임 만들기였습니다. 제가 초등학생 때는 'RPG 만들기 툴'이라는 프로그램이 있었는데, 누구라도 이 도구를 이용해 자신이 구상한 이야기를 RPG 게임으로 구현할 수 있었습니다. 그리고 다른 이들이 만든 게임을 즐길 수도 있었습니다. 비록 서로 무료로 배포한 게임들이지만, 그중에는 엄청난 스토리 라인과 게임성을 담은 작품들도 많았습니다. 세상에 정말 훌륭한 이야기꾼이 많다는 점에 자극을 받은 저는, 꽤 오랜 시간 동안 RPG 만들기를 통해 창작 욕구를 채웠습니다.

이후 중학생이 되어서는 고전 소설에 빠졌습니다. 그중에서도 가장 사랑한 것은 헤르만 헤세의 작품들이었습니다. 헤세가 쓴 책은 중학생 시기에 거의 다 읽었고, 도무지 이해하지 못했던 『데미안』과 『싯다르타』는 성인이 되어 다시 읽었습니다. 그리고 소위 '중2병'에 걸려 그 나이대에 볼 법한 많은 애니메이션을 보기도 했습니다. 어떤 작품이었는지는 나열하기가 조금 민망하니 넘어가겠습니다. 이 시기에 '오타쿠'라고 놀리던 한 친구와 심하게 싸운 적도 있을 정도였으니까요.

아버지의 목회를 따라 미국에 온 고등학생 시기에는 본격적으로 영화를 보는 재미에 빠졌습니다. 첫 1년은 학교도 일찍 마치고 친구도 거의 없던 터라, 혼자서 영화를 보거나 언더그라운드 힙합을 들으며 지냈습니다. 물론 영화는 지금도 좋아하는 매체이지만, 제가 본 대부분의 영화는 고등학생과 대학생 시절에 감상한 것입니다. 특히 게임을 완전히 끊었던 대학생 시절에는 여가 시간의 상당 부분을 영화를 보며 지냈는데, 「가타카」, 「빅 피쉬」, 「브레이브 하트」, 「지금 만나러 갑니다」와 같은 인생 최고의 작품들을 모두 이 시기에 만났습니다. 멜로, 스릴러, 액션 등 장르를 가릴 것 없이 닥치는 대로 보았고, 한동안은 뜬금없이 홍콩 영화에 빠져 그것만 수십 편을 보기도 했습니다. 아마 이때 성룡이 등장하는 작품만큼은 거의 다 보지 않았을까 싶습니다.

이 책의 여러 부분을 차지하는 드라마 감상은 조금 늦게 들인 취미입니다. 소위 '그 돈이면 국밥이 몇 그릇이냐?'라는 계산법이 있듯이, 저는 '그거 볼 시간이면 영화가 몇 편이냐?'라는 사고방식을 가지고 있었기 때문입니다. 그래서 전국적으로 유행한 드라마 중에서도 본 것이 거의 없습니다. 그 후 코로나19가 터지고 나서야 넷플릭스의 「블랙 미러」를 통해 처음으로 드라마 정주행이라는 것을 했습니다. 이후 「오징어 게임」이나 「지옥」과 같은 국내 히트작들이 넷플릭스를 강타하자, 사람들과 대화하기 위해서라도 계속해서 드라마를 보게 되었습니다. 지금은 무척 재미있게 드라마를 즐기고 있으며, 이 책에서도 「나의 아저씨」와 「지옥」을 비롯한 몇 작품을 소개하고 있습니다.

제가 얼마나 다양한 문화 콘텐츠를 사랑하는지 담으려면 책 한 권이 따로 필요할 테니 여기까지 하겠습니다. 이처럼 저는 그동안 참 많은 이야기를 즐기고 상상하며 살아왔습니다. 항상 이야기의 홍수 속에 있었고, 지금도 동시에 감상 중인 이야기가 족히 열 개는 됩니다.

물론 이런 경험담이 비단 저만의 특별한 내용은 아닐 것입니다. 대부분의 사람들이 멋지고 아름다운 이야기를 좋아합니다. 마치 우리의 존재가 그것을 좋아하도록 만들어져 있는 것처럼 말입니다. 드라마, 영화, 만화, 소설 등 각자가 선호하는 매체는 다르겠지만, 결국 누구나 서사의 홍수 속에서 양껏 즐기며 살아갑니다. 여러분이 퇴근 후 가장 많이 즐기는 여가 또한 아마 넷플릭스와 같은 OTT 서비스를 시청하는 것이겠지요. 저 또한 마찬가지입니다.

그렇다면 이쯤에서 제가 사랑하는 또 하나의 이야기 축을 말해 보고 싶습니다. 그것은 바로 성경의 이야기입니다. 어린 시절, 거대한 교육용 만화들을 많이 접했습니다. 조선 시대 역사를 담은 『맹꽁이 서당』, 『만화 삼국지』, 『만화 그리스 로마 신화』, 그리고 성경 만화까지, 모두 인생에 큰 자산이 된 작품들입니다. 처음으로 성경을 완독한 것 또한 두 권짜리 성경 만화를 통해서였습니다.

아직 초등학생이었지만 신약 부분에서 예수님의 십자가 이야기를 읽고 눈물 흘렸던 때를 기억합니다. 그때 있던 방, 누워 있던 침대, 저녁 시간대까지 생생하게 기억하는 것을 보면, 어쩌면 처음으로 영적인 감화를 경험한 날이었는지도 모릅니다. 그렇게 설교로만 들었던 예수님은 저에게 이야기가 되었습니다. 깔끔한 언어로 정리하지는 못했지만, 아마도 저는 이때부터 기독교가 종교라기보다는 하나의 이야기, 다시 말해 세상의 모든 이야기를 해석할 틀이 되어 주는 중심 이야기라는 생각을 품고 살았던 것 같습니다.

대학생이 되어 직접 성경을 통독하기 시작했을 때는 성경의 이야기에 더 큰 감동을 받았습니다. 물론 읽으며 많은 의문도 생겨났지만, 그것들을 공부하고 스스로 변증해 나가는 일과 별개로 성경의 이야기 자체가 저를 매료시켰습니다. 특히 마가복음이나 누가복음은 정말로 여러 번 읽었던 책입니다. 큐티나 신학 공부를 위해서 읽기도 했고, 인생이 힘겨워 지푸라기라도 잡는 심정으로 읽을 때도 있었습니다. 그럴 때마다 이 위대한 이야기는 저에게 큰 위로를 건네며 나아갈 방향을 잡아 주었습니다.

왜 '미디어 미식'인가?

사실 저에게는 만화나 영화를 좋아하는 마음을 설명하는 것이나, 성경의 이야기를 좋아하는 마음을 설명하는 것에 그렇게 큰 차이가 없습니다. 둘 다 제가 사랑하는 이야기들이지요.

그런데 여러분 중에는 '미디어 금식'이라는 말을 기억하는 분들이 계실 것입니다. 지금은 많이 약해졌지만, 약 10여 년 전만 해도 교회 안에서 적극적으로 권장되던 개념이었습니다. 특히 고난 주간에 음식을 끊기 어려운 학생이나 청년들이 미디어를 잠시 멀리함으로써 예수님의 고난에 동참하자는 취지의 운동이었습니다.

미디어 금식 자체를 비판하려고 이런 말을 하는 것은 아닙니다. 금식이 음식의 가치를 부정하지 않듯이, 미디어 금식 또한 미디어 자체를 반드시 악한 것으로 간주하지는 않을 것입니다. 다만 그 시절 '미디어 금식'이라는 단어가 세속 문화에 대한 신앙인의 경계 태세를 뜻하는 상징으로 자리 잡고 있었던 것은 사실입니다. 당시의 설교나 교육 분위기를 떠올려 보면, 미디어를 멀리할수록 더 좋은 그리스도인으로 여겨지고, 가까이할수록 신앙에서 멀어질 수 있다는 불안감이 만연했습니다. "나는 세상 음악은 안 들어"라고 의기양양하게 말하던 신앙 선배들을 보는 일도 흔했습니다.

지금도 일부 기독교 유튜브나 설교를 보면 세상 음악이나 영화가 신앙에 해롭다는 시각을 접할 수 있습니다. 심지어 특정 영화가 반기독교적이니 아예 보아서는 안 된다는 조언도 어렵지 않게 찾아볼 수 있습니다. 하지만 저는 미디어 콘텐츠가 전하는 이야기를 기독교의 이야기와 완전히 별개로 생각해 본 적이 없습니다. 기독교 작품과 비기독교 작품을 명확하게 구분해 본 적도 없습니다. 늘 이야기의 홍수 속에 살았던 저에게 「이집트 왕자」와 「라이온 킹」은 모두 기독교적 영감을 풍부하게 제공하는 작품들이었습니다. 그리고 복음서의 서사는 이 모든 작품들을 더 깊고 아름답게 감상할 수 있도록 기준이 되는 이야기, 말하자면 으뜸 이야기였습니다.

이러한 생각이 있었기에 저는 꽤 어렸을 때부터 작품들을 기독교적 시선으로 바라봤던 것 같습니다. 또한 이런 사고방식 때문에 제가 C. S. 루이스를 접하자마자 당장 최애 작가로 여기게 되었는지도 모르겠습니다. 루이스는 문학은 물론이고 다른 종교의 신화들마저 단순히 우상이나 거짓으로 치부하지 않았기 때문입니다. 그는 오히려 그것들을 인류의 깊은 지혜와 통찰을 담은 원형적 이야기로 받아들였습니다. 또한 루이스는 그리스도의 신화야말로 이 모든 신화들 중 유일하게 진짜가 된 신화, 곧 '참된 신화'라고 여겼습니다. 바로 이 통찰이 그를 무엇보다 기독교인으로 회심하게 만든 결정적인 계기이기도 했습니다.

저는 이 책을 통해 기독교적 이야기와 비기독교적 이야기라는 대립 구도를 넘어설 것을 제한합니다. 이를 위해 무작정 미디어를 멀리하는 '금식'이 아니라, 오히려 신앙적으로 감상하고 음미하는 '미식(美食)'의 개념을 제안하고자 합니다. 흔히 '미식'이라는 말을 떠올리면 단순히 맛있는 음식을 먹는 행위 정도로 생각하기 쉽습니다. 하지만 미식은 그보다 훨씬 정교한 과정입니다. 이는 음식의 재료와 조리법, 맛과 향, 그리고 그 음식이 지닌 문화적 의미까지 살피며 더 풍부한 경험을 얻는 것입니다. 그저 음식의 겉모습이나 이름만 보고 판단하지 않고, 왜 이 재료를 썼는지, 어떤 맛의 조화를 노렸는지, 그 배경에는 어떤 이야기가 있는지까지 고민하는 태도가 미식가가 지녀야 할 미덕인 것입니다.

'미디어 미식'도 마찬가지입니다. 어떤 작품이 표면적으로 기독교를 찬양하는 작품이라고 해서 반드시 훌륭한 콘텐츠인 것은 아닙니다. 겉으로는 기독교적 주제를 담은 듯 보이지만 실제로는 왜곡된 사상을 담고 있는 작품이 존재하기 때문입니다. 반대로, 기독교에 비판적인 시선을 담고 있다고 해서 무조건 피해야 할 대상은 아닙니다. 세속적인 콘텐츠는 물론, 선정적이거나 잔인한 내용을 담은 작품들 속에서도 영적 성장을 위한 교훈을 얻을 수 있습니다. 심지어 기독교를 강하게 비판하는 작품들조차 우리가 신앙 안에서 점검해야 할 문제를 드러내 주는 경우가 많습니다. 이러한 다양한 콘텐츠를 분별력 있게 소화하는 과정을 통해 우리의 세계관은 더욱 성숙해질 것입니다.

또한 세상에는 깊은 철학적 물음을 던지는 작품들이 많이 있습니다. 그중 일부는 그러한 질문들에 나름의 답을 제시하려고 시도합니다. 여기에는 '왜 세상에는 이처럼 악이 많은가?' 혹은 '인간의 삶은 왜 이토록 허무한가?'와 같은 인간의 실존적인 질문이 포함되어 있습니다. 또한 삶의 구원, 영웅에 대한 기대, 종교에 대한 의구심, 기술 발전이 그려내는 미래와 같은 깊은 주제들이 포함되기도 합니다.

이 책에서 저는 이 질문들 위에 기독교라는 숟가락을 더해 '미식'하는 모습을 보여드리고자 합니다. 그렇지만 제가 내세운 해석이 무조건 정답이라고 주장할 생각은 없습니다. '이렇게 바라봤더니 많은 유익이 있더라, 그러니 여러분도 함께 미식해 보사'는 초내로 받아들여 주시면 좋겠습니다.

이 책을 읽은 뒤에도 여러분은 수많은 새로운 작품을 만나게 될 것입니다. 이 책을 통해 미디어를 '미식'한다는 것의 의미를 깨닫는다면, 앞으로 만나는 콘텐츠들을 한층 새로운 시선으로 바라볼 수 있게 될 것입니다. 무엇보다, 가장 위대한 이야기가 되시는 그리스도께서 그 모든 이야기 안에서 어떻게 공명하고 계신지 발견하게 될 것입니다. 문화 콘텐츠가 홍수처럼 쏟아지는 이때에, '미디어 미식'은 그 홍수를 피하지 않고 오히려 생명수로 변화시키는 지혜입니다. 이 일에 부족한 저의 책이 작은 도움이 된다면 그보다 더 바랄 것이 없을 것입니다.

2025년 9월

오성민

차례

기독교가 바라보는 인간

[1부]

바로 그러한 부조리를 해결할
실마리가 제시되었다는 데
있습니다.

01

기생충

Parasite, 2019

이 영화의 찝찝함은 어디서 오는 걸까?

처음으로 소개할 작품으로 「기생충」을 골랐습니다. 한국에서 만들어진 모든 미디어 콘텐츠 중 세계에서 가장 높은 평가를 받은 작품이기 때문입니다. 불가능의 영역처럼 여겨졌던 아카데미 작품상을 최초로 수상한 이 작품은 단순히 상을 탄 것을 넘어 대중과 평단 모두의 찬사를 받았습니다.

이동진 평론가는 「기생충」을 '계급 우화'라고 칭했습니다. 영화 속 등장인물들이 각 사회 계층을 직설적으로 상징하기 때문입니다. 그런 점에서 이 영화는 연극적인 요소를 짙게 담고 있습니다. 관객들이 상징을 쉽게 이해할 수 있도록 등장인물과 내용이 의도적으로 과장되어 있습니다. 마치 이솝 우화를 읽을 때 각각의 인물과 사건들을 현실과 자연스럽게 연결시킬 수 있는 것처럼 말입니다.

이토록 잘 알려진 작품임에도 불구하고, 개봉 이후 많은 관객들은 이 영화를 이와 같이 평했습니다. "재미있고 훌륭한 작품인 건 알겠는데, 영화 내내 느껴지는 미묘한 찝찝함을 어떻게 받아들여야 할지 모르겠다." 이는 사실 이상한 일이 아닙니다. 이 영화의 관객이라면 누구나 느끼도록 의도된 감정이기 때문입니다. 따라서 이 찝찝함의 근원을 살펴보려면 작품의 의도와 사상적 배경부터 잘 알아보아야 합니다. 저는 먼저 「기생충」이 남긴 찝찝함의 근원을 '부조리'라는 철학적 배경을 통해 살펴보고, 영화 속 인물들의 실패를 분석해 보겠습니다. 그리고 마지막으로 이 모든 것을 넘어설 수 있는 새로운 가능성을 모색해 보고자 합니다.

부조리의 개념

「기생충」의 내용을 논하기 전에, 먼저 실존주의 철학의 핵심 개념인 '부조리'에 대해 살펴보고 싶습니다. 이 영화에 표면적으로 드러난 계급 갈등은 결국 인간이 직면하는 더 근원적인 문제, 곧 부조리로부터 비롯된 현상일 수 있기 때문입니다. 만약 부조리가 거대한 빙산이라면, 계급의 문제는 그 빙산 위의 일각일 뿐입니다. 이것이 지금부터 진행할 「기생충」 리뷰의 출발점입니다.

부조리라는 개념은 프랑스의 작가이자 철학자인 알베르 카뮈가 대중화한 개념입니다. 이 개념을 간단히 요약하면 다음과 같습니다. '삶의 의미를 갈망하는 인간과, 이에 아무런 대답도 주지 않는 세계 사이의 충돌이 빚어낸 감정.' 카뮈는 이 감정을 단순한 철학 이론이 아니라, 모든 인간이 살아가며 피할 수 없이 마주치는 것으로 보았습니다.

인류는 오랫동안 신이라는 초월적 존재 혹은 초월적인 질서를 통해 삶의 의미를 정립해 왔습니다. 사람들은 인생에 무언가 올바른 길이 있다고 믿었고, 그 길을 찾기만 한다면 그 후에는 열심히 걷기만 해도 된다고 생각했습니다. 그러나 근대 이후 신에 대한 믿음이 흔들리면서 이 균형이 무너졌습니다. 더 이상 누구도 '올바른 삶의 방향'을 보장해 주지 않습니다. 이제 인간은 스스로 목적을 찾아야 하는 존재가 되었습니다. 조금 과장하자면, 어떻게 살아야 할지를 묻는 것 자체가 삶의 목적이 되어 버린 것입니다.

이를 한번 비유적으로 설명해 보겠습니다. 과거의 인간은 마치 정해진 스토리를 따라가는 게임 속 캐릭터와 같았습니다. 직업이 있고, 퀘스트가 있고, 보상이 있고, 엔딩이 있는 게임 속 인물들 말입니다. 하지만 오늘날의 우리는 개발이 중단된 오픈 월드 게임 속에 던져진 캐릭터들과 같습니다. 「젤다의 전설」처럼 멋진 콘텐츠가 가득한 게임이 아니라, 넓디넓은 맵 위에서 방향도 규칙도 없이 방황하는 존재가 된 것입니다.

만약 우리가 그와 같은 조건 위의 캐릭터라면 무엇을 해야 할까요? 목적 없이 세계를 떠돌며 '나무 1,000그루 베기'나 '소 500마리 사냥하기'와 같은 퀘스트를 스스로 만들어 내서 즐길 수도 있을 것입니다. 하지만 문제는 아무리 열심히 해도 게임의 전체 구조나 결말을 알 수 없다는 사실입니다. 이런 게임에는 목적 없는 순수한 자유만이 있을 뿐입니다. 그리고 이런 자유는 결국 공허합니다.

우리는 인생을 살아가다 어느 순간 스스로에게 묻습니다. "분명히 열심히 살았는데 왜 행복하지 않을까?", "정말 이렇게 살아가는 게 전부일까?" 이런 허무감은 단순한 우울이 아니라 바로 부조리의 감각입니다. 사람들은 돈이 많아지면 더 이상 이런 생각을 하지 않을 것이라 생각하지만 실상은 그렇지 않습니다. 우리는 남부럽지 않게 살던 유명인들이 불행을 겪거나 스스로 목숨을 끊었다는 당혹스러운 소식을 듣고는 합니다. 잘 살고자 하는 인간의 욕망과 아무런 맥락 없이 존재하는 우주 사이의 괴리, 이것이 부조리입니다. 산업화 시대의 인류는 이성과 과학의 진보에 몰두하며 이 질문을 잠시 잊고 살았습니다. 기술이 발전하면 인간도 의미를 찾고 더 나은 존재가 될 것이라 믿었기 때문입니다. 그러나 두 차례의 세계대전은 이런 신념을 완전히 무너뜨렸습니다. 고도로 문명화된 인간이 만들어 낸 것은 오히려 파괴와 죽음이었습니다.

거대한 전쟁의 참호 속에서, 이제 인간은 다시금 묻기 시작했습니다. "우리는 왜 이토록 우연히 태어나 우연히 죽어 버리는 것일까?" 그러나 이러한 질문에 대답해 줄 신은 이미 사라진 뒤였습니다. 무신론자들이 흔히 인용하는 니체의 '신은 죽었다'는 선언도 본래는 축하가 아니라 당혹과 절망의 표현에 가까웠습니다. 신이 죽는 순간 도덕의 토대와 인생의 설명서 역시 함께 사라졌기 때문입니다.

이제 우리의 인생은 설명서 없는 레고 수만 조각을 손에 쥔 아이와 같은 상태가 되었습니다. 삶에는 의미도, 목적도, 구원도 없습니다. 인간은 그것을 어떻게 조립해야 하는지 모르기 때문입니다. 이와 동시에 선과 악의 객관적 기준도 사라졌습니다. 이제 세계는 오직 약육강식만이 작동하는 경쟁의 장으로 여겨지게 되었습니다. 그러나 자연은 이 과정을 '악하다'고 말하지 않습니다. 오히려 그것이 자연의 순리라며 받아들이라고 말할 뿐입니다.

혹시 오해하실까 봐 덧붙이자면, 저는 '신을 믿지 않으면 도덕적으로 살 수 없다'는 주장을 하는 것이 아닙니다. 사려 깊은 사람이라면 이런 주장을 하지 않습니다. 당연히 신을 믿지 않아도 선하게 살 수 있습니다. 그러나 그 선함이 객관적으로 정당하다는 토대가 없다는 것이 진짜 문제입니다. 무엇이 올바른 삶인지 보장해 줄 존재가 없다는 것입니다. 이것이 실존주의자들의 깊은 고민이었습니다.

이 지점에서 카뮈와 니체는 서로 갈라집니다. 카뮈는 '그럼에도 불구하고 살아가는 것'을 인간 존엄의 조건으로 보았습니다. 비록 세상에는 아무 의미도 없지만, 그 무의미한 세계에 맞서 반항하며 살아가라는 것입니다. 반면 니체는 스스로 새로운 의미를 창조하라고 말합니다. 기존의 신과 도덕을 죽인 인간은 스스로 책임을 지고 그 가치를 직접 재구성해야 한다는 것입니다. 그는 이런 일을 할 수 있는 존재를 '초인'이라고 불렀습니다. 그러나 과연 초인처럼 살 수 있는 사람이 몇이나 있을까요? 어쩌면 아예 존재하지 않을 수도 있습니다.

대부분의 평범한 사람들은 전통과 교육 속에서 '옳은 것처럼 보이는' 방식들을 습득하며 살아갑니다. 하지만 그 전통을 거슬러 올라가면 결국 종교와 신을 맞닥뜨리게 됩니다. 그런데 '신의 죽음'은 이런 뿌리를 거슬러 올라가는 일 자체를 무의미하다고 말합니다. 진퇴양난에 빠진 것입니다. 이에 비하면 카뮈가 제시하는 답안은 훨씬 현실적이지만, 결국 부조리를 극복하기보다는 그것과 함께 살라는 요청에 불과합니다. 이는 문제를 해결하지 않고 오히려 덮고 살자는 제안으로 보일 수 있습니다.

결국 우리는 별다른 도리 없이 현실을 살아가지만, 그 현실은 언제나 결핍과 허무의 감정을 선사합니다. 그리고 우리 모두에게 예정된 죽음의 운명은 이 허무함을 극대화시킵니다. 우리는 죽음 앞에서 스스로에게 물을 것입니다. "나는 과연 목적에 맞게, 올바르게 살았는가?" 하지만 이런 물음에 대답해 줄 존재는 없습니다. 우리는 이에 대한 답을 영영 듣지 못하고 그저 한 줌의 먼지로 사라질 것입니다. 이것은 죽음 앞에서 '부조리'가 선사하는 실존적인 두려움입니다. 최소한 저에게는 생물학적인 두려움보다 이 공포가 더 크게 다가옵니다. 이처럼 인간 존재가 부딪히는 궁극적인 불안과 공허, 이것이 바로 부조리입니다.

이제 이러한 철학적 배경 위에서 「기생충」의 내용을 들여다보고자 합니다. 영화 속에서 계급 간의 투쟁들이 어떻게 그려지는지, 그것을 해결하기 위해 등장인물들이 어떤 일을 하는지, 그리고 이 모든 것이 '부조리'라는 궁극적인 문제 위에서 어떻게 모두 실패로 돌아가는지 살펴보겠습니다.

기생충이 보여주는 계층 구조

「기생충」에서 가장 중요하게 드러나는 주제는 '계층 구조'입니다. 우선 영화는 수직적인 무대 설정을 통해 계급의 불평등을 직관적으로 드러냅니다. 영화 속 세계에서 높은 곳은 좋은 삶을, 낮은 곳은 열악한 삶을 상징합니다. 박 사장의 집에 가려면 끝없는 언덕과 계단을 올라가야 하지만, 기택의 집으로 가는 길은 계속 아래를 향합니다. 기택의 가족을 비롯한 등장인물들은 이런 구조에서 벗어나기 위해 나름대로 노력합니다. 그 방식은 크게 두 가지입니다. 하나는 계층 구조에 순응하면서 그 안에서 분투하는 것이고, 다른 하나는 구조 자체를 뒤엎는 것입니다.

첫 번째 방법인 순응부터 살펴보겠습니다. 기택 가족은 얼핏 보면 한심해 보일 수 있지만, 나름의 성과를 거둔 적이 있는 사람들입니다. 영화의 첫 장면부터 등장하는 충숙(엄마)의 전국 육상선수권대회 은메달이 이를 증명합니다. 집안 곳곳에 놓인 감사패들도 마찬가지입니다. 그러니까 이들이 처음부터 무능력하거나 백수는 아니었던 것입니다. 기우는 수능을 네 번이나 봤지만 매번 실패했습니다. 하지만 결과와 상관없이 네 번이나 도전했다는 것 자체가 대단한 노력이라고 볼 수 있습니다. 기정 역시 미대를 여러 차례 준비했지만 끝내 합격하지 못했습니다.

또한 이 가족은 유튜브를 보며 피자 박스 접는 법을 배우고, 피자집 알바를 얻기 위해 화려한 말솜씨를 뽐내는 등 나름대로 고군분투합니다. 아무것도 하지 않고 주저앉아 있는 사람들이 아니었다는 뜻입니다. 그럼에도 이 가족이 계층의 사다리를 뛰어넘는 일은 현실적으로 불가능해 보입니다.

박 사장 집의 비밀 지하에 사는 근세 부부는 어떨까요? 이들의 삶의 공간에는 다양한 전문 서적이 가득한 책장이 있습니다. 두 사람의 관계로 보아 아마 남편인 근세의 책인 듯합니다. 학구열이 높은 근세는 전문가였거나, 최소한 전문가가 되기를 원하며 훈련했던 사람입니다. 실존주의 철학자 사르트르는 『지식인을 위한 변명』이라는 책에서 전문가와 지식인의 차이를 설명한 바 있습니다. 그에 따르면 전문가는 지배 계층이 자본으로 키워 낸 존재로, 사람들에게 기득권의 위치를 정당화하는 지식을 제공합니다. 사르트르는 구조 자체의 모순을 인식하고 이를 고발하는 위치에 서야만 비로소 전문가를 넘어 지식인이 될 수 있다고 주장합니다. 그러나 근세라는 인물은 지식인이 아닌 전문가에 머무릅니다. 박 사장이라는 지배층에게 맹목적인 충성을 보이기 때문입니다.

여기서 주목할 점은, 기택과 근세 가족 모두 대왕 카스테라 사업에 손대기 전까지는 평범한 가정이었다는 사실입니다. 대왕 카스테라는 한국에서 한때 유행하다가 사라진 사업 아이템입니다. 한 먹거리 프로그램에서 제기한 문제가 몰락의 결정적 계기가 되었습니다. 이후 방송이 다소 과장되었다는 사실이 밝혀졌지만 이미 대부분의 사업자들이 망한 후였습니다. 이런 점에서 「기생충」이 두 가족의 추락 원인을 모두 대왕 카스테라 사업 실패로 설정한 것은 의미심장합니다. 아무리 공부를 많이 하거나 성실히 살아도 운이 따르지 않으면 순식간에 추락할 수 있다는 사실을 드러내기 때문입니다.

기택이나 근세 가족에게는 이제 범죄 외에는 돌파구가 보이지 않습니다. 계층 구조에 순응한 채로 열심히 노력했지만 모조리 실패했기 때문입니다. 사실상 재기의 기회가 열려 있는 것처럼 보이는 기택의 가족조차, 법을 어기지 않고는 이렇다 할 계획을 세우지 못합니다. 기우가 학력 위조 문서를 들고 궤변을 늘어놓는 장면이 이를 잘 보여줍니다. "아부지, 전 이게 위조나 범죄라고 생각하지 않아요. 저 내년에 이 대학 꼭 갈 거거든요." 그러자 기택은 이렇게 답합니다. "오, 넌 계획이 다 있구나." 이런 기우는 영화의 마지막까지도 자신이 돈을 벌어 박 사장의 집을 사겠다는 비현실적인 계획을 품습니다. 결국 이들에게 허락된 '계획'이란 판타지 아니면 범죄, 둘 중 하나일 뿐입니다.

사실 범죄에 있어서만큼은 기택 가족 모두가 놀라운 계획성과 실행력을 보여줍니다. 연기력과 담력을 보면, 이들이 왜 실직자인지 의문이 들 정도입니다. 온 가족이 박 사장네 기존 직원들을 몰아내기 위해 치밀하고도 영리한 작전을 펼칩니다. 하지만 이는 동시에 관객에게 불안감을 일으킵니다. 아무리 영화의 초반부가 코미디적인 분위기로 덮여 있더라도, 우리는 결국 서류 위조나 기우의 연애 관계가 너무 위험하다는 사실을 알고 있습니다. 심지어 그들이 외식을 할 때조차 들킬까 조마조마하고, 박 사장 가족이 캠핑을 간 사이 기택네가 집을 상악하는 장면에서는 그 긴장감이 최고조에 이릅니다. 관객 역시 이들의 선택이 진정한 돌파구가 될 수 없음을 직감하는 것입니다.

기택은 4년째 지하에 사는 근세에게 이렇게 묻습니다. "넌 계획도 없냐?" 하지만 얼마 지나지 않아 자기 스스로 "무계획이 계획"이라는 말을 하게 됩니다. 스스로도 그것이 궤변임을 알고 있었지만, 학습된

무기력과 침수된 반지하의 현실 앞에서 그렇게라도 말할 수밖에 없었던 것입니다. 그는 이미 무언가를 계획할 힘조차 빼앗겨 버렸습니다. 누군가에게는 기택이 일자리를 구하지 못해 반지하에 살게 된 일이나, 근세가 대왕 카스테라 사업에 실패한 일이 한심해 보일 수도 있습니다. 그러나 과연 그것이 순식간에 집이 물에 잠기고, 사채업자의 위협을 피해 지하에 숨어 살아야 할 만큼 큰 잘못이었을까요? 그들은 실수의 크기에 비해 너무 가혹한 대가를 치르고 있습니다. 한 번의 실패로 도저히 재기할 수 없을 만큼 추락하는 이 세계의 현실은 이토록 참혹합니다.

계층 구조의 전복

「기생충」의 인물들에게 허락된 두 번째 돌파구는 계층 구조 자체를 뒤엎는 것입니다. 앞서 언급한 실존주의 철학자 사르트르가 부조리를 극복하기 위해 선택했던 길도 마르크스주의였습니다. 그러나 역사가 공산주의의 실패를 증명했듯이, 「기생충」 역시 이러한 시도가 결국 실패로 끝나는 과정을 보여줍니다. 우선 주목할 점은 영화가 이 전복의 시도를 오롯이 기택 가족의 일로만 남겨 두지 않는다는 사실입니다. 오히려 관객이 감정적으로 함께 참여하도록 유도하고 있습니다. 이는 계층 구조에 대한 분노를 의도적으로 자극하는 장면들에서 찾아볼 수 있습니다.

예를 들어, 박 사장이 기택의 냄새를 언급하며 '지하철에서 나는 냄새'라고 말하는 장면이 있습니다. 이것은 굉장히 의도적인 장면입니다. '나는 기생충 정도는 아니야'라고 생각하며 가벼운 마음으로 영화를 보던 관람객들을 직접적으로 도발하기 때문입니다. "박 사장의 이 말은 바로 당신을 향한 것이다. 그러므로 당신은 기택의 가족에게 몰입하여 편을 들어야 한다." 감독의 도발은 효과적으로 적중합니다. 박 사장으로부터 자존심에 상처를 입은 우리는 이제부터 어떤 식으로든 그에게 응징이 내려지기를 기대하게 됩니다.

하지만 이 영화의 특별한 점은 분노만이 아니라 도덕적 죄책감도 함께 심어 준다는 데 있습니다. 만약 박 사장이 영화 「베테랑」의 유아인처럼 전형적인 재벌 2세 악역이었다면, 그의 죽음은 그저 통쾌한 응징처럼 느껴졌을 것입니다. 하지만 솔직히 말해 봅시다. 박 사장은 그다지 나쁜 사람이 아닙니다. 정정당당하게 자수성가했고, 비록 아내에 대한 애정이 온전하지는 않지만 가족을 위해 책임감을 가지고 노력하는 인물입니다. 워커홀릭일 뿐 아니라, 바쁜 와중에도 아들의 생일을 챙기기 위해 캠핑을 계획할 정도로 가정적인 사람이기도 합니다. 만약 박 사장이 자기 계발 유튜브에 나와 성공 노하우를 들려준다면, 우리 중 상당수가 필기하며 경청할지도 모릅니다. 이처럼 그는 악인이라기보다 오히려 현대 사회에서 '성공한 삶'의 표본처럼 보이는 인물입니다.

그런 의미에서, 기택이 박 사장을 살해하는 장면은 카뮈의 소설 『이방인』에서 뫼르소가 저지른 살인을 연상시킵니다. 이 작품은 주인공이 누군가를 죽이면서 이야기가 시작되는데, 이 살인의 이유를 논리적으로 설명할 수 없다는 것이 특징입니다. 뫼르소는 단순히 '햇살이 너무 강했기 때문에' 죽였다고 증언합니다. 그는 심지어 정신병자가 아니라 지극히 평범한 사람입니다. 하지만 소설을 읽다 보면 그가 살인한 이유를 충분히 느끼게 됩니다. 카뮈는 이 살해 장면을 통해 부조리의 개념을 표현하려 했는데, 「기생충」에서 벌어진 대낮의 살해도 이와 굉장히 닮아 있습니다. 과연 박 사장을 죽이는 것이 타당했는지는 논리적으로 설명할 수 없지만, 영화를 끝까지 본 관객이라면 적어도 왜 그런 선택을 했는지 직관적으로 이해할 수 있기 때문입니다.

물론 박 사장은 여러 번에 걸쳐 모멸적인 행동을 보였습니다. 앞서 언급한 냄새 발언을 기택의 가족이 모두 들어 버렸고, 살해 현장에서조차 이러한 모멸이 이어집니다. 그는 기정의 죽음에는 관심도 보이지 않은 채 자신의 차 키부터 달라고 하더니, 결국 냄새 때문에 인상을 찌푸립니다. 이 행동이 기택이 살인을 저지르는 직접적인 트리거가 됩니다. 하지만 관객은 이내 도덕적 딜레마에 빠지게 됩니다. '기분이 나쁜 것은 맞아. 하지만 그게 과연 죽을 만큼 잘못한 일인가?' 설령 기택이 박 사장의 냄새 발언에 이미 분노하고 있었다 하더라도, 가족끼리 그 정도 수위로 남을 흉보는 일은 일상적인 수준의 일탈에 불과합니다. 오히려 불법 침입해서 그것을 엿듣고 있던 기택 쪽이 객관적으로 훨씬 나쁜 사람입니다. 이 외에도 기택 가족이 박 사장 가족에게 저지른 일들은 비도덕을 넘어 명백히 법적 처벌이 가능한 범죄들이었습니다.

그럼에도 우리 중 대부분이 기택에게 더 감정을 이입하게 되는 이유는 무엇일까요? 어느 순간부터 기택과 박 사장을 개인이 아닌 계층의 상징으로 바라보고 있었기 때문입니다. 영화는 어느새 개인 간의 갈등을 넘어 빈자와 부자의 대립을 다루는 계급 우화로 장르가 바뀌어 있습니다. 관객은 이 전환을 의식하지 못한 채, 그 흐름에 감정적으로 탑승하게 되는 것입니다. 사실 「기생충」에서 가장 찜찜한 지점도 바로 여기에 있습니다. 계층 갈등의 관점에서는 충분히 정의가 구현된 것처럼 보이지만, 개인 간의 도덕적 관점에서는 오히려 기택이 가해자이고 박 사장이 피해자인 것이 분명합니다.

「기생충」에는 뚜렷한 권선징악의 구도가 존재하지 않습니다. 이 영화는 전형적인 부자 악인을 물리치는 정치 드라마도 아니고, 가정을 침입한 범죄자들을 단죄하는 범죄 스릴러도 아닙니다. 극의 클라이맥스에서 관객이 느낄 수 있는 감정도 카타르시스는커녕 기껏해야 불편한 쾌감 정도일 뿐입니다. 이것이 감독의 의도입니다. 그는 길을 잃은 분노가 박 사장도, 기택도 아닌 계층 구조 자체를 향하도록 철저히 이야기를 설계했습니다. 이 분노를 극대화하기 위해 영화의 결말부는 이 구조가 얼마나 견고한지를 강조하는 방식으로 끝이 납니다. 구조를 뒤엎으려 했던 인물들은 모두 끔찍한 최후를 맞이했고, 결국 순응도 전복도 통하지 않은 채, 은은한 무력감만이 엔딩 음악을 타고 흐르게 됩니다.

봉준호 감독은 이전 작품인 「설국 열차」에서 '열차'로 상징되는 계층 구조 자체를 폭발시킨 바 있습니다. 전작을 만들 당시에는 계층 구조를 전복시키는 일도 의미가 있다고 본 것 같습니다. 하지만 「기생충」에 이르러서는 감독의 세계관이 한층 더 암울해졌습니다. 구조에 순응하며 노력하는 일뿐 아니라, 구조를 폭발시키는 시도마저 더 이상 유효하지 않다는 것입니다. 우리는 저택을 사들여 기택을 구출하겠다는 기우의 허황된 독백을 절망적으로 지켜볼 수밖에 없습니다. 꼭 그것이 실현 불가능한 꿈이기 때문만은 아닙니다. 설령 기우가 기적처럼 저택을 구입해 기택을 구해 낸다고 해도, 우리를 불편하게 만든 문제가 모두 해결되지는 않습니다. 여전히 세상 어딘가에는 기생충과 같은 상황에 갇힌 또 다른 '기택'들이 존재할 테니 말입니다. 그렇다면 세상의 모든 기택과 박 사장의 위치를 바꿔 버리면 문제가 해결될까요? 결국 계층 구조는 그대로 남고 구성원의 위치만 바뀔 뿐입니다. 이처럼 계층 구조는 도무지 해결될 수 없는 문제처럼 보입니다. 영화는 그 사실을 알려 줄 뿐, 아무런 해결책도 제시하지 않습니다.

계층 구조는 자연의 섭리인가?

결국 이 영화가 제기하는 계층 구조의 배후에는 더 크고 본질적인 문제가 자리 잡고 있습니다. 앞서 저는 부조리를 '삶의 의미를 갈망하는 인간과, 이에 아무런 대답도 주지 않는 세계 사이의 충돌이 빚어낸 감정'이라고 설명한 바 있습니다. 그리고 지금까지 살펴본 「기생충」의 내용은 바로 이 간극이 불러오는 딜레마와 찝찝함, 그리고 무력감을 고스란히 담아냅니다. 진화 생물학자인 리처드 도킨스는 이 사실을 봉준호 감독보다 훨씬 직설적으로 묘사합니다. 그는 자신의 책에 이렇게 쓴 바 있습니다. "자연계에서 매년 벌어지는 고통의 총량은 도저히 감당할 수 없을 정도로 끔찍하다. 내가 이 문장을 쓰는 단 몇 분 사이에도, 수천 마리의 동물들이 산 채로 잡아먹히고 있고, 많은 다른 동물들은 두려움에 떨며 목숨을 걸고 도망치고 있으며, 또 어떤 이들은 살을 갉아먹는 기생충에게 천천히 내부에서부터 파먹히고 있다."[1] 이후 그는 혹여나 풍요가 찾아와 이 상황이 해결되더라도, 곧 개체수가 너무 많아져 다시 끔찍한 상태로 되돌아올 뿐이라고 말합니다. 결국 이 모든 것이 그저 자연의 생리라는 것입니다.

이 말을 인간 사회에 그대로 적용해 보면 어떨까요? 박 사장과 같은 이들은 계층 구조 속에서 많은 패배자들의 실패를 자양분 삼아 살아갑니다. 그가 직접 타인을 착취하거나 불법을 저지르지 않았다 하더

---

1 Richard Dawkins, *River Out of Eden: A Darwinian View of Life* (New York: Basic Books, 1995), 133.

라도, 결국 승자 독식의 달콤한 결과 위에 서 있는 것은 부인할 수 없습니다. 누군가는 이를 자본주의의 모순이라고 보겠지만, 리처드 도킨스의 말처럼 이는 자연적으로 반복되는 현상일 뿐입니다. 따라서 자본주의가 무너지고 다른 체제가 서더라도 똑같은 일이 반복될 것입니다. 인류의 역사가 이를 증명합니다. 물론 어떤 동물들은 자신보다 훨씬 작은 기생충에 의해 목숨을 잃기도 합니다. 박 사장이 결국 기택에게 살해당한 것처럼 말입니다. 이 또한 자연의 섭리와 일치합니다.

도킨스는 이어서 이렇게 말합니다. "전자와 이기적 유전자, 맹목적인 물리적 힘과 유전적 복제가 지배하는 우주에서 누군가는 상처를 입고, 누군가는 단순히 운이 좋을 뿐이다. 거기엔 아무런 일관성도, 이유도, 정의도 찾아볼 수 없다. 우리가 관찰하는 우주는, 그 밑바탕에 어떤 설계도, 목적도, 선도 악도 없고, 오직 무정하고 냉혹한 무관심만이 존재할 때, 우리가 예상할 만한 바로 그 성질들을 정확히 갖추고 있다."[2]

리처드 도킨스는 사실 생물학자보다 무신론 운동가로 더 유명합니다. 그가 묘사하는 우주는 신이 존재하지 않는 곳이며, 그 모습은 실존주의 철학자들이 예견한 바로 그 세계와 닮아 있습니다. 만약 우리가 살아가는 현실이 그런 우주라면, 「기생충」이 제기하는 문제들 역시 해결될 수 없는 게 당연합니다. 신이 없는 세계에서 그러한 갈등들은 선과 악의 문제도, 심지어 정치 체제의 문제도 아니기 때문입니다. 오히려 '의미 없는 우주'에서 벌어지는 지극히 자연스러운 풍경인 것입니다.

그렇지만 우리는 이 상황에서도 간절히 해결책을 바랍니다. 「기생충」을 보며 "그래, 저게 바로 가장 자연스러운 모습이지. 도대체 뭐가 문제야?"라고 말할 사람은 없을 것입니다. 누군가는 기택의 가족을 안타까워하고, 누군가는 박 사장을 불쌍하다고 느끼겠지만, 어쨌든 우리 모두는 이 이야기에 무언가 잘못된 점이 있다고 생각합니다. 또한 누군가는 기택을 응원하면서도 그의 범죄 행위는 옳지 않다고 느꼈을 수도 있습니다. 이처럼 도킨스가 그리는 냉혹하고 맹목적인 우주는 우리에게는 어딘가 맞지 않는 옷처럼 느껴집니다. 비록 약육강식이 자연의 섭리일 수는 있으나, 우리의 양심은 결코 그것을 편히 받아들이지 못합니다.

이런 상황 속에서, 기독교는 우주가 맹목적이고 무의미한 곳이라는 생각에 강렬히 대항합니다. '올바른 삶'에 대해 가르쳐 주는 신은 우주의 시작부터 지금까지 존재해 왔고, 그가 만든 세계는 오직 계층 구조와 약육강식만으로는 설명될 수 없는 숭고한 장소라는 것입니다. 또한 기독교는 선과 악을 포함한 도덕이라는 것이 객관적으로 존재하며, 오직 하나님만이 그것을 가능하게 한다고 말합니다.

성경이 제시하는 인간관은 영화 「기생충」이 그려 내는 모습과 크게 다르지 않습니다. 성경에 따르면 인간은 신의 형상을 지닌 존엄하고 선한 존재이지만, 동시에 죄를 지을 수밖에 없는 악한 존재입니다. 다시 말해, 인간은 가해자이자 동시에 피해자인 셈입니다. 우선 기택은 분명히 가해자이자 피해자입니다. 그저 억울한 현실을 돌파해 보고자 시작했던 작은 부도덕한 선택들이 점차 그를 살인이라는 파국까지 몰고 갔기 때문입니다.

박 사장을 예로 들자면, 그 또한 악의 가해자이자 피해자입니다. 기택의 가족을 직접적으로 해치지는 않았지만 그들을 무관심으로 방관하고 무시했습니다. 그의 사례를 예수님의 '부자와 거지 나사로' 비유에

2 같은 책, 133.

빗대어 볼 수도 있습니다. 이 비유 속에 등장하는 부자는 거지 나사로에게 직접적인 해를 끼치지 않았지만, 그가 빵 부스러기로 연명하다 죽어 갈 때 철저히 외면했습니다. 그리고 그 대가로 영원한 멸망에 처하게 됩니다. 이 비유는 약자에 대한 '무관심' 자체가 심판의 이유가 된다는 점에서, 박 사장의 모습과 놀랍도록 겹칩니다.

흔히 영화나 드라마를 보다 보면, '이 작품에는 선도 악도 없다'고 평가받는 작품들이 있습니다. 하지만 이런 작품들을 자세히 들여다보면, 선과 악 자체가 없는 것이 아니라, 각 인물이 선과 악을 동시에 지니고 있다는 사실을 발견하게 됩니다. 이런 작품들은 보통 인물을 입체적으로 표현했다는 좋은 평가를 받습니다. 왜냐하면 그 모습이야말로 양면을 지닌 현실의 인간을 가장 정직하게 반영한 것이기 때문입니다.

기독교적 돌파구

그렇다면 기독교는 「기생충」이 제시하는 이 견고한 문제를 어떻게 극복할 수 있을까요? 영화가 보여주지 않은 세 번째 가능성은, 이 세상에 의미가 없다는 전제 자체를 거부하며 '올바른 삶'에 대한 믿음을 복구하는 것입니다. 기독교 신앙은 설명서 없는 레고를 조립할 수 있는 궁극의 '설명서'를 제공해 주는 사상입니다. 또한 개발이 중단된 것처럼 보였던 게임에 사실은 계속 업데이트 중인 개발자가 있었다는 사실을 말해 주기도 합니다. 기독교 신앙에 따르면 선과 악, 삶의 의미와 목적은 분명히 존재합니다.

만약 세상에 정말로 따라야 할 올바른 삶이라는 것이 있다면 어떨까요? 우리는 혹여나 박 사장의 위치에 서더라도 약자를 멸시하지 않아야 합니다. 그것이 '악한 일'이라는 이유만으로 말입니다. 만약 기택의 입장이라면, 아무리 절박할지라도 범죄나 부도덕은 거부해야만 합니다. 순전히 그것이 '옳지 못한 일'이라는 이유에서 말입니다. 아마 이런 말들이 고리타분하게 들릴지도 모르겠습니다. 그럼에도 기독교는 정도(正道)를 걷는 일의 가치에 대해 계속해서 강조합니다.

난공불락처럼 보이는 계급 갈등의 해결책은 결국 사람 개개인의 변화에서 출발합니다. 왜냐하면 그 구조를 만든 것도, 유지하는 것도 사람이기 때문입니다. 사회학자 장 지글러는 『왜 세계의 절반은 굶주리는가?』에서 사회 불평등의 원인을 구조적 문제로 진단합니다. 가난이나 기아는 마땅히 받아들여야 할 숙명이 아니라, 불합리한 세계 질서가 만들어 낸 비극이라는 것입니다. 하지만 그는 구조를 비판하면서도, 그 해결책으로 결국 개개인의 인식 변화와 실천을 제시합니다.

이는 썩 낯설지 않은 논리입니다. 예를 들어 오늘날 인류가 맞닥뜨린 가장 거대한 담론 중 하나인 환경 문제도 마찬가지입니다. 문제의 원인은 구조일 수 있으나 해결은 결국 개인의 각성과 희생에 달려 있다고 여겨지는 경우가 많습니다. 대부분의 환경 캠페인 또한 결국 개개인의 변화와 실천을 촉구합니다.

사실 「기생충」의 내용 안에서도 사람들이 자발적으로 공생할 수 있었던 순간들은 분명 존재했습니다. 지하와 반지하 가족의 연대는 서로가 욕심을 조금만 내려놓았다면 충분히 가능했을 일입니다. 상상을 조금 덧붙이자면, 박 사장과 지하실의 공존 역시 가능했을지 모릅니다. 그랬다면 결국 박 사장도 목숨을 잃지는 않았을 것입니다.

하지만 '올바른 삶'을 살아가는 일이 단순한 노력이나 결심만으로 이루어지지는 않습니다. 그것이 쉬웠다면 이미 세상의 문제들은 모두 해결되었을 것입니다. 그래서 기독교는 외부의 개입을 이야기합니다. 사람이 어떤 압도적인 사상이나 은혜에 감화되어 이타적으로 변화되어야 한다는 것입니다. 어떻게 그런 변화가 가능할까요? 종교개혁자 마르틴 루터는 인간을 '용서받은 죄인'이라고 정의한 바 있습니다. 신의 형상을 지녔으나 동시에 죄인이었던 존재가, 이제는 그리스도의 십자가를 통해 모든 죄를 용서받았다는 것입니다.

죄 용서라는 개념까지 가지 않더라도, 그리스도의 십자가는 이미 많은 측면에서 이 세상이 의미 있는 곳이라는 사실을 가르쳐 줍니다. 우선 십자가는 인류 역사상 가장 죄 없고 선한 이가 대중의 폭력과 무관심 속에서 죽임당하는 모습을 보여줍니다. 이를 통해 이 세상에 분명히 악이 존재함을 드러내는 것입니다. 동시에 십자가는 인류의 모든 문제를 직접 어깨에 지고 죽음으로 걸어간 신의 아들의 모습을 보여줍니다. 그리고 이를 통해 이 세상에 진정 선하고 숭고한 것이 있다는 사실도 드러냅니다. 기독교의 역설은 세상에서 가장 부조리해 보이는 이 십자가 위에서, 바로 그러한 부조리를 해결할 실마리가 제시되었다는 데 있습니다.

이제 십자가의 이야기에 감화된 자는 선과 악이 분명히 존재함을 압니다. 그리고 그중 무엇을 따라야 할지도 압니다. 한마디로, 십자가를 아는 자는 '올바른 삶'을 알게 됩니다. 그렇게 십자가는 그것을 믿는 이들을 감화시키고 변화시켜 부조리의 분제를 해결하도록 만듭니다. 만약 이것이 사실이라면, 그 부조리의 산물 중 하나인 계급 갈등 역시 효과적으로 해결해 나갈 수 있을 것입니다.

성경은 구약에서부터 과부와 고아를 돌보라고 명령합니다. 신약에 와서도 빈부 격차와 계급 갈등을 악한 현실로 규정합니다. 그리고 그 해결책으로 제시되는 것은 자발적인 나눔입니다. 그리스도께서 자신의 생명을 모든 사람을 위해 내주신 것처럼, 우리도 자신이 가진 소중한 것들을 이웃과 나누어야 한다는 것입니다. 사도행전에 나타난 초대 교회의 모습은 한동안 이러한 가르침을 훌륭하게 실천해 냈고, 그 공동체는 마치 이 땅에 구현된 천국처럼 보였습니다.

물론 기독교적 해결책이 언제나 잘 작동했던 것은 아닙니다. 초대 교회의 이상적인 모습은 그다지 오래 가지 못했고, 곧 시기와 다툼, 이해관계의 충돌로 내부 분열을 겪게 되었습니다. 하지만 기독교는 계속해서 넘어지고 다시 일어서며 이 땅의 부조리와 불평등에 맞서 왔습니다. 방법만 옳다면 과정에서 잠시 길을 잃더라도 다시 돌아올 수 있는 법이니 말입니다.

지금도 세상에는 여전히 수많은 문제와 고통이 남아 있습니다. 비록 박 사장과 기택이 서로 대립했다지만, 사실 그들은 모두 부조리한 세계의 희생자들이었습니다. 저는 기독교인으로서 복음의 이야기가 이 문제를 해결할 수 있는 소망이 되어 준다고 믿습니다. 복음은 우리 개개인을 변화시킬 뿐 아니라, 의미 없어 보이는 이 우주에 세상에서 가장 깊은 의미를 부여하는 이야기이기 때문입니다.

이제 우리는 선택할 수 있습니다. 의미 없는 세상에 복종할 것인지, 외부에서 주어진 초월적인 의미에 마음을 열 것인지 말입니다. 나를 위해 자신의 몸을 아끼지 않고 내주신 예수 그리스도의 희생, 이 복음이 주는 감화는 이해관계를 초월하여 타인을 사랑하도록 변화시키는 강력한 외부의 힘이 되어 줍니다. 의미 없이 살던 우리를 분명한 목적을 갖고 살아가는 하나님의 대리 통치자로 바꾸는 힘이 되어 주기도 합니다. 이 힘은 부조리에 맞서며 세상에 의미를 부여해 왔고, 그 의미를 동력 삼아 사회를 변화시켜 왔습니다. 그리고 이 변화는 앞으로도 계속해서 일어날 것입니다.

동훈은 "아무것도 아니야"라고 말해 주고,

모른 척해 주며,

"편이 되어 줘서 고맙다"고 말함으로써

타인의 마음을 살려 냅니다.

02

나의 아저씨

My Mister, 2018

'불쌍하다'로 시작한 사랑은 '행복하자'로 끝난다

많은 사람들이 인생 드라마로 꼽는 「나의 아저씨」는 여러모로 기독교적 요소가 풍부한 작품입니다. 죄의 용서, 구원, 그리고 공동체라는 주제 의식이 드라마 전반을 관통하기 때문입니다. 또한 대본을 쓴 박해영 작가는 독실한 기독교인으로 알려져 있습니다. 사실 「나의 아저씨」가 종영된 지 오랜 시간이 흘렀고, 이미 많은 리뷰가 나와 있습니다. 그럼에도 이 작품에 담긴 기독교적 면모를 깊이 있게 조명한 리뷰를 찾아보기가 어려웠습니다. 이것이 제가 이 드라마의 리뷰를 쓰게 된 가장 큰 이유입니다.

이 작품은 흔히 인간관계를 섬세하게 그린 드라마, 혹은 불교적 메시지를 전하는 작품으로 해석되고는 합니다. 그런 해석이 전적으로 틀렸다고 생각하지는 않습니다. 특별히 불교와 기독교 교리 사이에 존재하는 몇 가지 교집합이 이 작품 속에서 공명하고 있다는 인상도 받았습니다. 하지만 제가 동의하기 어려운 단 하나의 의견이 있다면, 이 작품이 기독교와는 전혀 무관하다는 주장입니다.

드라마에서 박동훈 부장은 삶에 지친 청년 이지안에게 과연 무엇을 베풀었을까요? 그는 지안에게 밥을 사주고, 술을 사주고, 그의 삶에

귀를 기울였습니다. 진심 어린 조언을 건넸고, 빚을 갚을 기회를 마련
해 주었으며, 할머니를 잘 모실 수 있도록 도와주기도 했습니다. 하지
만 그가 지안에게 베푼 가장 큰 구원은 지안이 평생 짊어지던 죄책감
을 덜어 준 일이었습니다. 이를 보다 깊이 설명하기 위해 이제부터 이
작품을 '죄와 용서, 그리고 구원'이라는 테마를 중심으로 살펴보겠습
니다.

이지안이 지닌 딜레마

세상에는 선과 악을 통해 인간을 바라보는 몇 가지 대표적인 관점이
있습니다. 바로 성선설, 성악설, 그리고 성무성악설입니다. 성선설과
성악설은 이미 잘 알려져 있으니 설명하지 않겠습니다. 성무성악설이
란 인간이 선하지도 악하지도 않은 상태로 태어나 환경과 선택에 따
라 이후 성향이 결정된다는 주장입니다. 한편 기독교의 인간관은 이
와는 다른 관점을 제시합니다. 기독교는 인간을 본질적으로 악하다
고 여깁니다. 하지만 동시에 불쌍하고 연약한 존재로 바라보기도 합
니다. 이처럼 기독교가 인간을 죄인이라고 말하는 것은 단순히 나쁘
다고 정죄하는 것이 아니라, 오히려 스스로 어찌할 수 없는 악한 힘에
사로잡혀 있다는 의미를 남고 있습니다.
앞선 「기생충」의 리뷰에서도 언급했듯이, 성경은 인간을 악의 가해자
이면서 동시에 피해자라고 말합니다. 그래서 우리는 늘 서로에게 상
처를 주며 살아갑니다. 앞선 장에서도 잠깐 언급했듯이, 사람들은 종
종 어떤 작품을 보고 "이 이야기에는 선인도 악인도 없다"고 평합니
다. 이것이 마치 삶의 진리라도 되는 것처럼 말입니다. 하지만 이런

관점으로만 세상을 바라보면 많은 것을 설명하기 어려워집니다. 우리가 매일 마주하는 일상적인 경험은 선과 악이 실재한다는 믿음 속에서만 이해될 수 있기 때문입니다.

이지안이라는 인물은 근본적으로 권선징악을 추구하는 성향을 지니고 있습니다. 지안의 말과 행동 곳곳에는 '잘못을 저지른 자는 응당한 책임을 져야 한다'는 신념이 깊이 배어 있습니다. 이는 여러 장면에서 드러납니다. 동훈을 뒤에서 비방한 대리에게 서슴없이 뺨을 때리는 모습, 할머니를 폭행한 광일의 아버지를 직접 죽이는 모습, 그리고 동훈을 위협하는 이들에게 "죽여 버리겠다"며 엄포를 놓는 장면 등이 대표적입니다.

지안이 괴로운 이유는 이러한 기준을 자신에게도 엄격하게 적용하기 때문입니다. 지안은 내심 스스로를 나쁜 사람으로 여기고 있습니다. 그렇기에 자신도 벌받아 마땅한 존재라고 생각합니다. 그런 의미에서 지안을 가장 괴롭히는 것은 가난이 아니라 죄책감입니다. 스스로의 높은 기준에 전혀 미치지 못하는, 범죄 친화적인 삶을 살아온 자신의 인생에 대한 죄책감 말입니다. 사실 지안은 가난을 꽤 담담하게 받아들이면서도, 죄책감 앞에서는 항상 무너지는 모습을 보였습니다. 차라리 광화문 전광판에 자신이 살인자라는 사실이 드러나 버렸으면 좋겠다고 토로할 정도였으니 말입니다.

이런 맥락에서 지안이 동훈의 '착하다'는 동훈의 칭찬이 녹음된 구간을 왜 반복해서 들었는지 생각해 볼 필요가 있습니다. 지금껏 칭찬해 준 어른이 없었다는 해석도 일리는 있습니다. 하지만 지안을 도왔던 어른이 오직 동훈 한 명뿐이었을 리 없습니다. 할머니를 돌보는 지안을 보고 기특하게 여긴 사람도 분명히 있었을 것입니다. 하지만 지안이 갈구했던 것은 단순한 칭찬이 아니라, '착하다'는 특정한 칭찬이었습니

다. 죄책감에 짓눌려 살아가는 지안에게 '착하다'는 말은 마음속의 어
둠을 조금이나마 희석시켜 주는 위로이자 인정이었기 때문입니다.

일부 시청자는 「나의 아저씨」 첫 화의 노골적인 폭행 장면 때문에 정
주행을 망설이고는 합니다. 심지어 이 드라마를 좋아하는 사람들조차
초반부의 이런 장면들을 과하다고 느끼는 경우가 있습니다. 하지만
지안이 광일에게 두들겨 맞는 장면은 이 작품에서 꼭 필요한 부분입
니다. 사실 대기업의 대표에게 살인 협박도 서슴지 않을 만큼 담력이
강한 지안이, 일개 소규모 사채업자인 광일에게만 일방적으로 당하는
것은 어딘가 이상합니다. 지안의 친구가 "네가 그렇게 맞고만 있을
애가 아닌데"라고 지적하는 장면에서 드러나듯, 지안은 의도적으로
광일의 폭력을 감내하고 있는 것입니다. 그렇게라도 그의 아버지를
죽였다는 사실을 속죄하고 싶기 때문입니다. 후반부에 광일을 협박하
는 장면들을 보면, 지안은 사실 언제든 광일에게서 벗어날 수 있었음
을 눈치챌 수 있습니다. 이처럼 광일의 폭력을 억지로 견디는 모습은
지안의 죄책감이 얼마나 깊은지를 보여주는 장치입니다.

누군가는 지안이 나쁜 사람이 아니라고, 그저 불행한 아이일 뿐이라
고 말할 수도 있습니다. 하지만 이것은 우리가 드라마를 통해 지안의
인생을 모두 들여다보았기 때문에 할 수 있는 말입니다. 한번 이지안
이라는 사람이 실제 뉴스 기사에 범죄자로 등장했다고 가정해 봅시
다. "21세 이모 씨는 자신이 파견직으로 근무하는 모 대기업에서 5천
만 원이 든 봉투를 몰래 훔치려다 실패하자, 대표에게 돈을 받고 그
회사의 부장인 박모 씨를 해고시키려 했다. 이를 위해 불법 도청 앱
을 박모 씨의 휴대폰에 설치했으며, 상황이 여의치 않자 성추행 혐의
를 만들기 위해 입 맞추는 장면을 연출하고 이를 촬영해 온라인 커뮤
니티에 배포했다. 그리고 이 회사의 상무인 박모 씨에게 약을 먹이고

납치해 회사에서 좌천되도록 만들었다. 심지어 과거에 살인 전력까지 있었다는 사실이 드러났다.” 만약 이런 기사를 실제로 접한다면, 설령 불행한 과거를 가졌다 한들 우리가 이 사람을 용납할 수 있을까요?

앞서 말했듯이, 우리가 지안을 쉽사리 정죄하지 않는 이유는 지안의 삶을 깊이 들여다보았기 때문입니다. 삶을 이해한다는 것은 곧 그 사람 자체를 이해하는 것과 같습니다. 제가 미혼일 때 결혼에 대해 들은 조언 중 굉장히 인상적인 것이 있었습니다. 바로 ‘세계관이 이해되는 상대와 결혼하라’는 것이었습니다. 상대방의 인생 행적을 들었을 때, 설령 당장 동의가 안 되는 부분이 있더라도, 최소한 ‘그런 상황이라면 나라도 그럴 수 있었겠다’는 생각이 들어야 한다는 것이 조언의 핵심이었습니다. 이것이 바로 누군가의 세계관을 이해하는 일입니다. 동훈이 지안의 과거를 듣고, 나라도 죽였을 것이라고 말해 준 것 또한 이러한 세계관적 이해의 표현이라고 볼 수 있습니다.

이상한 구원자 박동훈

「나의 아저씨」의 리뷰를 보다 보면, 동훈이라는 인물을 농담 삼아 예수님이나 부처에 비유하는 이야기를 종종 접하게 됩니다. 기독교인의 시선으로 바라보면, 동훈에게는 실제로 예수의 모습과 닮은 점이 상당히 많습니다. 물론 이를 납득하기 어려운 분도 있을 것입니다. 동훈은 분명히 경이로울 만큼 선한 영향력을 행사하는 인물이지만, 그렇다고 신적 존재나 완전무결한 성인으로 칭하기에는 지나치게 인간적인 사람이기 때문입니다. 오히려 동훈은 스스로도 구원이 필요한 듯한 연약함을 지니고 있습니다. 이러한 이유로 많은 기독교인조차 동훈을 함부로 예수님과 연관 짓지 못합니다.

하지만 동훈의 인간적이고 '짠내 나는' 모습은 오히려 그를 예수와 닮은 존재로 만듭니다. 동훈이 누군가에게 구원을 베푸는 역할을 하지만, 슈퍼히어로처럼 초인적인 능력을 지닌 인물은 아닙니다. 초인적 능력이나 엄청난 재력을 동원해 즉각적인 해결책을 제공할 수 있는 사람이 아니라는 것입니다. 그는 오히려 무력해 보이는 상황 속에서도 사랑과 용서라는 형태로 구원을 주고자 애쓰는 인물입니다. 다시 말해 동훈은 "아무것도 아니야"라고 말해 주고, 모른 척해 주며, "편이 되어 줘서 고맙다"고 말함으로써 타인의 마음을 살려 냅니다.

기독교 신앙이 말하는 예수님은 어떤 존재였을까요? 그분은 신으로서 머무를 수 있었음에도 불구하고 굳이 인간이 되신 분입니다. 신약성경 히브리서 4:15은 이렇게 증언합니다. "우리에게 있는 대제사장은 우리의 연약함을 동정하지 못하실 이가 아니요 모든 일에 우리와 똑같이 시험을 받으신 이로되 죄는 없으시니라."

예수님은 이 묘사를 그대로 충족시키는 분입니다. 그가 베푼 구원은 동훈이 보여준 것처럼 인간적인 구원입니다. 그분이 제공하는 죄 용서는, 사실 "아무것도 아니야"라고 말해 주는 박동훈의 태도와 크게 다르지 않습니다. 기독교 신학에서도 이미 이를 '칭의'라는 용어로 부르고 있습니다. 이 단어는 아직 죄인인 상태의 우리를 먼저 의롭다고 여겨 주는 하나님의 은혜를 의미합니다. 이처럼 예수님은 우리의 죄를 아무것도 아니라고 말해 주기 위해 자신의 생명까지 버리신 분입니다.

예수님의 생애를 자세히 살펴보면, 그분은 결코 강하기만 한 초인이 아니었습니다. 기적을 일으키셨지만 아무 때나 일으키시지는 않았습니다. 제한된 지식 안에서 행동하셨고, 외로움과 고뇌를 겪으셨으며, 하나님께 순종하지 않고 싶은 유혹과도 싸워야 했습니다. “여우도 굴이 있고 공중의 새도 거처가 있는데 나는 머리 둘 곳이 없다”(마 8:20)며 한탄하기도 하고, 과도한 일정에 지쳐 쓰러져 잠들기도 하셨습니다. 심지어 십자가형을 앞둔 밤에는 이 운명에서 벗어나고 싶은 솔직한 심정을 토로하기도 하셨습니다. 이 모든 것은 예수께서 인간적인 연약함을 지닌 구원자였음을 생생하게 보여줍니다.

그러나 앞선 히브리서의 구절에서 보았듯이, 예수님과 보통 인간의 가장 큰 차이점은 그분에게 죄가 없다는 사실입니다. 이는 동훈 또한 마찬가지입니다. 새삼스럽지만 「나의 아저씨」를 통틀어 죄를 물을 수 없는 주연 인물은 동훈 한 명뿐입니다. 아내를 다소 외롭게 했을지라도, 그것이 결코 배신을 당할 정도의 죄라고 볼 수는 없습니다. 인간적 연약함은 있을지 몰라도, 그가 나쁜 의도를 품거나 남들을 해하기 위해 의도적으로 저지른 잘못은 없습니다. 그럼에도 작품 내내 그가 받는 고통은 엄청납니다. 스스로 자기가 지옥에 사는 것 같다고 말할 정도이니 말입니다. 죄 없는 동훈은 구르고, 다치고, 넘어지고, 무너지고, 배신당하고, 흐느끼고, 오열합니다. 마치 죄 없는 예수님이 그러하셨던 것처럼 말입니다.

동훈에게 죄가 없다는 사실이 왜 중요할까요? 지안과 달리 동훈은 애초에 권선징악을 중시하는 인물이 아닙니다. 아내의 외도 사실도 복수 없이 덮고 살아가려 했고, 자신의 원수인 도준영을 자르라는 지안의 제안을 거부하며, “나쁜 놈을 처단한다 해도 결국 그 오물을 뒤집어 쓰게 된다”고 대답합니다. 무엇보다 보통 인간이라면 절대 용서할 수 없었을 법한 지안의 도청과 배신 등을 끝도 없이 용서해 줍니다.

「나의 아저씨」에 몰입한 시청자들은 동훈이 과연 지안을 사랑했는지에 대해 논쟁을 벌입니다. 하지만 이는 에로스적 측면의 사랑만을 염두했기에 나오는 질문입니다. 기독교적 의미에서 동훈이 보여준 것은 사랑 중의 사랑입니다. 신약 성경의 고린도전서 13장은 사랑의 첫 번째 정의를 '오래 참음'으로 제시합니다. 두 번째 정의는 '온유함'이고, 마지막에 가서는 '모든 것을 참고, 모든 것을 믿으며, 모든 것을 바라며, 모든 것을 견디는 것'이라고 말합니다. 이러한 사랑의 의미를 대입해 본다면, 동훈은 신화 속에나 등장하는 사랑의 화신 같은 인물입니다. 마치 예수님처럼 말입니다.

동훈과 광일의 격투 신이 십자가를 떠올리게 하는 이유

「나의 아저씨」에는 수많은 명장면, 명대사가 등장합니다. 그중에서도 가장 인상 깊었던 것은 9화 마지막에 등장하는 동훈과 광일의 격투 장면입니다. 이 장면은 예수님의 십자가 사건을 현대판으로 시각화한 장면이라고 봐도 무방합니다.

앞서 살펴 보았듯이, 지안은 죄가 많은 사람입니다. 그러나 동훈은 지안의 세계관을 들여다보게 되었고, 결국 지안을 알게 됩니다. 안다는 것은 나의 아저씨에서 꽤 중요한 개념입니다. 4화에서 동훈이 술을 마시며 기훈에게 말합니다. "누가 날 알아, 나도 걔를 좀 알 것 같고." 기훈이 좋냐고 묻자, 동훈은 슬프다고 답합니다. 실제로 이 대화를 도청하던 지안도 슬퍼 보입니다. 안다는 사실이 왜 슬플까요? 서로가 서로의 슬픔을 깊이 느낄 정도로 마음이 동화되었기 때문입니다. 그것이 이 드라마에서 누군가를 안다고 말하는 의미입니다.

객관적으로 지안을 바라보면 그저 한 사람의 범죄자 청년일 뿐입니다. 하지만 지안의 세계를 알게 되는 순간, 권선징악적 정의라는 것은 큰 의미가 없어집니다. 지안을 건사한 청소부 노인 또한 같은 맥락에서 동훈에게 반문합니다. "지안이 부장님의 돈을 훔치려 한 건 사실이지만, 어디 사람 사는 게 논리대로만 갈 수 있나요." 그 이야기를 듣고 동훈이 선택한 것은 지안의 잘못을 폭로하고 처벌하는 것이 아니라, 오히려 지안이 벌인 잘못들의 결과를 자신이 감당하겠다는 결심이었습니다.

동훈이 보기에 지안의 세계에서 가장 먼저 해결되어야 될 것은 가난이었습니다. 그래서 빚을 대신 갚아 주러 광일을 찾아갑니다. 하지만 지안이 실제로 살아가는 세계를 마주하자, 상상도 못한 더 큰 문제들이 앞을 가로막고 있었습니다. 지안이 해결해야 할 가장 큰 문제는 가난이 아니라 살인에 대한 죄책감이었던 것입니다. 설령 아무리 착한 사람이라도 보통 이 시점부터는 더 이상 관여하지 않으려 할 것입니다. 광일이 단순한 악덕 빚쟁이였다면 오히려 쉬운 문제였을지도 모릅니다. 자기 형을 괴롭힌 건물주를 참교육했듯이 똑같이 하면 됩니다. 하지만 이토록 복잡하게 얽힌 지안과 광일의 관계에 어떻게 제3자인 자신이 끼어들 수 있겠습니까?

동훈이 자신의 비밀을 알아 버리자, 달려오던 지안조차 모든 것을 포기하는 표정을 지으며 뒤돌아섭니다. 세 번까지 도와주던 사람들도 결국 이 거대한 장벽 앞에서는 돌아섰을 것입니다. 그러니 네 번 도와준 사람이 없었던 것입니다. 당연히 동훈의 머리도 복잡해졌습니다. '지안은 과연 도울 만한 가치가 있는 사람인가? 아버지를 잃은 광일도 불쌍한 아이가 아닌가? 무슨 명분으로 이 싸움을 이어 가야 하는가?' 하지만 잠시 주저하던 동훈은 결국 지안의 모든 것을 안고 가기로 결정합니다. 지안에게 이미 모른 척해 주기로 약속했기 때문입니다. 그리고 그는 결국 모른 척하는 것을 넘어 적극적으로 이해하고 편이 되어 주기로 결정합니다.

아무리 편이 되어 주고 싶더라도 싸움에는 명분이 필요합니다. 그래서 동훈은 광일에게 맞서기 위한 명분을 만들어 냅니다. 그것이 광일에게 달려들며 동훈이 외치는 대사에서 드러납니다. "나라도 죽여. 내 식구 패는 놈은 다 죽여!" 이 대사는 두 가지 의미로 해석할 수 있습니다. 첫째로, 살인을 할 수밖에 없었던 지안의 상황을 이해하겠다는 것입니다. 그는 지안의 세상을 알았고, 그것을 자신의 세상과 동일시하기로 결정했습니다. 우리는 여기서 4화의 한 장면을 떠올리게 됩니다. 어머니 앞에서 형을 모욕한 건물주에게 동훈은 이렇게 말합니다. "식구가 보는 데서 그러면, 그땐 죽여도 이상할 게 없어." 지안은 이전에 이를 도청으로 들으며 눈물을 흘린 바 있습니다. 처음으로 받는 공감이었기 때문입니다. 그러나 광일 앞에서 보인 동훈의 모습은 공감을 넘어서는 무언가입니다. 만약 자신의 가족이 지안의 할머니만큼 당했다면 자신도 살인자가 되었을 것이라고 인정한 셈이기 때문입니다.

'내 식구 패는 놈은 다 죽인다'는 대사의 두 번째 의미는 지안을 이제 자기 식구로 간주하겠다는 것입니다. 말하자면 이제부터 지안은 나의 식구이니 지안을 때린 너도 죽이겠다는 뜻입니다. 동훈은 이 대사를 외치며 광일의 다리를 잡고 태클을 거는데, 식구를 팬 놈에게 달려드는 것보다 더 훌륭한 싸움의 명분은 없습니다. 물론 동훈의 대사는 다소 중의적으로 표현되었고, 논리적으로 두 가지를 의미를 모두 뜻할 수는 없습니다. 하지만 작가는 일종의 시적 허용으로 두 가지를 모두 떠올리도록 한 것 같습니다.

어떤 사람이 채무자의 금전적 빚을 대신 갚아 주려면 그만큼의 손실을 감수해야만 합니다. 마찬가지로, 죄인이 진 마음의 빚을 갚아 주는 일에도 대가가 따릅니다. 동훈은 이 대가로 새파랗게 어린 놈의 주먹에 맞고 계단에서 나뒹굴게 됩니다. 지안이 속죄를 위해 항상 감내했던 바로 그 주먹을 말입니다. 여기서 둘은 많이 다칠 정도로 심한 격투를 벌이고, 결국 동훈은 엉망이 된 채 쓰러지고 맙니다. 이것이 바로 죄 없는 동훈이 죄 있는 지안의 편에 서기 위해 지불한 고통이었습니다.

교회에 가면 흔히 예수님이 우리의 죄를 대신 지고 십자가에 달려 돌아가셨다는 말을 합니다. 어쩌면 현대인에게는 수수께끼처럼 들릴지도 모르는 말입니다. 그만큼 이 의미를 마음속 깊이 받아들인 기독교인도 많지 않습니다. 하지만 기독교가 말하는 바는, 죄 없는 동훈이 죄 있는 지안에게 했던 일처럼 죄 없는 예수님도 우리의 죄책감을 자신의 것으로 받아들이셨다는 뜻입니다. 이것이 바로 예수께서 우리의 죄를 짊어지셨다는 표현의 뜻입니다.

동훈이 지안의 살인 사실을 듣고 돌아섰더라도 그를 나무랄 수 있는 사람은 아무도 없을 것입니다. 마찬가지로, 인간 세상이 너무 추악한 나머지 다시 돌아갔더라도 예수님을 나무랄 수 있는 사람은 없습니다. 하지만 그분은 죄 아래에서 발버둥치는 인간들의 실존을 보았고, 그들을 불쌍히 여겼습니다. 그래서 우리의 세상을 자신의 것으로 삼기로 한 것입니다. 그 결과, 동훈이 대신 광일의 주먹을 받아 내듯 예수님도 인간이 받을 벌을 십자가로 받아 내셨던 것입니다.

결국 9화의 이 장면은 그리스도의 십자가를 떠올리게 하기에 충분했습니다. 실제로 대부분의 기독교인이 여러 가지 회의와 어려움에도 불구하고 신앙을 계속 붙들고 있는 이유가 바로 이 지점입니다. 거대한 은혜를 입고 오열하며 무너지는 이지안이 바로 언젠가의 나였기 때문입니다. 우리 모두에게는 친구와 가족을 포함해 그 누구에게도 들키고 싶지 않은 치부가 있습니다. 그러나 자비로운 구원자는 그 모든 것을 알고도 모른 척하며 "아무것도 아니야"라고 말해 줍니다. 그 순간 우리는 그분의 식구로 받아들여지는 것입니다.

나의 아저씨는 불교에 관한 이야기인가?

많은 사람들이 「나의 아저씨」를 불교 드라마라고 말합니다. 절과 스님이 등장하고, 불교적 개념들을 직접적으로 다루기 때문입니다. 반면 기독교와 같은 다른 종교의 상징은 명시적으로 나타나지 않습니다. 실제로 여러 리뷰들이 깊이 있는 불교적 이해를 바탕으로 이 작품의 여러 장면을 훌륭하게 해석한 바 있습니다. 그럼에도 이 드라마의 전체 구조와 핵심 주제들은 기독교적 관점에서 볼 때 가장 자연스럽게 해석된다고 봅니다.

우선 많은 사람들에게 이 드라마를 불교 드라마로 인식시킨 계기는 3만 살 이야기입니다. 지안은 동훈에게 자신이 계속해서 다시 태어나고 있으며, 실제로는 3만 살쯤 되었을 것이라고 말합니다. 이후 술에 취한 동훈은 정희에게 이렇게 말합니다. "어떤 애가 자기가 3만 살이래." 그러면서 자신의 해석을 덧붙입니다. "여기가 집이 아닌데, 자꾸 여기가 집이라고 착각하기 때문에 계속 태어나는 거야."

언뜻 윤회에 관한 이야기처럼 보이지만, 3만 살 이야기의 주제는 실존주의 철학에 더 가깝습니다. 「기생충」 리뷰에서도 살펴봤듯이, 실존주의는 부조리의 감정을 다룹니다. 그래서 실존주의 작가인 사르트르는 인간이 목적 없이 세상에 던져졌다고 말합니다. 이는 단순히 삶이 힘들거나 고통스럽다는 차원을 넘어서는 더 깊은 차원의 감정을 불러일으킵니다. 말하자면, 머리로는 삶이 무의미하다고 생각하지만 가슴이 받아들이지 못하는 상태인 것입니다.

실존주의는 원래 유신론으로부터 출발했습니다. 시대가 흐르면서 무신론적 실존주의가 더 유명해진 것입니다. 실존주의의 아버지라 불리는 키르케고르는 인간의 부조리한 상태를 기독교를 통해 돌파하고자 했습니다. 비슷한 맥락에서 유명 기독교인 작가인 G. K. 체스터턴 또한 이렇게 썼습니다. "우리는 잘못된 별에 왔다.……그것이 바로 삶이 그렇게 찬란하면서도 동시에 낯설게 느껴지는 이유다.……우리는 다른 곳에서 왔다."[1] 앞서 살펴본 동훈과 정희의 대화와 놀랍도록 비슷한 문장입니다.

정희는 동훈에게 계속 태어나는 이유를 모르냐고 되묻습니다. 그리고 「백만 송이 장미」의 일부 내용을 들려줍니다. "미워하는 미워하는 미워하는 마음 없이, 아낌없이 아낌없이 사랑을 주기만 할 때, 그립고 아름다운 내 별나라로 갈 수 있다네." 정희는 잘못된 별에 온 것만 같은 감정을 극복하는 방법으로, 아낌없이 사랑을 나눌 것을 제시합니다. 이후 동의하며 웃는 동훈의 얼굴이 클로즈업된 후, 「백만 송이 장미」가 BGM으로 흐릅니다. 대사집을 찾아보니, 이 노래는 작가가 직접 지정한 OST였습니다.

「백만 송이 장미」의 가사는 매우 중요합니다. 「나의 아저씨」 전체의 서사를 반영하고 있기 때문입니다. 그렇다면 이 노래의 가사는 무엇을 뜻할까요? 우선 이 노래는 흥미로운 세계관을 가지고 있습니다.

---

1 G. K. Chesterton, *Tremendous Trifles* (New York: Dodd, Mead, and Company, 1910), 314.

사랑을 주고 오라는 임무를 받고 지구에 온 한 우주인의 이야기입니다. 그가 아낌없이 사랑을 줄 때마다 장미 한 송이가 피어나고, 이 장미가 백만 송이가 되면 자신의 고향 별로 돌아갈 수 있다는 내용입니다. 진실한 사랑을 백만 번 전해 주면 고향으로 돌아갈 수 있다는 것이 이 노래의 세계관입니다. 그런데 2절에 가면 가사의 화자가 절망합니다. "진실한 사랑은 뭔가 괴로운 눈물 흘렸네. 헤어져 간 사람 많았던 너무나 슬픈 세상이었기에." 다시 말해 백만 송이의 장미를 피우기에는 너무나 슬프고 힘든 세상이었던 것입니다. 그런 사랑을 베푸는 것이 벅찬 이 우주인에게, '자기의 생명까지 모두 다 준, 빛처럼 홀연히 나타난 이'가 다가옵니다. 3절을 보면 이 존재의 정체는 우주인의 고향 별에서 온 사람이었습니다. 이분은 자신의 목숨까지 바칠 정도로 엄청난 사랑을 보여주었습니다. 그러니 모두가 떠나도 이분과의 사랑은 계속될 것이고, 그와 함께라면 '더욱더 많은 꽃을 피우고 이분과 하나가 되어' 영원한 저 별로 돌아갈 수 있다는 것이 가사의 결말입니다.

이 노래의 가사는 정확히 기독교의 핵심 서사를 보여주고 있습니다. 화자가 태어난 영원한 저 별은 천국입니다. 아낌없이 사랑하여 백만 송이 꽃을 피우라는 임무는 하나님이 인간에게 부여한 삶의 목적입니다. 실제로 예수님은 구약 성경의 모든 율법을 한 마디로 요약하신 바 있습니다. "네 이웃을 네 자신과 같이 사랑하라"(마 19:19). 그러니 고향 별에서 온 '빛처럼 홀연히 나타난 이'는 바로 예수님을 의미합니다. 그분은 임무를 이루지 못한 인간들을 위해 자기 목숨을 바치셨습니다. 그래서 이 사랑에 감동한 사람들은 결국 더 많은 장미를 피우는 존재, 곧 이웃을 더욱 사랑할 수 있는 사람이 되는 것입니다. 그리고 이 임무를 다한 이들은 결국 자신이 온 고향, 영원한 천국으로 돌아갈 수 있다는 것이 기독교의 세계관입니다.

작사가인 심수봉 선생은 2020년 「기독교타임즈」와의 인터뷰에서 「백만 송이 장미」는 자신이 깨달은 예수님의 사랑을 노래한 것이라고 밝혔습니다. 그렇다면 이 가사가 「나의 아저씨」와는 어떤 연관이 있을까요? 이지안은 가사에 나오는 우주인과 같은 존재입니다. 원래는 백만 송이의 사랑을 주고받기 위해 태어났으나, 그 사랑이 결핍되어 자신의 존재 이유를 비관하는 가여운 영혼인 것입니다.

이 드라마를 끝까지 본 사람들은 밝아진 지안의 모습을 압니다. 지안은 이제 자기 나이답게 친구들도 사귀고, 동훈에게 밥을 사겠다고 먼저 말을 건네기도 합니다. 사실 이것이야말로 지안이 본래 되었어야 할 모습입니다. 하지만 너무나 슬프고 힘든 세상이기에 그런 모습이 되지 못했던 것입니다. 그러다 마침내 예수와 같이 자신의 모든 것을 내주는 이가 구원의 손길을 내밉니다. 물론 드라마에서는 그 인물이 바로 동훈입니다. 이 사랑에 감동한 지안은 결국 더 많은 꽃을 피우는 존재가 될 것입니다. 그래서 지안이 강남으로 도망치며 동훈과 나눈 통화에서 이렇게 말하는 것입니다. "나 이제 다시 태어나도 상관없어요. 또 태어날 수 있어. 괜찮아요."

이러한 관점에서, 「나의 아저씨」의 전체 구도는 세 층위로 나눌 수 있습니다. 기독교의 서사, 「백만 송이 장미」의 서사, 「나의 아저씨」의 서사가 그것입니다. 이 세 가지는 긴밀하게 연결되어 있으며, 「백만 송이 장미」의 가사는 「나의 아저씨」의 내용과 기독교의 내용을 중재하고 연결하는 가교 역할을 하고 있습니다. 결국 이를 드러내기 위해 3만 살 윤회 테마가 여러 장면에 걸쳐 점진적으로 쌓여 온 것입니다.

이어서 겸덕과 정희의 짧은 서사를 살펴보고자 합니다. 정희를 버린 겸덕의 선택은 누가 봐도 이기적입니다. 쉽게 놓칠 만한 부분이지만,

그가 정희와 정식으로 이별한 후에 절에 들어간 것이 아니기 때문입니다. 대사들을 잘 살펴보면 알 수 있듯, 겸덕은 아직 정희와 사귀는 동안 잠수를 타고 사라졌습니다. 그렇지 않으면 정희가 동훈과 함께 일주일이나 그를 찾아다닐 이유가 없었을 것입니다. 물론 오랜 세월이 지나서도 겸덕을 놓지 못하는 정희의 미련을 온전히 긍정할 수는 없지만, 사랑하는 이보다는 버린 이를 탓하는 것이 더 옳을 것입니다. 동훈이 고통 중에 겸덕을 찾아갔을 때, 그는 불교의 교리로 동훈을 설득하지 않았습니다. 오히려 종교적인 조언을 삼키고 친구로서 인간적인 조언만을 건넸습니다. 하지만 정희와의 관계에서는 결국 불교적인 길을 선택함으로써 끝내 후계동으로 돌아가지 않습니다. 여기서 인상 깊었던 것은 참다 못해 절에 찾아온 정희의 대사였습니다. "너 여기서 득도 못 해. 나같이 지랄 맞은 여편네랑 살아 봐야 득도하지, 이런 산골에 처박혀서 득도 못 해."

사람의 상황은 각양각색입니다. 그러니 누군가에겐 산골에서 수양을 쌓는 것도 올바른 길일 수 있습니다. 하지만 이 드라마에서만큼은 그렇지 않은 것 같습니다. 결국 겸덕이 마지막까지 내려오지 않음으로써, 모든 주조연을 포함한 등장인물 중 겸덕과 정희의 문제만이 미완으로 남게 되었으니까요. 겸덕은 피땀 어린 금식 수양을 통해 모든 욕망에서 벗어났지만 정희는 끝내 구원받지 못했습니다. 정희가 지안에게 명절마다 만나자고 제안한 것으로는 충분하지 않습니다. 이는 잠깐의 외로움을 달랠 임시방편에 지나지 않기 때문입니다.

세상사에서는 욕망으로 인해 누군가에게 상처를 주는 게 대부분이지만, 때로는 무언가를 욕망하지 않는 것 역시 상처가 됩니다. 욕망받기 위해 존재하는 것들도 있기 때문입니다. 놀이공원을 한번 떠올려 봅시다. 놀이공원이 어린이들에게 더 이상 욕망받지 않는다면, 그것은 놀이동산에게 굴욕입니다. 남은 수순은 폐업뿐일 것입니다. 장난감은 어떨까요? 「토이스토리 3」은 더 이상 욕망받지 못하게 된 장난감들의 상처와 회복을 담은 스토리로 많은 사랑을 받았습니다. 사람도 마찬가지입니다. 연인이나 부부끼리 이렇게 말한다고 가정해 봅시다. "난 더 이상 널 욕망하지 않아. 너와의 관계도, 미래도 욕망하지 않아." 이것만큼 아픈 말도 세상에 없을 것입니다. 이처럼 무조건 욕망을 버리려 한 겸덕 때문에 정희는 이런 상처를 견뎌야만 했습니다.

정리하자면, 「나의 아저씨」가 불교적 소재를 많이 차용한 작품인 것은 사실입니다. 그러나 불교 드라마라고 단정 짓기는 어렵습니다. 불교적 차용인 것처럼 보였던 3만 살 윤회 테마는 사실 기독교 서사를 표현하기 위한 빌드업이었고, 겸덕은 고통을 겪는 친구에게 불교적 조언보다는 지극히 인간적인 우정을 나누었으며, 정희와 겸덕의 서사는 겸덕이 불교적 해결책을 택함으로써 이 드라마에서 유일하게 미완으로 끝나 버렸기 때문입니다. 오해를 피하기 위해 덧붙이자면, 현실의 불교가 소용없다는 것이 아니라 최소한 이 드라마에서만큼은 그렇게 보인다는 뜻입니다.

"모른 척해 줄게"와 "아무것도 아니야"의 의미

앞서 조금 살펴보았듯이, 「나의 아저씨」에는 유독 "모른 척해 줄게", "아무것도 아니야"라는 대사가 자주 등장합니다. 지극히 일상적인 위로처럼 들릴 수 있지만 사실 모른 척해 준다는 테마는 이 드라마에서 굉장히 중요합니다. 기독교 신학은 흔히 예수께서 죄인들의 믿음을 보고 의롭다 칭해 주신다고 말합니다. 이를 '이신칭의'라고 부르며,

종교개혁자인 마르틴 루터가 핵심적으로 설파했던 교리이기도 합니다. 한자어라 어렵게 들릴지 모르지만 사실 그리 어려운 개념이 아닙니다. 박동훈이 이지안에게 한 것처럼, "어디서 네 얘기를 들어도 모른 척해 줄게"라고 말하는 것입니다. 또한 누군가의 가장 고통스러운 치부에 대해 "아무것도 아니야"라고 말해 주는 것이기도 합니다.

지안이 동훈에게 가장 고마워하는 점이 무엇일까요? 전반적으로 잘해 준 것 외에 결정적으로 마음의 문을 활짝 연 것이 언제일까요? 자신이 살인한 사실을 알고도 모른 척해 준 때였습니다. 또한 동훈은 임원 심사에서 지안의 살인 사실이 드러났을 때도 적극적으로 변호해 주었습니다. 그러니 지안은 최소 동훈에게만큼은 당당합니다. 이 아저씨는 알고도 모른 척해 주니 말입니다. 기독교인들도 사실 이러한 자존감으로 살아갑니다. 기독교인이 된다는 것은 결코 특권을 갖게 됐다거나 남들보다 훨씬 선한 존재가 됐다는 뜻이 아닙니다. 우리는 여전히 못난 존재이고, 우리가 저지른 과거의 잘못들이 다 사라진 것도 아닙니다. 하지만 창조자께서 그 모든 것을 아시고도 모른 척해 주셨다는 것을 믿는 것입니다. 그렇기에 겸손하면서 동시에 당당할 수 있는 것입니다.

이 드라마의 칭의 테마는 결국 컨테이너 박스에서의 죄 용서로까지 이어져 지안을 편안에 이르게 합니다. 하지만 모든 것을 용서받으려면 죄가 먼저 드러나야 합니다. 칭의를 얻은 지안은 남늘 앞에서 당당하지만, 아이러니하게도 오직 한 사람, 자신을 그토록 용서하고 받아 주려 하는 동훈에게서만은 도망칩니다. 동훈에게 도청이라는 큰 잘못을 저지르고 있기 때문입니다.

혹자는 기독교 교리야말로 극도의 이기주의와 선민의식을 내포하는 교리가 아니냐고 비판합니다. 이러한 비판은 현실 교인들의 모습에서 비롯된 것입니다. 은혜를 입은 자는 마땅히 겸손해야 할 텐데, 오히려 자신이 특별해서 천국행 티켓을 스스로 얻은 양 교만하게 구는 교인들이 분명히 존재합니다. 그러나 그들의 선민의식과 교만이 기독교 교리 자체에서 비롯된 것은 아닙니다.

진정으로 기독교 교리를 이해한 자는 거들먹거릴 수 없습니다. 가장 큰 잘못들을 용서받았음을 깨닫는 순간, 자신의 비교적 사소한 죄들에도 예민해지기 때문입니다. 특히 이러한 죄들은 자신의 더 큰 잘못들을 눈감아 준 이의 진심을 무시하는 처사이며, 더 나아가 그의 크나큰 용서를 하나 마나 한 일로 만드는 것입니다. 용서받은 자가 그 후 저지르는 모든 잘못은 일차적으로 피해자에 대한 잘못이지만, 이차적으로 자신을 용서한 자에 대한 모독이기도 한 것입니다. 그러므로 기독교인이 저지르는 모든 잘못은 원칙상 예수 그리스도에 대해 저지르는 잘못이 됩니다. 이를 깨달은 사람은 용서받았음을 핑계 삼아서 이기적인 행동을 저지를 수 없게 됩니다.

이러한 모습이 「나의 아저씨」에도 잘 나타납니다. 이지안은 원래 사소한 범죄는 눈 하나 깜짝하지 않고 저지르던 사람이었습니다. 절도는 기본이요, 대담하게 대기업 임원에게 술을 먹이고 납치극까지 벌일 정도였으니까요. 그러나 용서받은 후에는 점점 자신의 잘못에 회의와 부끄러움을 느끼게 됩니다. 특히 동훈에게 저지르는 잘못들의 경우, 그 부끄러움은 배가되어 결국 지안이 그로부터 도망치는 계기가 됩니다.

드라마의 중후반부에 동훈이 전화기에 대고 "이지안"이라고 부르는 장면이 있습니다. 이때 동훈이 있는 장소는 영화관이며, 상영되는 영화는 「박하사탕」입니다. 해당 영화를 보신 분들은 알겠지만, 자신도 모르게 죄에 물들어 가는 '불쌍한 죄인'이라는 인간의 실존을 잘 보여

     나의 아저씨

주는 작품입니다. 이 영화에서 설경구가 연기한 주인공과 지안은 굉장히 비슷합니다. 설경구는 극의 클라이맥스에서 "나 돌아갈래!"라고 외치며 자살을 택하는데, 이는 아무도 손을 내밀지 않을 시 지안이 맞이할 파멸적인 미래를 보여줍니다. 바로 그 장면이 상영되는 와중에 동훈이 용서의 손길을 내미는 것입니다.

부끄러움을 아는 죄인의 특징은 모습을 숨기는 것입니다. 에덴동산에서 아담과 하와가 몸을 숨겼던 것처럼 말입니다. 동훈의 전화에 화들짝 놀란 지안은 괜찮다는 말을 듣지 못한 채 또다시 도망치고 맙니다. 닿지 못할 '잘못했습니다'를 열 번 외쳐보지만 동훈에게 용서받을 거라는 믿음이 없습니다. 김 대리를 용서하고, 윤희를 눈감아 주려 했으며, 심지어 자신의 살인마저 모른 척해 준 동훈임을 잘 알고 있으면서도 말입니다. 그에게 직접적인 상처를 입힌 당사자가 자신이 되자 도망갈 수밖에 없는 것입니다.

그러다가 결국 대망의 컨테이너 박스 신에 이르게 됩니다. 끝내 동훈을 만나자 두려움에 화들짝 놀란 지안은 자신의 두려움을 숨기기 위해 더욱 뻔뻔하게 덤빕니다. "사람만 죽인 줄 알았지? 별짓 다했지? 더 할 수 있었는데. 그러게 누가 네 번 이상 잘해 주래?" 이에 박동훈은 사람이 상상할 수 없는 신적 영역의 용서를 베풉니다. 자신의 일상을 그토록 오래 도청한 사람을 대체 어떻게 용서할 수 있단 말입니까? 놀랍게도 그는 지안에게 '자기 인생 다 듣고도 편이 되어 주어 고맙다'는 말까지 해버립니다. 이것이야말로 '어메이징 그레이스'가 아니고 무엇일까요? 이 장면에서 지안이 동훈에게 느낀 감정은, 제가 예수님에게 느꼈던 바로 그 감정입니다. 그것을 느낀 날, 저는 진정으로 기독교인이 되었습니다. 만약 이러한 감정을 한 번도 경험해 보지 못한 사람이 있다면, 교회를 아무리 오래 다녔다 해도 기독교 신앙을 알지 못하는 사람이라고 감히 말할 수 있을 것입니다.

지안은 컨테이너 신에서 살인을 이해받았을 때보다 더 크게 오열합니다. 자신을 그토록 잘해 준 이에게 직접적으로 입힌 상처까지 용서받았기 때문입니다. 더는 빠져나갈 구멍도, 변명의 여지도 없는 그 순간에 예상치도 못한 용서를 얻은 것입니다. 기독교인의 삶에서도 마찬가지입니다. 내가 2천 년 전의 예루살렘에 있었어도 똑같이 예수를 십자가에 못 박았을 사람이라는 것을 깨닫는 순간, 그분의 자비는 거대한 용서로 다가옵니다. 예수께서는 이렇게 말씀하신 바 있습니다. "수고하고 무거운 짐 진 자들아, 다 내게로 오라. 내가 너희를 쉬게 하리라"(마 11:28). 어떻게 쉬게 한다는 것일까요? 지안이 편안에 이르는 가장 큰 이유는 본인의 말처럼 '다 털었기 때문'입니다. 빚을 털었다는 말이 아닙니다. 금전적 빚은 결국 지안이 스스로 갚았습니다. 박동훈이 털어 준 것은 죄책감입니다. 종교적 표현을 쓰자면, 박동훈이 이지안을 죄에서 구원한 것입니다. 기독교에서 예수가 우리를 죄에서 구원했다고 말하는 것이 정확히 이런 의미입니다. 전혀 추상적이거나 마법 같은 말이 아닙니다.

동훈은 지안에게 "그냥 나 불쌍해서 그런 거야"라며 지안의 사모하는 감정을 부정했습니다. 하지만 결국 "어떻게 너 같은 어린애가 날 불쌍해하냐"고 말하며 "그게 더 불쌍하다"고 말합니다. 이는 분명 이성적인 끌림과 같은 사랑은 아닐 것입니다. 그러나 그것보다 더 강렬한 사랑입니다. 지안조차 처음 받는 호의에 자기 마음을 잘 모를 뿐, 박동훈을 진정 남자로서 좋아한 것은 아닐 것입니다. 성별과 나이를 떠나 사람을 그토록 좋아한다는 것을 처음 느꼈기에 혼동한 것입니다. 그럼에도 이 감정은 이견의 여지 없이 사랑입니다. 서로가 불쌍해 죽겠다는 마음은 성적 매력에 끌리는 것보다도 훨씬 강렬한 사랑이기 때문입니다. 이는 부부 사이에서도 관계가 깊어질 때쯤에야 느끼는 감정이며, 신과 인간 사이의 사랑에서나 발견할 수 있는 것입니다. 서로를 불쌍히 여기는 마음의 본질은 사실 다시는 불쌍해지지 않기를 바라는 마음이라고 볼 수 있습니다. 그래서 "불쌍하다"에서 시작된 사랑은 결국 "행복하자"로 끝나는 것입니다.

후계동, 이상적인 교회

동훈의 고향인 후계동을 한마디로 표현하자면 이상적인 공동체입니다. 이곳의 구성원들은 티격태격하면서도 서로를 질투하거나 미워하는 마음이 전혀 없습니다. 각자가 좌절된 꿈과 아픔을 안고 있으면서도, 매일같이 자발적으로 모여 웃고 떠들며 미래를 희망합니다. 또한 후계동은 외부인에게 활짝 열린 공동체입니다. 기본적으로 동년배 중년 아저씨들이 중심이지만, 이곳에 어울리지 않는 것처럼 보이는 나라와 지안에게도 진심 어린 환대를 보여줍니다.

지안이 가장 힘든 시기인 할머니의 장례식 때 모두가 와서 옆을 지켜주는 모습은 결국 지안이 동훈뿐 아니라 다른 사람들에게도 마음의 문을 여는 계기가 됩니다. 이처럼 후계동과 정희네 술집은 손만 뻗으면 어딘가에 있을 것 같으면서도 이상하게 찾아볼 수 없는 판타지적인 공동체입니다. 나라가 말한 대사처럼, 그곳은 망가졌지만 불행해 보이지는 않는 이들이 서로를 의지하는 곳입니다. 부유한 이들이 모인 곳보다는 초라하겠지만 마음만큼은 누구보다 부유한 공동체입니다. 점점 개인이 파편화되어 가는 이 사회에서 어쩌면 사람들이 찾아 헤매는 공동체의 이상향이 바로 후계동일 수 있겠다는 생각이 들었습니다.

만약 이 드라마를 본 기독교인이라면, 후계동을 보고 한 번쯤은 교회를 떠올렸을 것이라 생각합니다. 현실 교회에서의 경험을 떠올렸을 수도, 자신이 꿈꾸는 교회 공동체를 그려 봤을 수도 있습니다. 저는 후계동을 보며 "이게 교회다!"라고 홀로 외쳤습니다. 이 말에 사람들은 의아해할 수도 있습니다. "현실의 교회를 보고도 그런 얘기를 한다고?" 그러나 여기서 말하고자 하는 것은 그런 것이 아닙니다. 마치 어떤 이상적인 국가의 모습을 볼 때, "이게 나라다!"라고 말하는 것과 비슷한 것입니다.

여기서 '나라'란 현실에 존재하는 공간이라기보다는 대부분의 사람들이 공유하는 국가의 이상향 같은 것입니다. 지난 10년간 "이게 나라냐"라는 말이 유행했습니다. 이는 역설적으로 '나라란 이래야 한다'는 공통된 믿음을 대부분의 사람들이 공유한다는 뜻입니다. 동일한 의미에서 후계동을 보고 '이게 교회다!'라고 말한 것입니다. 후계동은 대부분의 기독교인이 공유하는 '교회 공동체란 어떠해야 한다'는 믿음에 부합합니다. 흔히 기독교인들은 1세기에 처음으로 세워졌던 초대 교회에 대한 향수병적인 환상을 갖고 있습니다. '초대 교회로 돌아가자!'는 슬로건이 흔하게 쓰일 정도입니다. 역사적 초대 교회가 실제로 어떠했는지와는 별개로, '초대 교회'라는 단어는 다분히 이상향적인 교회의 모습을 담고 있습니다.

이런 점에서 후계동과 정희네는 정말로 초대 교회와 닮은 점이 많습니다. 우스갯소리부터 시작하자면, 후계동 사람들이 만나면 술을 마시듯 초대 교인들도 언제나 포도주를 즐겼습니다. 조금 더 진지하게 살펴보자면, 후계동은 구성원들 사이에 존재하는 분명한 사회적 계급 차이를 마치 없는 것처럼 여겨 버립니다. 그 안에서만큼은 모두가 평등한 것처럼 행동하는 것입니다. 이처럼 초대 교회도 남자와 여자, 주인과 노예라는 엄연한 계급 차이를 마치 없는 것처럼 여겼습니다. 또한 초대 교회는 후계동처럼 외부인에게 열려 있었고, 구성원이 어려움을 겪을 때 함께했으며, 사회적 기준으로는 망가졌지만 그럼에도 행복한 사람들이 모여 있었습니다. 후계동을 보고 있노라면 드라마에 자세히 등장하지 않은 조연들의 사연들도 전부 듣고 위로해 주고 싶어집니다.

가끔 이 드라마가 '정상 가족에 대한 예찬'이라는 비판을 받는 것을 봅니다. 누군가가 소외받을까 하는 우려에서 나온 의견일 것입니다. 하지만 후계동이야말로 이 비판의 반례가 되어 줍니다. 정희네 술집으로 대표되는 후계동은 일종의 대안 가족입니다. 정희는 정작 자신에게는 가족이 없으면서도, 새로운 가족들을 모으는 구심점 역할을 합니다. 그리고 지안과 명절마다 만나자고 약속하며 서로 대안 가족이 되어 주기로 결심합니다.

윤희가 동훈에게 외도 사실을 사과할 때도 이런 구도가 여실히 드러납니다. 윤희는 동훈이 온전히 자신과 가정을 이루지 않고 후계동을 더 식구로 여기는 듯한 모습에 외로움을 느꼈다고 말합니다. 이 부분이 작중 유일하게 동훈이 비난받을 만한 지점이지만, 작품 전체를 놓고 보면 작가는 딱히 동훈을 나무라는 것 같지 않습니다. 배타적인 소가족 중심적 삶을 원했던 윤희와 달리, 동훈은 동네 전체를 식구 삼아 살아가고자 했기 때문입니다. 동훈은 윤희를 외롭게 두려 한 것이 아니라, 오히려 윤희 또한 넓은 공동체의 일원이 되기를 바랐습니다. 소가족 형태로 사는 것만이 익숙한 대부분의 현대인은 이 문제에서 윤희에게 훨씬 공감할 수밖에 없습니다. 하지만 객관적으로 볼 때, 오늘날 이런 삶의 모습이 보편화된 것은 아주 짧은 기간밖에 되지 않았습니다. 우리는 소가족 형태의 가정이 지닌 장점과 단점을 전부 판단할 만큼 많은 데이터를 갖고 있지 않습니다. 최소한 인류는 몇백만 년이 넘도록 동훈과 같은 삶의 방식을 더 건강한 모습으로 여겨 왔던 것이 사실입니다.

저는 여기서 동훈과 윤희의 가족상 중 어느 쪽이 옳은지 판단을 내리지는 않을 것입니다. 저 또한 현대인으로서 윤희의 사고방식에 더 마음이 가는 것이 사실입니다. 하지만 제가 그렇게 느낀다고 곧 그것이 옳은 것은 아닙니다. 중요한 것은 배타적인 소가족을 원했던 윤희는 결국 그것을 남편 외의 다른 남자와 이루고자 했다는 점입니다. 이런 윤희의 부도덕한 시도는 윤희를 동정할 만한 여지를 지워 버립니다. 지안은 윤희와는 정반대의 행보를 보입니다. 원래 가족이라 부를 곳이 없었던 지안은 적극적으로 후계동 공동체에 편입됩니다. 그리고 그곳에서 난생 처음으로 가족의 따뜻함을 경험합니다. 기독교는 정상 가족의 중요성을 인정하면서도, 결코 그러한 형태에만 가족의 선을 국한하지 않습니다. 결국 기독교가 말하는 천국은 모든 구성원이 가족처럼 끈끈해지는 곳이며, 교회는 그것을 조금이나마 맛보고자 주어진 공동체이기 때문입니다.

「나의 아저씨」를 보면 좋은 어른이 되고 싶어지는 이유

동훈에게 용서의 은혜를 받은 지안은 이제 그것을 갚기 위해 노력하는 삶을 살 것입니다. 이처럼 그리스도인도 예수를 위해 살게 됩니다. 단순히 교회 생활을 열심히 하는 것이 아니라, 지안이 동훈에게 가졌던 그 마음을 갖게 되는 것입니다. "이 아저씨는 정말 내가 뭐길래 이렇게까지 잘해 주는 걸까. 슬리퍼가 낡았네. 사주고 싶다." 기독교인 또한 예수님에 대한 감격의 마음으로 교회에서 봉사도 하고 이웃을 섬기기도 합니다.

물론 지안은 잠시 이것을 이성적 사랑과 착각하기도 했습니다. 부적절한 감정일 수도 있지만 그저 성장 과정이라고 봐줄 수 있습니다. 결국 성숙해진 지안은 아저씨에 대한 가장 적절한 마음을 갖게 됩니다. 그것은 사랑이되 이성적 사랑이 아닌, 구원자에 대한 사랑이었습니다. 이는 마치 기독교인이 예수에 대해 갖게 되는 사랑과도 같습니다. 지안이 아저씨가 싫어하니까 도준영을 싫어했듯이, 기독교인도 예수님이 싫어하니까 죄를 싫어하게 되는 것입니다.

지안의 대사인 "아저씨가 정말로 행복했으면 했어요"는 가장 적절한 사랑의 표현입니다. 예수님이 정말 행복하기를 바라는 기독교인의 마음도 그렇습니다. 그분이 먼저 나의 잘못을 모른 척해 주시고 아무것도 아니라고 말씀해 주셨기에, 그리고 나를 무죄라고 남들 앞에서 시인해 주셨기에, 우리는 그분의 행복을 바랍니다. 그리고 한 사람이라도 더 예수님의 사랑과 희생을 알게 되길 바랍니다. 이런 것이 사랑입니다. 아저씨가 행복하길 바라는 지안의 마음이 사랑이듯, 그리스도가 행복하길 바라는 기독교인의 마음도 사랑입니다.

OST인 「어른」의 가사를 보면, '내가 될 수 없다는 것이 괴롭다'고 말합니다. 내가 될 수 없다는 것은 결국 자신이 살아가야 할 목적과 의미대로 살지 못한다는 뜻입니다. 그런 지안은 달릴 때만 자신이 된다고 말하는데, 극 중에서 지안이 달리는 순간은 대부분 동훈을 위할 때입니다. 지안은 동훈을 위할 때 달리고, 동훈을 위할 때 비로소 자신이 됩니다. 그리고 동훈 또한 이런 지안의 사랑에 큰 위로를 받고 새롭게 살아갈 힘을 얻습니다.

만약 이 드라마가 그리는 구도가 예수님과 인간들의 관계라고 한다면, 지안이 동훈을 위해 베푼 일들은 그리스도인들에게 큰 도전이 됩니다. 지안이 동훈에게 거대한 의미가 되어 주었던 것처럼, 우리 또한 예수님에게 그런 존재가 될 수 있다는 것이니 말입니다.

모든 사람이 자신의 죄를 알면 싫어할 줄 알았던 지안은, 그 죄를 모른 척해 주는 일을 '네 번 이상 도와준 것'이라고 표현합니다. 이는 문자적 의미가 아닙니다. 그동안 지안을 네 번 이상 도와준 사람이 전혀 없었던 건 아니기 때문입니다. 자신을 돕던 친구도, 청소부 노인도 그 이상으로 도와주었습니다. 그러니 지안이 진정으로 말하고 싶었던 것은 다른 의미였을 것입니다. 자신의 어두운 과거를 함께 겪은 이들을 제외하고, 이후 새로 만난 사람들 중에서는 자신의 과거를 알면서도 곁에 남아 준 사람이 한 명도 없었다는 뜻입니다.

많은 사람들이 두 사람의 연애나 결혼 여부와 같은 가까운 미래를 궁금해합니다. 하지만 더 멀리 상상해 보면 어떨까요? 이를테면 지안이 지금 동훈의 나이가 되었을 때를 상상해 봅시다. 지안이 예전의 자신처럼 하루하루를 절망 속에서 살아가는 한 청년을 발견했을 때, 과연 그냥 지나칠 수 있을까요? 동훈에게 은혜를 입은 지안은 틀림없이 그들을 구원하는 삶을 살아갈 것입니다. 실제로 작가는 수화 교육 봉사를 하는 지안의 모습을 통해 앞으로 지안이 어떤 삶을 살아가게 될지를 미리 보여줍니다.

동훈이 곁에 있든 없든, 둘이 결혼을 했든 안 했든, 지안은 동훈의 은혜에 부끄럽지 않게 살아갈 것입니다. 만약 지안이 타인의 작은 허물에 난리를 치며 책임을 묻는다면, 그를 과연 정상적인 사람이라고 말할 수 있을까요? 이제 지안은 동훈에게 받은 대로 다른 이들에게 나눠 줄 수 있는 넉넉한 품을 지닌 사람이 될 것입니다. 기독교인이 올바른 삶을 살아야 하는 이유도 바로 여기에 있습니다. 우리는 도움이 필요한 존재에서 서로 도움을 주고받을 수 있는 사람으로 성장했습니다. 그러니 우리도 마땅히 남들을 도와야 합니다.

복음을 깨닫는 것은 둘째치고, 최소한 이 드라마를 보고 박동훈 부장처럼 살아 보려고 조금이나마 노력해 본 이들이 얼마나 많을지 상상해 봅시다. 대부분은 네 번도 못해 실패했겠지만, 동훈이 한 말처럼 네 번이 어디인가요? 한 번도 시도하지 않는 사람도 많습니다. 그러니 세 번만 하는 것도 착한 것입니다. 이처럼 「나의 아저씨」는 기독교 서사를 전면적으로 차용하여 계속해서 착한 사람들을 만들어 내고 있습니다.

예수님은 「나의 해방일지」에 등장하는 모든 인물,
심지어 드라마를 보는 모든 사람에게,

"오늘 당신에게 좋은 일이 있을 겁니다"라고 말씀하십니다.

03

나의 해방일지

My Liberation Notes, 2022

그들은 무엇으로부터 해방되고자 했는가?

「나의 아저씨」 리뷰를 유튜브 채널에 업로드한 후 얼마 지나지 않아 많은 분들이 「나의 해방일지」의 리뷰를 요청하셨습니다. 아마 두 작품 모두 박해영 작가의 작품이라는 이유 때문이었을 것입니다. 「나의 아저씨」를 불교적 드라마로 오해한 사람들이 많았던 것과는 달리, 「나의 해방일지」는 애초부터 기독교적인 작품으로 널리 알려져 있습니다. 시청해 보니 그 이유를 쉽게 알 수 있었는데, 작품 속에 기독교적 상징들이 누구나 알 수 있도록 분명하게 드러나 있었기 때문입니다.

또한 「나의 해방일지」는 오늘날을 살아가는 청년들의 고충을 정면으로 다룬다는 점에서 많은 공감을 불러일으킨 작품입니다. 주인공인 염 씨 삼남매와 구 씨는 성격도, 말투도, 삶을 대하는 태도도 전혀 다르지만, 각자가 진 인생의 짐으로부터 해방되기를 바란다는 점에서는 모두 닮아 있습니다. 그래서 이 드라마를 보는 많은 시청자들, 특별히 청년 시청자들은 등장인물 가운데 한 사람에게 자연스럽게 자신을 투영할 수 있습니다. 해당 인물이 겪는 해방의 과정을 응원하며 함께 따라가게 되는 것입니다.

사실 「나의 해방일지」는 기독교적 요소를 대놓고 드러낸 만큼 다소 인위적으로 느껴지는 부분도 있는 작품입니다. 그렇다면 우리는 이런 질문들을 던져 보아야 할 것입니다. "어떻게 이 드라마는 기독교를 노골적으로 표현하면서도 보통 사람들에게 깊은 감동과 재미를 주었을까?" 그리고 "표면적으로 드러난 상징 찾기를 넘어서, 더 깊은 주제 의식을 발견할 수는 없을까?" 이 질문들에 답하기 위해서는 우선 직접적으로 드러난 기독교적 상징들부터 살펴볼 필요가 있습니다.

「나의 해방일지」에 나타난 기독교적 요소

「나의 해방일지」에 등장하는 첫 번째 기독교적 상징은 해방교회입니다. 사실 교회 자체보다는 그곳에 적힌 문구가 더 중요합니다. 경기도에서 서울로 출퇴근하는 염 씨 가족이 매번 이 문구를 마주하기 때문입니다. 이 문구의 내용은 이렇습니다. "오늘 당신에게 좋은 일이 있을 겁니다." 이는 일반적인 교회에 적혀 있는 표현들과는 조금 다릅니다. 대형 교회들은 보통 "하나님을 믿으면 평안해질 것입니다" 혹은 "주 예수를 믿으라. 그리하면 너와 너의 집이 구원을 얻으리라"와 같은 조건부 축복 문구를 사용합니다. 반면 "오늘 당신에게 좋은 일이 있을 겁니다"라는 표현은 오히려 세속적인 축복에 가깝게 느껴집니다.

더욱 주목할 만한 것은 그 아래에 적힌 더 작은 글자의 문장입니다. 구 씨가 우연히 해방교회 앞을 지나가다 보게 되는 이 구절은, 폭풍우 속에서 예수님이 제자들에게 하신 말씀입니다. "안심하라. 내니 두려워하지 말라"(막 6:50). 그런데 이런 구절을 교회의 대표 성경 구절로 내세우는 경우는 매우 드뭅니다. 그렇기에 이 구절이 해방교회의 대표 성경 구절이라는 점은 꽤 의도적으로 보입니다. 작가가 등장인물들과 시청자들에게 전달하고 싶은 메시지를 직설적으로 담고 있는 것입니다. 뒤에서 더 자세히 살펴보겠지만, 이 성경 구절은 「나의 해방일지」의 근본적인 제작 의도를 드러내는 문구입니다.

또 다른 기독교적 소재들도 몇 가지 나열해 보겠습니다. 염기정은 소개팅 자리에서 여성성에 대해 이야기하며 성모 마리아의 피에타와 예수 그리스도를 언급합니다. 이는 기정의 독특한 성격과 그가 앞으로 겪게 될 해방이라는 주제를 설명하는 중요한 요소입니다. 하지만 마리아를 언급하는 부분은 다소 맥락을 벗어나 갑작스럽게 느껴지기도 했습니다. 또한 몇몇 인물들은 '축복한다', '은혜 받았다'와 같이 교회에서만 쓰일 법한 용어들을 사용합니다. 이를테면 창희가 '축복한다'고 말했을 때, 현아가 "너 교회 다녀? 무슨 축복이야?"라고 반문합니다.

염 씨 남매의 어머니가 임종 직전에 "이제 쉬고 싶어서 교회에 다시 나가야겠다"고 말하는 부분도 의미심장합니다. 이 말을 하고 얼마 지나지 않아 돌아가시는 모습이 마치 천국에 쉬러 가는 것처럼 느껴지기 때문입니다. 또한 구 씨가 들개를 위해 파라솔을 설치하러 가는 장면은 마치 십자가를 지고 골고다 언덕을 오르는 예수님을 떠올리게 합니다.

염미정이 만든 사내 동아리인 해방클럽에 대해서도 이야기해 보고 싶습니다. 교회에 다니는 분들이라면 해방클럽을 보며 곧장 교회의 소그룹 모임이 떠올랐을 것입니다. 작품 속 인물들은 "저게 대체 무슨 동아리냐"며 의아해하지만, 실제로는 교회의 소모임과 다를 바 없습니다. 구체적인 목표 없이 삶에 대한 깊은 나눔이 주를 이루는 곳이기 때문입니다. 일반적인 동아리나 클럽들은 수영, 등산, 탁구, 독서와 같은 구체적인 목적을 가지고 모이지만, 해방클럽처럼 삶을 나누는 데 목적이 있는 모임은 교회 외에는 찾아보기 어렵습니다.

저는 해방클럽을 보며 이런 모임이 사회에 있어도 참 좋겠다는 생각을 했습니다. 물론 모든 사람이 교회를 찾는다면 더 좋겠지만, 여전히 기독교에 거부감을 느끼는 이들도 많은 것이 사실입니다. 따라서 해방클럽처럼 종교색이 없으면서도 서로의 문제를 나누고 마음을 돌아볼 수 있는 모임이 있다면 많은 사람에게 도움이 되겠다는 생각을 해 보았습니다. 해방클럽의 멤버들은 저마다 벗어나고 싶은 굴레를 안고 있습니다. 애 딸린 이혼남 조 과장, 시간 감옥에 갇힌 박 부장, 사람 앞에서 항상 웃어야만 하는 소 팀장. 그들은 각자만의 문제를 지니고 살아갑니다. 해방클럽이 이러한 문제들을 한순간에 해결해 주지는 못하지만, 드라마가 진행되며 멤버들이 각자의 방식을 통해 점점 해방되는 모습이 드러납니다.

기이한 것들과 나무에 매달린 사람

언급한 사례 외에도 명백히 기독교적이라고 생각되는 부분이 있습니다. 그것은 바로 미정이 구 씨에게 '있어야 할 곳에 있지 않은 것들은 다 기이하다'고 말하는 부분입니다. 미정은 일을 하다가 회사에서 바닥에 떨어진 인조 손톱 하나를 발견하고는 이렇게 말합니다. "뭐든지 바닥에 떨어져 있는 건 기이한 거 같애. 그냥 네일일 뿐인데, 왜 여자의 시체를 보는 것 같을까?"

미정은 이후 구 씨에게 기이한 것들에 대해 언급하며 인조 손톱 외에 몇 가지 사례를 덧붙입니다. 그것들은 바로 땅에 누워 있는 새, 나무에 매달린 사람, 밭에 있는 개입니다. 이 예시들은 본래 자기에게 맞는 상태에 있어야 할 것들이 엉뚱한 곳에 놓여진 상황을 보여줍니다. 특별히 인조 손톱을 '시체'에 비견한 부분은 마땅히 자기 자리에 없는 것은 '죽어 있는 것'처럼 보인다는 뜻입니다. 그렇다면 바닥에 떨어진 인조 손톱과 마찬가지로, 미정이 나무에 매달린 사람을 언급할 때는 결국 '나무에 매달린 시체'를 뜻한다고 봐도 무방할 것입니다.

그렇다면 세상에서 가장 유명한 '나무에 매달린 시체'는 무엇일까요? 바로 예수 그리스도의 시신입니다. 천국에 있어야 할 예수님이 이 땅의 사형 틀인 십자가 위에서 죽어 있는 모습은 기이합니다. 마치 하늘을 날아야 할 새가 땅에 누워 있는 모습처럼 말입니다. 마찬가지로 인간 또한 하나님의 형상을 가지고 태어나 높은 차원의 의미와 목적을 품고 살았어야 하는 존재입니다. 하지만 무언가를 잃어버려 고통과 외로움 속에 살아가고 있습니다. 미정이 기이함을 언급하는 장면은 바로 이 지점을 겨냥하고 있습니다. 사실상 모든 인간이 '원래 있어야 할 곳에 있지 않은' 기이한 존재라는 것입니다. 이는 작품 속 미정과 관련해 계속해서 등장하는 실존주의적인 내용들과 맞닿아 있습니다. 시청자들은 혹시 미정이 구 씨를 두고 '기이한 존재'라고 암시하는 것은 아닌지 생각해 보게 됩니다. 구 씨가 원래 있어야 할 자리는 화려한 유흥업계로 보이기 때문입니다. 이런 맥락에서 미정의 대사는 분명 모종의 문제 때문에 산포에 와 있는 구 씨를 암시하는 것처럼 들립니다. 하지만 이 작품 전체를 놓고 보면 이와 정반대입니다. 산포 공동체야말로 구 씨가 사람답게 살기 위해 있어야 하는 곳입니다. 원래 구 씨는 밭에 있는 들개들을 바라보며 산포에 잘못 찾아와 머무는 자신이 그들과 다르지 않다고 여겼던 것 같습니다. 하지만 유흥업소로 돌아가는 길에 그 들개들이 우리에 갇히는 모습을 보면서 정반대의 깨달음을 얻었을 것입니다. '아, 풀려 있던 개들이야말로 사실 가장 자유로운 상태였구나' 하면서 말입니다. 언뜻 보기에 들개들의 상태는 꽤나 위험한 상태로 보입니다. 하지만 우리에 갇히는 것보다는 훨씬 자유롭고 나은 상태입니다. 구 씨도 마찬가지입니다. 산포에 있는 그의 모습이 어딘가 위험하고 불안해 보이지만, 사실은 가장 자유로운 상태에 있던 것입니다.

여기서 기이함 테마의 절정이 드러납니다. 미정은 있어야 할 곳에 있지 않은 것들이 '기이하다'고 말했을 뿐, 나쁘다고 말한 것은 아닙니다. 특히 무언가를 위해 자발적으로 기이한 상태에 돌입한 경우는 더욱 그렇습니다. 산포 공동체는 분명히 구 씨에게 맞지 않는 옷처럼 보이지만, 그럼에도 자발적으로 이곳에 들어온 그는 오히려 더 자유롭습니다. 그가 진정으로 속해야 할 곳은 화려한 유흥업계가 아닌, 다소 따분해도 서로를 '추앙'하며 지낼 수 있는 곳이니 말입니다. 사실 구 씨 자신도 업소에서는 매일 술 취한 손님들에게 시달리고, 집에서는 함께 사는 여자에게 시달려 숨조차 쉴 수 없었다고 털어놓은 적이 있습니다. 그러면서 우연히 당미역에 잘못 내려 산포에서 쉬는 중이라고 말합니다. 산포 공동체가 그에게 쉼을 선사하는 장소라는 의미입니다. 그래서 산포는 「나의 아저씨」의 후계동과 정확히 일치하는 장소이기도 합니다.

다시 '나무에 매달린 사람'으로 돌아와 봅시다. 예수님의 시신은 대체 무엇 때문에 그 자리에 있는 것일까요? 고통받는 인간들이 겪고 있는 일에 기꺼이 동참하기 위함입니다. 그래서 있지 말아야 할 곳에 자신의 발로 걸어온 것입니다. 박해영 작가가 자신의 작품 세계를 통해 반복해서 말하고자 하는 메시지도 바로 이것입니다. 그리스도께서 먼저 그렇게 하셨듯이, 우리 또한 고통받는 사람들의 자리에 내려가서 함께해야 한다는 것입니다. 작가는 이 기이한 곳에서 진정한 사랑과 구원이 이루어질 수 있다고 말하고 있습니다.

미완으로 보이는 구 씨의 서사

「나의 해방일지」의 주인공인 염 씨 삼남매를 분석하기 전에, 제 기준에서 다소 아쉬웠던 구 씨의 서사를 먼저 살펴보겠습니다. 구 씨는 초중반부에 보여준 큰 매력에 비해 결말부가 미완으로 끝나 버린 인물입니다. 특히 전작인 「나의 아저씨」와 비교하면 이 부분이 더욱 선명하게 드러납니다. 「나의 아저씨」의 엔딩은 비록 모든 인물들의 문제를 완벽하게 해결해 주지는 않았음에도, 한국 드라마 역사상 최고의 엔딩 중 하나라는 평을 받습니다. 그 이유는 명확합니다. 모든 갈등의 중심이 되었던 이지안의 문제만큼은 깔끔하게 해결되었기 때문입니다. 이 드라마를 보는 모든 사람은 극의 마지막 대사를 통해 지안이 진정한 평안을 찾았다는 사실을 분명히 알 수 있습니다.

하지만 구 씨의 해방은 지안의 경우처럼 선명하게 드러나지 않습니다. 만약 구 씨가 마지막에 신 회장을 찾아가 '돈을 다 잃거나 다치더라도 해방되는 편이 낫다'며 그곳을 떠나겠다고 선언했다면 훨씬 깔끔했을 것입니다. 하지만 이러한 클리셰적인 전개를 피하려다 보니 어딘가 급하게 마무리한 느낌이 듭니다. 구 씨가 새 삶을 살아가기 위해 벗어나야 할 장애물은 사실 술이 아니라 그가 사는 세계였기 때문입니다. 결국 그 세계의 주인인 신 회장에게서 벗어나야만 진짜 문제가 해결되는 것입니다.

구 씨가 속해 있던 지하 세계가 후반부로 갈수록 별 볼일 없어 보이는 것도 의아한 부분입니다. 신 회장은 처음 구 씨를 찾아왔을 때 마치 정재계를 좌우하는 지하 세계의 보스처럼 보였고, 돌아오지 않으면 죽이겠다는 암시를 보낼 정도로 무시무시한 인물이었습니다. 하지만 실제로 그 세계로 돌아가 보니 단순히 클럽 하나에 달린 유흥업소에 불과했습니다. 물론 신 회장이 다른 사업체들을 운영하고 있을 수도 있지만, 시청자로서는 이를 확인할 방법이 없습니다. 따라서 유흥업소의 실체가 드러난 순간부터, 초중반부에 보여준 신 회장의 위압감은 급감해 버립니다. 만약 구 씨가 돌아간 세계가 더 크고 어둡고 무거운 곳이었다면, 이야기 전개에 훨씬 설득력이 있었을 것입니다. 만약 그곳이 목숨을 걸어야 나갈 수 있을 만큼 위험한 세계였다면, 구 씨의 결심도 더욱 숭고해 보였을 것입니다. 하지만 이 모든 배경 설정은 모호하게 표현됩니다. 유흥업소인지 조직 폭력배인지 그 실체도 불분명하고, 그곳에서의 구 씨의 위치 또한 애매합니다.

또한 구 씨는 산포를 떠날 당시 전화번호도 바꿔 가며 다시는 돌아오지 못할 것 같은 모습을 보입니다. 하지만 시간이 지나 단순히 미정이 보고 싶다는 이유만으로 산포에 방문하는 모습은 시청자를 당혹스럽게 합니다. 이렇게 쉽게 찾아와 데이트까지 할 수 있었다면, 애초에 왜 연락을 끊었는지 의문이 들기 때문입니다. 물론 암흑 세계에 몸담고 있는 떳떳하지 못한 처지에서 미정처럼 순수한 사람과는 다시 만날 수 없다고 생각했을지도 모르겠습니다. 만약 이 이야기가 현실이었다면 갑자기 마음을 바꿔서 찾아오는 일도 크게 이상하지는 않습니다. 하지만 드라마적 관점에서는 조금 어색하게 느껴집니다. 힘들게 떠났다면 돌아오는 것도 그만큼 힘들어야 하고, 다시는 만날 수 없다며 연락을 끊었다면 우연히 마주쳐서 재회하는 것이 자연스럽습니다. 그 세계에서 완전히 벗어나기 전까지는 미정을 찾아가지 못해야 앞뒤가 맞기 때문입니다.

이보다 더욱 아쉬운 점은, 구 씨의 상황이 완전히 해결된 것처럼 보이지 않는다는 점입니다. 표면적으로는 어느 정도 해결된 것처럼 보이지만, 여전히 모호한 부분이 남아 있습니다. 우선 구 씨가 가지고 있던 가장 큰 문제는 두 가지입니다. 첫째는 유흥업소에서 일하는 것으로 인한 내면의 수치심입니다. 이 때문에 그는 산포 공동체의 순수함과 완전히 어우러지지 못했고, 이와 관련된 내적 갈등이 작품 초중반에 잘 드러납니다. 두 번째 문제는 함께 살던 여자의 죽음에 대한 죄책감입니다. 그가 건넨 특정한 조언 때문에 그 여자가 자살을 했기 때문입니다. 이를 미정에게 털어놓는 장면이 드라마에서 꽤 의미심장한 대목이었지만, 이후에는 크게 부각되지 않고 넘어갑니다.

이 두 가지는 구 씨가 처음부터 갖고 있던 가장 핵심적인 문제들입니다. 이는 「나의 아저씨」의 이지안이 지닌 문제와 동일합니다. 표면적으로는 가난이 문제지만 더 깊은 문제는 지안의 죄책감이었던 것처럼, 구 씨의 알코올 의존증은 더 큰 내면의 문제들 때문에 발생한 표면적인 결과에 불과합니다. 하지만 후반부에 다다르면 구 씨의 핵심 문제가 그저 알코올 의존증으로 축소되어 버립니다. 앞서 말했듯, 온전한 결말이 되려면 구 씨가 지하 세계에서 벗어나는 모습을 보여줬어야만 합니다. 아무리 술을 끊는다 해도, 그는 여전히 불법적인 일을 하는 사람이기 때문입니다. 이런 상태로 미정을 계속해서 만나는 것은 구 씨에게도 떳떳한 일이 아닐 것입니다.

드라마는 500원짜리 동전이 하수구에 빠질 뻔하다가 살아나는 연출, 그리고 술병을 버리고 가는 장면으로 앞으로 변화될 구 씨를 암시하려 합니다. 그럼에도 분량상 급하게 마무리를 지은 느낌이 나는 것은 어쩔 수 없어 보입니다. 이처럼 가장 핵심적인 인물 중 하나인 구 씨의 서사가 다소 미완성으로 남게 된 점은 드라마 전체에서 가장 아쉬운 부분입니다.

창희와 기정의 해방

염 씨 삼남매는 모두 존재의 무거움과 고통을 받아들이며 살아가는 사람들입니다. 하지만 세 사람이 인식하는 삶의 문제는 사뭇 다릅니다. 미정의 경우는 가장 근본적이고 광범위한 주제로부터 해방되고 싶어 합니다. 미정은 '인간이 세상에 태어나 살아가는 목적과 의미는 무엇인가'라는 질문을 끊임없이 탐구합니다. 그러나 그 답을 찾지 못해서 힘들어합니다. 이러한 고민은 구 씨가 미정에게 말한 '1대 다수'의 테마에서 더욱 분명하게 드러납니다. 쉽게 말하자면, 혼자서만 특이한 한 사람은 평범한 다수에 맞설 수 없다는 것입니다. 미정은 평생 자신만이 이런 실존적인 고민을 하며 살아가는 것은 아닌지 의문을 품고 살아갑니다. 다른 사람들은 이러한 고민을 전혀 하지 않는 것처럼 보이기에, 내심 괴로워하면서도 자신의 속내를 털어놓지 못합니다.

반면 염창희는 세속적인 가치관의 문제로 고민하는 인물입니다. 그는 1원짜리 동전들이 70억개 모인 산의 모습, 곧 세상의 모든 사람이 포개어 쌓여 있는 산의 구조를 비유적으로 묘사합니다. 이 산은 효율과 경쟁, 욕심과 깃발 꽂기로 이루어진 세속의 가치관을 뜻합니다. 창희는 이 산의 정상에 오르는 것만이 유일한 길이라고 생각했습니다. 그렇기에 이를 이루지 못하는 자신에 대해 깊은 열등감을 가졌고, 드라마 초반부터 염 씨 삼남매 중 가장 큰 피해 의식을 보였습니다.

하지만 창희는 여러 일들을 겪으며 자신이 이러한 경쟁 구도에 적합하지 않은 사람이라는 사실을 점점 깨닫게 됩니다. 하지만 이런 삶만이 옳다고 믿어 왔기에, 한참 동안이나 그 굴레에서 벗어나지 못하고 맴돕니다. 그는 좋은 차를 소유하고, 서울에 거주하고, 점장이 되고, 자신의 사업을 하고 싶은 욕망을 품고 있었습니다. 그래서 여자친구를 만날 때도 떳떳하게 차로 집에 데려다줄 수 있기를 바랐습니다. 이는 보통의 30대 남성이 가질 법한 평범한 욕심입니다. 하지만 평균이라고 생각했던 꿈들을 이루지 못하는 현실 때문에 열등감에 시달린 것입니다. 창희는 갖지 못하는 것에 대해 고민하면서도, "이것들이 내가 진정으로 원하는 것일까?"라는 의문과 계속해서 씨름합니다.

이 과정에서 창희는 마치 성경의 솔로몬과 같은 여정을 겪게 됩니다. 비록 솔로몬만큼 크게 성공하지는 못했으나, 적어도 자신이 바라던 모든 것을 하나씩 경험하고, 결국 "헛되고 헛되며 헛되고 헛되니 모든것이 헛되도다"(전 1:2)라는 전도서의 깨달음에 이르게 된 것입니다. 창희는 결국 우여곡절 끝에 좋은 차를 몰고, 점주가 되고, 사업을 경험하며, 서울에서 살아 보기도 합니다. 심지어 예전에 차로 데려다주지 못해 헤어졌던 전 여자친구를 이제는 롤스로이스를 몰고 데려다주기까지 합니다. 비록 빌린 차였다고는 하지만, 그가 가슴속 깊이 바랐던 일은 적어도 한 번씩은 다 이루어 본 셈입니다.

이처럼 세속적인 욕망을 이루어 본 창희는 결국 자신이 계층 구조의 산을 이루는 1원짜리가 아니라는 사실을 깨닫게 됩니다. 오히려 자기 자신만으로 온전한 하나의 산이라는 사실을 깨닫고, 그러한 경쟁의 가치관으로부터 자신을 해방하게 됩니다. 이후 그는 친구 현아의 전 남자친구의 임종을 홀로 지켜 주게 되면서, 장례 지도사라는 새로운 길로 인도됩니다. 마치 운명이 그를 이끈 것처럼 말입니다.

물론 이 드라마는 해방이 단칼에 이루어지기보다는 끝이 없는 과정을 통해 성취된다는 사실도 보여줍니다. 창희의 서사가 아무리 깔끔하게 마무리되었다 한들, 그 역시 이것으로 완전한 해방이나 득도를 이룬 것은 아닐 것입니다. 창희는 앞으로도 자기 자신의 본성과 세속적인 욕심 사이에서 괴로워할 것입니다. 그럼에도 오직 드라마적 측면에서만 보자면, 그의 서사는 군더더기 없이 완벽한 결말을 맺었습니다.

염기정의 경우는 어떨까요? 기정 또한 완벽하진 않지만 어느 정도 해방의 실마리를 찾았습니다. 기정의 문제는 교만과 막말을 하는 습관이었습니다. 그리고 작품 속에 명시적으로 드러나지 않았던 나이에 대한 콤플렉스도 있었습니다. 후반부로 갈수록 '이 나이에 내가 결혼을 할 수 있을까'라는 기정의 고민이 더욱 뚜렷해지고, 이 때문에 결혼에 대한 강박적인 욕구를 보이기도 합니다. 그러던 중 술집에서 우연히 50대 여성들을 만나게 되는데, 평소처럼 옆에 누가 있는지를 생각하지 않고 막말을 하고 맙니다. "50에도 무슨 감정이라는 게 있을까? 그 나이 되면 그냥 동물 아닌가 싶다"고 말해 버린 것입니다. 하지만 이를 들은 50대 언니들은 기정에게 따끔한 조언을 날립니다. 아이러니하게도, 이를 통해 기정은 오히려 해방감을 맛보게 되었고, 마침내 태훈에게 선물받은 장미꽃을 간장 종지에 담으며 진정 사랑을 주고받는 방법을 깨닫게 됩니다. 이후 기정은 '몇 살까지는 결혼해야 한다'는 강박에서도 해방되는 것처럼 그려집니다.

사실 기정은 상대방을 지나치게 받아 주려는 성향 때문에 연애에 어려움을 겪고 있었습니다. 소개팅에서도 상대방의 잘린 머리까지 받아 주겠다는 말을 하는 등 과도하게 수용적인 모습을 보였습니다. 이처럼 한번 누군가를 좋아하면 아낌없이 주는 성향이었지만, 이런 태도 때문에 오히려 사람들이 부담을 느끼고 멀어졌습니다. 이후 기정은 회사의 바람둥이 상사로부터 소위 '밀당'과 같은 세속적인 연애 조언을 받으며 자신을 바꿔 보려 노력합니다. 하지만 원래의 자신을 버리고 완전히 새로운 가면을 쓰는 일은 쉽지 않습니다.

기정은 우여곡절 끝에 '상대와 나를 모두 불쌍히 여기는 성숙한 사랑'이 무엇인지를 깨닫게 됩니다. 기정은 태훈에게 '불쌍하게 느끼는 것이 꼭 사랑과 대치되는 것은 아니'라고 말합니다. 그러면서 마침내 동정과 사랑, 존경, 그리고 애정을 하나로 아우를 수 있는 통합적 관점을 갖게 되고, 자신의 본래 모습을 잃지 않으면서도 성숙한 사랑을 할 수 있게 됩니다. 이는 '머리를 받는 것'에서 태훈이 준 '장미를 받는 것'으로 변화되는 메타포를 통해 더욱 분명하게 드러납니다. 상대를 잘 알지도 못하는 상태에서 무작정 마음만 앞서 헌신을 다짐하기보다는, 이제부터는 상대로부터 받은 사랑, 곧 장미를 받아서 소중히 여기는 마음을 품게 된 것입니다.

기정은 이 장미를 보고, 지쳐 누워 있는 태훈의 모습을 떠올립니다. 하지만 이번에는 자신을 잃지 않고, 평범하지 않은 사랑을 하느라 지쳐 있는 자신의 모습도 떠올리게 됩니다. 이제 기정은 무조건적인 헌신도, 세속적인 밀당도 따르지 않게 되었습니다. 상대와 자신을 함께 불쌍히 여기며 새롭게 보듬어 가는 사랑을 배우게 된 것입니다. 비록 창희만큼 깔끔한 해결은 아니더라도, 최소한 자신을 괴롭히던 가장 큰 문제로부터 해방되는 일에는 성공한 것입니다.

미정의 해방

염미정은 「나의 아저씨」의 박동훈과 비슷한 역할을 감당하는 인물입니다. 두 사람 다 자신의 속내를 깊이 감추고 살아가며 사람들에게 홀로 상처받는 성격을 지니고 있습니다. 또한 자신이 받은 상처를 통해 다른 사람들을 더욱 이해하고 구원하게 되는 인물들이기도 합니다. 이들은 각각 구 씨와 지안이 있던 기이한 자리에 자신을 일치시켜 상대방과 자신을 모두 구원하게 됩니다. 동훈은 지안에게 편안을 주는 존재이며, 그 일을 통해 결국 자신도 편안을 얻게 됩니다. 미정 역시 구 씨에게 해방을 주면서 스스로도 해방을 얻게 됩니다. 여기서 '편안'과 '해방'은 표현만 다를 뿐, 결국 하나의 구원을 의미합니다.

하지만 두 드라마에서 구원이 베풀어지는 방식은 조금씩 다르게 나타납니다. 「나의 아저씨」에서는 모른 척해 주는 것, 「나의 해방일지」에서는 추앙하는 것이 그 방식입니다. 그렇지만 이 두 가지는 본질적으로 비슷한 것입니다. 미정이 구 씨를 추앙하는 방식도 모른 척해 주는 일이나 마찬가지였기 때문입니다. 술을 마셔도 뭐라 하지 않고, 호빠 선수였다는 이야기를 들어도 모른 척하며, 그 이상 캐묻지 않습니다. 과거에 어떤 사람이었는지, ABC도 모르고 한글도 몰라도 괜찮다고 말해 주며, 그 어떤 것도 개의치 않는다고 말합니다. 이처럼 미정은 모든 조건에서 벗어나 상대를 있는 그대로 봐주는 추앙을 합니다. 마치 하나님이 사람을 외모로 판단하지 않고 중심을 보는 것처럼 말입니다.

그렇다면 미정은 무엇으로부터 해방되고 싶었을까요? 표면적으로는 주변 사람들과 인간관계를 잘하는 것이 미정의 가장 큰 과제처럼 보입니다. 그러나 미정이 늘 인간관계에서 어려움을 느끼는 더 본질적인 이유가 있었습니다. 이는 미정이 구 씨에게 어린 시절 교회 다녔던 이야기를 해줄 때 가장 선명하게 드러납니다. 미정은 친구들이 교회에서 쓴 기도 제목을 보고 이렇게 생각했습니다. "이런 걸 왜 기도

하지? 성적, 원하는 학교, 교우 관계, 고작 이런 걸 기도한다고? 신한 테?" 그러면서 이렇게 덧붙입니다. "난 궁금한 건 하나밖에 없었어." 나 뭐예요?", "나 여기 왜 있어요?"

미정이 겪은 것은 인간 실존의 부조리입니다. 겨우 몇십 년 살다 죽을 인생인데, 마치 영원히 존재할 것처럼 느껴진다고 미정은 말합니다. 그리고 이러한 괴리감은 미정에게 불안을 선사했습니다. 그래서 미정은 남들처럼 삶을 마냥 즐기지 못합니다. 또한 늘 혼자만 슬프고 불안해하는 스스로를 보며, 자신이 남들과는 조금 다르다는 점을 깨닫습니다. 미정이 다른 평범한 이들과의 인간 관계에 어려움을 느끼는 것도 바로 이 부분 때문입니다.

미정은 진정 자신이 어떤 존재인지를 깨달아 잘 살고 싶어 합니다. 만약 그럴 수만 있다면 얼마나 오래 사는지도 크게 중요한 문제가 아닙니다. 심지어 80년의 인생을 8년으로 압축해 살아도 괜찮다고 말할 정도이니 말입니다. 그만큼 미정은 실존적 부조리를 해결하고, 그 해답을 찾는 것을 가장 시급한 일로 여기는 인물입니다.

다른 사람들은 그런 미정에게 '적당히 이렇게 사는 게 좋다'며 보편적인 삶의 방식을 제시합니다. 하지만 미정이 보기에 그것은 마치 연극과 같습니다. 마음의 편안함을 찾기 위해 진짜 중요한 질문들을 덮어두고 그저 적당히 설정한 방식이라는 것입니다. 미정이 보기에, 좋은 직장을 다니거나 좋은 배우자를 만나는 일이 궁극적으로 좋은 삶이라는 보장은 어디에도 없습니다. 남들이 다 하니까 옳다고 생각해 버리는 것은 '허수아비'처럼 사는 것이나 마찬가지라는 것입니다.

그래서 미정은 적당한 삶의 방식들과 타협하지 않기로 결심했습니다. 이런 맥락에서 그 유명한 대사를 말하게 됩니다. "죽어서 가는 천국 따위 필요 없어. 살아서 천국을 볼 거야." 이것은 기독교를 모르는 사람이 듣기에는 꽤나 반기독교적으로 느껴질 수도 있는 대사입니다. 자칫 사후 세계를 부정하는 것처럼 들릴 수 있기 때문입니다. 하지만 기독교를 깊게 이해한 사람들이 듣기에는 이것보다 더 기독교적인 대사도 없을 것입니다. 일상에서는 좀처럼 이런 말을 하지 않으니, 이 또한 작가가 의도적으로 삽입한 인위적인 기독교적 대사라고 볼 수도 있습니다.

왜 그럴까요? 결국 미정이 찾은 '살아서 천국을 보는 방법'은 다른 이들을 마음껏 추앙하는 것이기 때문입니다. 특별히 미정은 힘든 상황에 있는 구 씨에게 아낌없는 사랑을 베풀면서 결국 스스로가 지녔던 의문에서도 해방되는 모습을 보여줍니다. 추앙해 달라고 구 씨에게 다가갔지만, 결국 먼저 추앙했던 건 미정이었습니다. 구 씨에게서 사랑을 받아 해방된 것이 아니라, 오히려 자신이 먼저 아낌 없이 사랑하면서 충만해진 것입니다.

미정은 자신을 밀어내고 떠나려는 구 씨를 끝까지 불쌍히 여기기로 마음먹습니다. 그래서 그가 자신을 버리고 떠날 때, 설령 구 씨가 짜증 내며 받더라도 전화할 것이라고 말합니다. 이후 정말 연락을 끊고 떠나 버린 구 씨가 감기 한 번 걸리지 않기를 바랍니다. 물론 그 추앙의 과정은 외롭습니다. 오죽 슬프면 길을 걷다가도 눈물을 흘려 시장 아주머니들이 왜 우냐고 물어볼 정도였으니 말입니다. 그럼에도 미정은 구 씨를 끝까지 용서하고, 있는 그대로 바라보며, 그의 모든 것을 받아들입니다. 그런 사랑을 할 때 아이러니하게도 "나 뭐예요? 나 여기 왜 있어요?"라는 어린 시절의 의문까지도 해소되는 것입니다. 「나의 해방일지」를 끝까지 보고 나면, 하나님이 마치 미정이 어릴 때 던진 질문에 이렇게 응답하신 것처럼 느껴집니다. "너, 사랑받는 존재야. 그리고 너, 사랑하려고 거기 있는 거야."

사랑을 통한 해방은 늘 이렇습니다. 사랑은 받는 사람에 앞서 베푸는 사람을 먼저 채워 줍니다. 또한 사랑은 삶의 의미와 목적을 모두 충족하는 답이 되어 주기도 합니다. 미정은 결국 드라마의 마지막 장면에서 완전히 해방된 평온한 얼굴을 보입니다. 그리고 구 씨에게 이렇게 말합니다. "나 미쳤나봐. 내가 너무 사랑스러워. 마음에 사랑밖에 없어. 그래서 느낄 게 사랑밖에 없어." 추앙이라는 말로 우회해서 표현했던 그 마음은 이제 '사랑'이라는 확고한 표현으로 마음껏 발산됩니다. 미정은 결국 사랑을 통해 충만하다 못해 넘쳐흐르는 모습이 되었습니다.

추앙과 환대의 의미

「나의 해방일지」에는 '추앙'이라는 개념이 계속해서 등장합니다. 처음에는 굳이 추앙이란 단어를 선택한 것이 다소 과장처럼 느껴지기도 했지만, 드라마를 계속 감상하며 그 의미를 깊이 이해하게 되었습니다. 작가가 말하고자 하는 추앙의 진짜 의미는 기정이 구 씨에게 던진 질문에서 발견할 수 있습니다. "혹시 진짜 하세요, 추앙? '오, 위대하고 위대하신' 이렇게 하나?" 기정을 포함한 대부분의 사람들이 생각하는 추앙은 아마도 이런 극단적인 형태의 찬양을 뜻할 것입니다.

미정에게 자신을 추앙하라는 요구를 들은 구 씨는 인터넷에 그 단어를 검색해 봅니다. 두 번째 의미로 'Worship'이라는 의미가 써 있습니다. 이 또한 분명 직설적으로 의도된 장면입니다. 처음 드라마를 보는 사람들은 구 씨가 교육을 제대로 받지 못해서 단어의 뜻을 모르는 것이라고 생각할 수 있지만, 이후 그가 결코 배움이 짧거나 멍청한 사람이 아니라는 점이 드러나기 때문입니다. 그런 구 씨가 굳이 '추앙'을 검색해 보는 것은, 이 단어에 'Worship' 곧 예배라는 의미가 있음을 시청자들에게 각인시키기 위함입니다.

추앙과 예배는 단순히 기정의 말처럼 "오, 위대하고 위대하신, 놀랍도록 위대하신"이라고 외치는 것이 아닙니다. 오히려 다음 장면이 진정한 추앙이 뭔지를 더욱 선명하게 보여줍니다. 구 씨는 미정이 늦게 들어오자 방에서 안절부절못하며 기다립니다. 그런데 말 한 마디 없이 초조하게 미정을 기다리는 이 모습이야말로 진정한 추앙의 모습인 것입니다. 그는 결국 찾아온 미정에게 이렇게 말합니다. "나 진짜 무서운 놈이거든? 옆구리에 칼이 들어와도 꿈쩍 안 해. 근데 넌 날 쫄게 해. 네가 눈 앞에 보이면 긴장해."

우리는 이 장면들을 통해 예배의 본질적 의미를 다시 생각해 볼 수 있습니다. 과연 하나님과 예수님을 예배한다는 것이 무엇일까요? 단순히 "오, 위대하고 위대하신!" 하며 난리법석을 떠는 것은 아닐 것입니다. 오히려 삶의 매 순간 하나님을 마음에 품고 그분 앞에서 겸손한 자세를 지키는 것이 추앙입니다. 또한 살아가다 하나님이 보이지 않으면 초조해지고, 계속해서 그분만을 바라게 되는 것이 바로 예배하는 자세인 것입니다.

여기서 '환대'라는 개념도 한번 살펴볼 필요가 있습니다. 이는 드라마 마지막회에 가서야 등장하는 단어인데, 드라마 내에서 이 단어가 그렇게까지 깊은 의미를 담은 것처럼 보이지는 않았습니다. 물론 현대 신학에서 '환대'라는 개념이 자주 다뤄진다는 점은 알고 있습니다. 이런 관점에서 '환대'라는 단어를 반가워하며 이를 중심으로 이 드라마를 해석하는 분들도 여럿 보았습니다. 하지만 결국 내용만 놓고 본다면, '용서하고 받아들인다'는 말을 환대라고 표현했을 뿐입니다.

이 단어가 직접적으로 등장하지 않는 「나의 아저씨」도 결국 같은 주제를 드러낸 바 있습니다. 동훈이 아내와 지안을, 미정이 구 씨를 받아들이고, 구 씨 또한 결국 자신을 배신한 형을 받아들입니다. 배신한 형에게 "살아서 다시 보자"는 말을 남기는 모습은 이 사실을 함축적으로 보여줍니다. 결국 이 드라마에서 환대라는 용어는 특별한 신학적 의미보다는 순전한 용서와 수용의 의미를 담고 있다고 말할 수 있습니다.

미정이 만난 그리스도

드라마의 엔딩에 이르러 우리는 마치 사랑에 득도한 듯한 미정의 모습을 마주하게 됩니다. 관계의 문제로 갈팡질팡하던 미정이 어떻게 사랑의 마스터가 되었을까요? 지금부터 기독교인의 행복 회로를 담아 꽤나 주관적인 분석을 펼쳐 보려고 합니다. 결론부터 말하자면, 미정은 그리스도를 만나면서 사랑으로 충만해진 인물로 보입니다.

미정은 남자친구가 없던 시절부터 익명의 사랑하는 '당신'과 마음속으로 대화를 나누었습니다. 아마 많은 사람들은 이를 미래에 생길 남자친구, 혹은 외로움으로 인해 만들어 낸 상상의 존재라고 해석했을 것입니다. 하지만 이런 해석은 미정의 성격과는 잘 맞지 않습니다. 미정은 단순히 외롭다는 이유로 허구적 존재를 만들어 낼 정도로 연약하지 않기 때문입니다. 미정은 익명의 '당신'을 마치 진짜로 존재하는 인물처럼 대했습니다.

미정의 '당신'은 구 씨를 만난 이후 현실에 구체화됩니다. 미정에게 상상 속의 '당신'과 구 씨는 동일 인물이면서도 동일 인물이 아닙니다.

이게 무슨 뜻일까요? 구 씨를 만나기도 전부터 관계를 이어 온 '당신'이라는 존재가, 결국 구 씨의 모습으로 육체화되어 나타났다는 뜻입니다. 미정이 말하는 독백의 내용을 잘 살펴보면 이런 뉘앙스가 분명히 느껴집니다. 예를 들어, 미정이 회사에서 우울한 일을 겪은 후 카페에 앉아 상상 속 '당신'에게 말을 건네는 장면이 있습니다. 우리는 이 장면을 자연스럽게 구 씨를 향한 독백으로 받아들이지만, 그 대상은 사실 미정이 구 씨를 만나기 전부터 대화해 온 익명의 '당신'이었습니다. 그리고 미정이 이 '당신'과 같이 있으면 좋겠다고 생각하는 찰나, 구 씨가 카페에 등장합니다. 이를 본 미정은 이렇게 독백합니다. "염미정의 상상은 현실이 된다."

그렇다면 이 독백 속 익명의 '당신'은 과연 누구일까요? 저는 이 대상을 그리스도라고 해석했습니다. 물론 드라마 속 미정이 기독교인이라는 뜻은 아닙니다. 그럼에도 미정의 독백은 단순한 상상 속 대화라기엔 오히려 개인적인 기도처럼 느껴집니다. 미정의 '당신'은 직접적인 방식으로 대답을 주지 않기 때문입니다. '당신'과 대화하는 방식은 오직 독백뿐입니다.

하지만 그가 아무 대답도 해주지 않았던 것은 아닙니다. 미정의 '당신'은 매일 출퇴근길에 미정의 독백에 응답하며 항상 함께하고 있음을 말하고 있었습니다. 도대체 어떻게 응답했다는 것일까요? 미정이 매일 지하철 안에서 바라보던 해방교회의 문구 두 줄이 바로 그의 대답입니다. "오늘 당신에게 좋은 일이 있을 겁니다." 그리고 이 문구 아래 작은 글씨로 적힌 성경 구절.

> "예수께서 곧 그들에게 말씀하여 이르시되 안심하라. 내니 두려워하지 말라"(마 6:50).

이것이 익명의 '당신'이 미정에게 매일같이 보내고 있던 메시지입니다. 조금 더 상상해 보자면, 작가가 염 씨 남매들처럼 삶에 지쳐 있는 청년 시청자들에게 주려는 숨겨진 메시지인 것 같기도 합니다. "여러분이 힘든 것 잘 압니다. 꼭 좋은 일이 생길 것입니다. 왜냐하면 예수님이 여러분과 함께 계시기 때문입니다."

그렇다면 미정이 사랑하던 이 익명의 '당신' 곧 그리스도가 어떻게 구 씨와 이어지는 것일까요? 그리스도께서는 마태복음 25장에 나오는 양과 염소의 비유에서 이렇게 말씀하셨습니다. "지극히 작은 자 하나가 헐벗을 때 입히고, 목마를 때 냉수 한 그릇이라도 주면 그것이 곧 나를 사랑한 것이며, 나에게 한 것이다"(35-36절 참조) 미정의 눈에 비친 구 씨는 삶에 희망이 전혀 보이지 않는 사람이었을 것입니다. 그는 과거도 미래도 불분명한, 마치 사람이라도 죽인 듯한 어두운 분위기를 풍기며 매일 알코올에 중독되어 살아가는 사람이었습니다.

아이러니하게도, 미정이 구 씨와의 교제를 시작한 것은 그가 망가져 보였기 때문입니다. 미정에게는 그가 지극히 작은 자로 보였습니다. 미정은 이 지극히 작은 자를 전적으로 신뢰하며, 있는 그대로 모든 것을 받아들이는 방식을 통해 추앙하기로 합니다. 비록 말은 '나를 추앙하라'고 했지만, 사실은 처음부터 자신이 먼저 추앙하기로 결심한 것입니다. 한 사람만이 추앙하면 영혼 없이 "오, 위대하고 위대하신!"을 반복하는 껍데기가 남지만, 양방향으로 추앙이 이루어지면 그것은 진정한 사랑으로 승화됩니다.

예수님의 경우도 마찬가지입니다. '나를 예배해 줘'라는 요구는 사실 '나도 그만큼 너를 사랑하겠다'는 의미입니다. 우리는 전혀 관심 없는 사람에게 추앙받기를 원하지 않습니다. 사랑을 애타게 갈구한다는 것은 이미 그를 사랑하고 있다는 증거입니다. 이처럼 미정이 구 씨를 사랑한 것은 지극히 작은 자를 사랑한 것과 같습니다. 이를 통해 미정은 결국 익명의 당신, 곧 그리스도와 사랑하게 된 것입니다. 지극히 작은 자에게 베푼 사람이 곧 그리스도를 향한 사랑이니 말입니다.

익명의 당신에 대한 제 가설의 설득력을 높이기 위해 장면을 하나 더 제시해 보겠습니다. 구 씨가 떠난 후, 아직 미정이 그와 재회하기 전에 일어난 일입니다. 미정은 구 씨가 마구잡이로 떠났다는 사실에 화가 나서 자포자기하는 마음으로 담배를 피우려 합니다. 그런데 담배를 꺼내는 순간, 나무에서 밤송이가 떨어져 담배를 피우지 못하게 됩니다. 그 순간 미정은 "이게 왜 당신 같을까요? 엉뚱한 데서 엉뚱한 것들이, '나 여기 있어'라고 말하는 거 같은." 이라고 말합니다.

시청자들은 자연스럽게 이를 구 씨를 향한 말이라 생각하게 됩니다. 하지만 이 대상이 구 씨라면 조금 어색한 장면입니다. 아무리 비유적 표현이라 쳐도, 밤송이를 떨어뜨려 담배를 피우지 못하게 만든 존재가 어떻게 구 씨일 수 있을까요? 구 씨와 추억을 나눈 장소에서 일어난 일도 아닌데 말입니다. 따라서 이는 추상적 존재인 익명의 당신에게 한 말이라고 보는 편이 옳습니다.

이후 미정은 구 씨를 온전히 사랑하게 되며 모든 증오에서 해방되고 원수까지도 사랑할 수 있는 경지에 오르게 됩니다. 심지어 돈을 떼먹고 도망간 전 남자친구가 성추행 의혹을 받았을 때도 그를 도와주고 사과를 받아들이게 됩니다. 이것이 가능했던 이유는, 미정의 마음이 이미 사랑으로 충만해졌기 때문입니다. 미정은 구 씨를 사랑함으로써 익명의 당신 곧 그리스도를 온전히 사랑하게 되었고, 또한 구 씨의 사랑을 받음으로써 그리스도의 완전한 사랑을 누리게 된 것입니다.

양과 염소

이 드라마를 해석하기 위해 양과 염소의 비유를 다시 한번 묵상해 보았습니다. "내가 진실로 너희에게 이르노니 너희가 여기 내 형제 중에 지극히 작은 자 하나에게 한 것이 곧 내게 한 것이니라"(마 25:40). 이전에는 이 말씀이 단순히 이웃 사랑을 강조하기 위한 과장법이나 비유적 표현으로 느껴졌습니다. 하지만 「나의 해방일지」의 서사에 비추어 다시 읽어 보니, 이것이 더 이상 강조를 위한 비유 정도가 아닌 것 같다는 생각이 들었습니다. 마치 정말로 '그게 나에게 한 것이다'라고 말씀하시는 것처럼 들리게 된 것입니다.

우리가 지극히 작은 자를 진정으로 추앙할 때, 예수님은 그들이 느끼는 고마움과 은혜를 그대로 느끼십니다. 그분이 직접 성육신을 통해 헐벗은 자와 굶주린 자의 아픔을 경험한 적이 있기 때문입니다. 이러한 진리를 진정으로 깨달으면, 누가 시키지 않아도 자연스럽게 자신의 모든 것을 내려놓고 이웃을 사랑하며 불쌍한 자를 돕게 될 것입니다.

사실 이 깨달음을 얻기 전까지는 엄청난 사랑을 실천하는 이들의 일화를 들어도 나와는 크게 관련 없는 이야기라고 생각했습니다. 특별한 초인의 영역으로만 느껴졌던 것입니다. 하지만 이제는 조금 알 것 같습니다. 그들은 주위의 불쌍한 이웃을 진짜 예수님이라고 생각한 것입니다. 비유나 강조법이 아니라, 정말로 실제적인 의미에서 말입니다. 그러니 그렇게까지 이웃을 사랑할 수 있었던 것입니다.

박해영 작가가 쓴 작품들에는 공통된 핵심 주제가 하나 있습니다. 그것은 바로 '불쌍함은 사랑에서 가장 중요한 요소'라는 것입니다. 미정뿐 아니라 기정의 사례가 이를 잘 보여줍니다. 기정은 거절당한 후에도 "차인 건 난데, 왜 나는 자꾸 당신이 불쌍하죠?"라며 독백합니다.

박해영 작가의 인물들은 대부분 상대방을 불쌍히 여길 때 진정한 사랑을 깨닫습니다. 그리고 저 역시 작가의 생각에 깊이 공감합니다. 불쌍함 자체가 곧 사랑은 아니지만, 진정한 사랑이 피어나기 위해서는 불쌍히 여기는 마음이 필수적이니까요.

몇 년 전에 '왜 하나님은 처음부터 완벽한 천국을 만들지 않았는가'라는 주제로 영상을 만든 적이 있습니다. 저는 이 영상을 통해 사람들이 서로를 온전히 이해하기 위해서는 이 땅에서 불쌍함을 겪어 봐야 한다고 말했습니다. "너 정말 힘들게 살았구나"라는 연민을 느끼지 못한다면, 진정한 사랑을 피워 낼 수 없다는 주장이었습니다. 이처럼 불쌍함이란 요소가 제거된 사랑은 그 깊이에 큰 제약이 있다고 봅니다. 예수님 또한 우리에게 불쌍함이 기반이 된 사랑을 베푸셨습니다. 그분은 우리를 목자 없는 양처럼 보시며, 또한 우리가 기진한 모습을 보고 불쌍히 여기셨습니다. 하나님이 세상을 사랑해서 독생자를 주신 이유도 마찬가지입니다. 썩어 없어질 인간의 운명을 불쌍히 여겨, 영생을 얻을 수 있도록 아들을 보내신 것입니다. 이처럼 사람과 사람의 관계에서도, 신과 사람의 관계에서도 긍휼이라는 마음은 그 중심에 위치합니다.

이익과 효율만을 따지는 사랑에는 불쌍함이 설 자리가 없습니다. 불쌍함을 느끼려면 상대방이 어떤 면에서든 결핍되어 있다는 사실을 전제해야 하기 때문입니다. 상대방의 불완전한 모습을 보고 매력이 떨어졌다고 여기거나, 함께 있다가 자신도 무너질 것을 두려워한다면, 그것은 계산적인 사랑입니다. 아니, 더 심하게는 사랑이 아니라고 말할 수도 있습니다. 반대로 불쌍히 여기는 마음이 근원이 된 사랑은 영원히 유지될 수 있을 만큼 강합니다.

「나의 아저씨」의 리뷰에서도 언급했듯이, 불쌍함에서 시작된 사랑은

"행복하자"는 말로 마무리됩니다. 불쌍해서 사랑한다는 것 자체가 "이 사람이 더 이상 불쌍해지지 않았으면 좋겠다"는 역설을 품고 있기 때문입니다. 연민으로 사랑을 시작했지만, 결국에는 상대에게 연민을 일으키는 요소들이 모두 사라지기를 바라는 것입니다. 이 마음은 자연스럽게 상대에게 좋은 일만 있었으면 좋겠다는 소망으로 이어지고, 결국 자신이 그것을 위해 해줄 것이 무엇인지를 찾아 나서게 됩니다. 따라서 진정한 사랑은 헌신을 불러올 수밖에 없습니다.

예수님은 「나의 해방일지」에 등장하는 모든 인물, 심지어 드라마를 보는 모든 사람에게, "오늘 당신에게 좋은 일이 있을 겁니다"라고 말씀하십니다. 그분은 인간을 불쌍히 여기셔서 이 땅에 내려오셨고, 본래 있어야 할 곳이 아닌 곳에 매달리는 기이함을 기꺼이 감수하셨습니다. 또한 우리의 불쌍함을 함께 겪으시고, 마침내 해방을 주셨습니다.

이것이 우리가 아는 예수님의 이야기입니다. 하지만 기독교의 복음 서사는 여기서 끝나지 않고, 이 이야기를 실제로 실천하려는 사람들의 의지로 이어집니다. 그분의 이야기는 각 사람의 마음에 깊이 스며들어 직접 남을 불쌍히 여기며 사랑할 수 있도록 만듭니다. 이것이 기독교가 이 땅에 실현되는 방식이며, 「나의 해방일지」에서 찾을 수 있는 가장 의미 깊은 주제인 것입니다.

사실 그에게 가장 필요했던 존재는
하나님이었을지 모릅니다.

방탕한 삶을 살다가 탕자처럼 돌아와도,
언제든 발 벗고 달려나와 안아 주시는
그런 아버지 말입니다.

04

조커

Joker, 2019

평범한 소시민은 어떻게 악이 되었는가?

「조커」를 한마디로 표현하자면 '매혹적인 영화'라고 말할 수 있습니다. 탄탄한 스토리와 뛰어난 연출력을 갖춘 것은 물론이고, 호아킨 피닉스의 연기는 잭 니콜슨과 히스 레저와 같은 전설적인 조커들과 어깨를 나란히 할 정도로 훌륭합니다. 특히 작품 속 고담시라는 배경이 뉴욕을 모델로 했다는 점은 주인공 아서 플렉이 실제로 그곳에 살고 있을 것만 같은 섬뜩함을 자아냅니다.

이 영화의 촬영 장소로 자주 등장하는 브롱스는 화려한 맨해튼 도심과는 대조적인 곳으로, 경제적 어려움을 겪는 주민이 많고 범죄율도 높은 지역입니다. 유명한 계단에서의 댄스 장면 역시 이 브롱스에서 촬영되었습니다. 이제 본격적인 내용에 들어가기에 앞서, 이 영화에 제기된 가장 유명한 비판 하나를 먼저 짚고 넘어가려 합니다.

「조커」는 폭력을 부추기는 영화인가?

「조커」가 처음 개봉했을 때, 많은 이들이 이 영화가 사회를 탓하며 범죄 행위를 조장한다고 비판했습니다. 물론 영화에는 사회 비판적 요소가 분명히 존재하며, 이는 여러 설정과 대사를 통해 드러납니다. 우선 조커는 단순히 막강한 힘으로 상대를 제압하는 빌런이 아닙니다. 그는 자신만의 비전과 철학으로 상대를 설득하는 매력적인 악역이며, 그렇기에 조커의 관점에서 펼쳐지는 이 영화 역시 상당한 설득력을 갖추고 있습니다. 이러한 요소들 때문에 일부는 이 영화가 사회적으로 위험하다고 여겼고, 심지어 개봉 당시 관람을 금지해야 한다는 주장까지 나왔습니다.

만약 정상적인 사람이라면 이 영화를 보고 모방 범죄를 저지르지는 않을 것입니다. 그러나 뛰어난 연출 때문에 관객이 조커에게 지나치게 공감할 위험은 분명히 있습니다. 실제로 2012년 「다크 나이트 라이즈」 개봉일에 한 남성이 자신을 조커 모방범이라 칭하며 총기 난사 사건을 일으킨 적이 있습니다. 범인은 결국 정신 질환자로 밝혀졌지만, 이 사건은 유럽의 평론가들과는 달리 미국 평론가들이 조커를 부정적으로 평가하는 주된 이유가 되었습니다. 「조커」의 개봉 당시 반응을 보면, 너무 몰입한 나머지 조커를 따라 웃고 싶은 충동이 든다거나, 그에게 공감해 내면의 폭력성이 꿈틀거렸다는 의견이 존재합니다. 심지어 조커의 행동에 공감할 수 없다고 쓴 한 블로거의 글에는 "당신이 배부르고 등 따시게 살아서 조커에게 공감하지 못하는 것"이라는 조롱 댓글까지 달린 바 있습니다.

그럼에도 이 영화가 범죄나 폭력을 정당화하는 데 쓰인다면, 그것은 전적으로 해석자의 탓입니다. 조커라는 캐릭터는 분명 사회를 탓하며 범죄를 저지르지만, 그렇다고 영화 제작자들이 그의 행동을 옹호한다는 뜻은 아닙니다. 오히려 영화는 조커가 저지르는 악행의 끔찍한 결과를 여과 없이 보여줍니다. 설령 조커가 악행을 통해 위안을 얻거나 자아 도취적인 춤을 추더라도, 그것은 순전히 인물의 캐릭터적 특성일 뿐입니다. 제작진이 관객에게 조커의 정당성을 강요하는 것이 아니라는 뜻입니다. 결국 극이 끝난 뒤에도 조커는 동정의 대상이 아니라 정신병력이 심한 극악한 범죄자로 남아 있습니다.

감독이 이런 과감한 이야기를 전개할 수 있었던 것은 주인공이 조커였기 때문입니다. 조커는 수십 년간 우리에게 잘 알려진 악당이고, 그의 행위가 극악무도하다는 사실은 누구나 알고 있습니다. 따라서 그의 고통에 공감한다 해도 그의 범죄까지 정당화하는 사람은 거의 없습니다. 만약 그런 주장을 하는 이가 있다면, 그는 이 영화와 무관하게 이미 범죄자에 가까운 사고방식을 지닌 사람일 것입니다. 어떤 이유가 있더라도 악행은 악행이고, 범죄는 범죄입니다. 영화 제작자들도 이와 같은 마음일 것이라 믿습니다.

악인의 탄생에는 이유가 있다

범죄에 대해 선을 긋는 태도와는 별개로, 이 영화는 우리 사회에 악인이 탄생하는 이유를 상세히 보여줍니다. 토드 필립스 감독은 한 인터뷰에서 「조커」를 통해 악의 근원이 되는 다양한 사회적 문제들이 공론화되기를 바란다고 밝혔습니다. 그리고 조커와 같은 이들이 탄생하는 일을 예방하기 위한 논의가 필요하다는 말도 덧붙였습니다. 우리는 흔히 악인을 태생부터 악했던 존재로 규정짓고 싶어 합니다. 그렇게 믿는 편이 더 마음이 편하기 때문입니다. 하지만 현실은 그리 단순하지 않습니다. 누구에게나 말 못 할 사연과 상처가 있기 마련입니다. 범죄는 결코 정당화될 수 없지만, 그럼에도 인간이라면 아서 플렉의 인생이 안타깝게 느껴질 수밖에 없습니다.

아서 플렉은 수많은 고통받는 사람들의 모습을 한데 모아서 만든 인물입니다. 정신적 장애를 지닌 사람, 빈곤에 시달리는 사람, 보호자가 없는 사람, 사회적 인정을 받지 못하는 사람, 꿈을 위해 노력해도 이룰 수 없는 사람, 가까운 이들에게 배신당한 사람, 폭력을 당한 사람, 트라우마를 안고 살아가는 사람, 사랑을 갈구하지만 얻지 못하는 사람, 존경하는 이에게 무시당한 사람까지, 이 모든 종류의 불행이 아서라는 단 한 사람에게 몰아쳤습니다. 그래서 정말 다양한 처지의 관객들이 그에게 자신을 투영할 수 있었습니다.

사실 아서는 방에 앉아서 사회만 탓하던 사람이 아니었습니다. 그는 지극히 어려운 상황 속에서도 최선을 다해 살아가려 애썼습니다. 정신 질환과 빈곤의 환경을 딛고도 꾸준히 일을 했고, 어머니를 정성껏 돌보며 상담 치료도 성실하게 받았습니다. 또한 코미디언의 꿈을 이루기 위해 시간이 날 때마다 코미디 클럽을 찾아다니며 노트에 아이디어를 기록하고 연구했습니다. 현실의 벽 앞에서도 희망을 잃지 않고 노력하는 그의 모습에 많은 관객들은 자신을 비춰 보았을 것입니다. 그러나 그의 모든 노력이 무참히 짓밟히는 대목을 마주하게 될 때, 관객인 우리는 참을 수 없는 절망감을 느끼게 됩니다.

영화 「기생충」과 마찬가지로, 조커는 우리에게 깊은 도덕적 딜레마를 선사합니다. 주인공의 상황과 처지에 공감하면서도, 동시에 그의 극단적인 악행에 대해 옳고 그름을 판단해야 하는 모순된 상황에 놓이는 것입니다. 이 모순은 관객에게 찜찜하고 불쾌한 감정을 남깁니다. 우리는 이 불편함을 해소하기 위해 여러 가지 틀로 영화의 내용을 바라봅니다. 예컨대 우리는 빈자와 부자라는 이분법적 구도만 가지고 선악을 판단할 수 있습니다. 이런 관점에서 이 이야기는 아서라는 가난하고 선량한 사람이 악한 부유층을 혼내 주는 활극이 됩니다. 실제로 많은 이들이 이러한 세계관을 바탕으로 세상을 바라보고 있고, 일부 평론가들이 이 작품을 위험한 선동 영화로 규정한 이유도 같은 맥락입니다.

이 글은 영화 분석에 초점을 두므로, 어떤 세계관이 옳은지를 깊이 따지지는 않겠습니다. 다만 중요한 사실은, 이 영화가 단순히 계층 구도만으로 선악을 판단할 수 없도록 섬세하게 설계되었다는 점입니다. 우선 영화는 아서 플렉의 개인적인 서사와, 단지 사회에 불만을 품고 범죄를 일으키는 조커 모방범을 명확히 구분해서 보여줍니다. 특히 폭동이 벌어진 날, 부모의 시신 앞에 망연히 선 브루스 웨인의 모습이 의도적으로 강조됩니다. 아서가 브루스의 부모를 직접 살해한 것은 아니지만, 조커 모방범의 소행이었다는 점에서 일부 책임을 피할 수는 없을 것입니다. 「배트맨」 시리즈를 알고 있는 대부분의 관객은 이것이 브루스에게 얼마나 큰 비극인지 잘 알고 있습니다. 그러니 이 장면에서 전혀 쾌감을 느낄 수 없는 것입니다.

이 장면을 두고 많은 리뷰어들이 "조커와 배트맨은 같은 날 탄생했다"고 평했습니다. 이는 매우 적절한 해석입니다. 배트맨 역시 자신에게 닥친 부조리한 악에 대한 반응으로 탄생한 존재이기 때문입니다. 만약 이 영화가 빈자와 부자의 구도를 통해 단순한 선악 구도를 선보였다면, 토머스 웨인의 죽음이 마치 정의 구현처럼 보였을 것입니다. 하지만 영화는 그러한 감상을 허용하지 않습니다. 어린 브루스에게 하루 아침에 들이닥친 이 거대한 고통은, 단지 계급 갈등의 도식만으로는 설명될 수 없는 것이기 때문입니다.

딜레마를 푸는 성경의 인간관

「기생충」 때와 마찬가지로, 우리는 「조커」를 통해 또 한 번 도덕적 딜레마에 처했습니다. 그러니 이 딜레마를 동일한 인간관으로 다시 한번 풀어 보겠습니다. 기독교 세계관에서 악은 사람의 머릿속에만 있는 것이 아니라, 실제로 존재하는 무언가입니다. 물질적인 형태는 아니지만 분명 실재하는 것입니다. 성경은 이 악의 실체를 사탄이나 귀신과 같은 인격적인 존재들을 통해 묘사합니다. 그들이 실제로 인격이든 상징이든, 결국 성경이 말하고자 하는 것은 확실합니다. 악은 취향에 따라 상대적인 것이 아니라, 정말 확고히 존재하는 고정된 세력이라는 것입니다.

그렇다면 인간은 어떤 존재일까요? 인간은 이 악의 가해자이자 동시에 피해자입니다. 기독교적 세계관 내에서 세상에 악을 들여온 것은 인간입니다. 하지만 그로 인해 가장 많은 고통을 받는 것도 인간입니다. 성경 속 위대한 인물들조차 인생에서 한 번쯤 큰 죄를 저지르곤 합니다. 철저히 선하거나 악하게만 그려지는 인물은 많지 않습니다. 「조커」에 등장하는 인물들도 이와 크게 다르지 않습니다. 대부분 피해자이면서 동시에 가해자입니다.

토머스 웨인은 가난한 이들을 의도적으로 외면한 가해자입니다. 따뜻한 말 한 마디를 갈구하며 찾아온 아서 플렉에게 폭력을 저지르기도 합니다. 그럼에도 그는 결국 총에 맞아 객사하는 피해자 신세가 됩니다. 아서의 어머니 페니는 아들을 학대하고 교묘하게 세뇌해 평생 자신을 부양하게 만든 가해자입니다. 하지만 웨인 가문으로부터 모욕과 외면을 당한 피해자이기도 합니다. 아서의 상담사도 마찬가지입니다. 아서는 상담사가 자신의 이야기를 진심으로 듣지 않는다고 불평하지만, 그 역시 예산 삭감으로 더 이상 상담을 지속할 수 없는 처지라고 말합니다. 그 또한 정책의 변화로 일자리를 잃게 된 피해자인 셈입니다. 아서 플렉 역시 예외는 아닙니다. 그는 피해자인 '아서'와 악인 '조커'의 모습을 동시에 지닌 인물입니다.

누군가는 아서 플렉의 기구한 사연을 두고 이렇게 말했습니다. "아서에게 힐링을 선사할 수 있는 뜨끈한 국밥 한 그릇이 있었더라면……." 이는 농담이 아니라 꽤 맞는 이야기입니다. 물론 더 중요한 것은 그 국밥을 함께 먹어 줄 한 사람의 존재일 것입니다. 단 한 사람이라도 그를 진심으로 지지해 주는 사람이 곁에 있었더라면, 아서는 조커가 되지 않았을지도 모릅니다. 영화의 중반부까지는 어머니가 있었지만, 사실 어머니 또한 아서의 삶에 전혀 관심이 없었습니다. 데이트를 했다고 말해도 궁금해하지 않았고, 힘든 하루를 보냈다고 말해도 위로해 주지 않았습니다.

아서에게는 격려를 보내 줄 단 한 사람이 없었습니다. 영화는 그가 가난보다는 소외 때문에, 거대한 시스템보다는 개개인의 무관심과 무례함 때문에 조커가 되었다고 말합니다. 사회 시스템뿐 아니라, 그 안을 채우고 있는 우리 각자의 책임을 함께 묻고 있는 셈입니다.

사실 사회 시스템을 비판하는 일은 굉장히 쉽습니다. 이는 '소신 발언'이라고 부르기조차 민망할 정도로 누구나 쉽게 할 수 있는 일입니다. 우리는 시스템이나 구조라는 말의 모호성에 기대어 언제나 손쉽게 책임에서 벗어납니다. 그러나 우리도 그 '사회'의 일부입니다. 아서의 고통에 공감하는 우리조차, 자기보다 못나 보이는 사람들을 무례하게 대했던 순간이 있었을 것입니다. 그들이 도움을 구할 때 철저히 외면한 적도 많을 것입니다. 단순히 불쌍한 사람을 동정하는 사람은 꽤 많습니다. 하지만 아서처럼 이상하기까지 한 사람을 동정하는 사람은 거의 찾아보기 힘듭니다.

물론 누군가는 이렇게 반문할 수도 있습니다. "아서 같은 사람들에게 함부로 다가가면 나중에 크게 손해를 입을 수도 있어. 그러니 꺼려지는 건 당연한 거야." 일견 타당한 이야기입니다. 아서와 같은 이를 돕는 일이 결코 쉽다고 말하려는 것은 아닙니다. 무작정 사회를 비판하는 것만큼이나, 개개인에게 왜 더 노력하지 않았느냐고 묻는 것도 어쩌면 손쉬운 방식일 것입니다. 제가 가장 좋아하는 영화 중 하나인 「패치 아담스」 역시, 불쌍한 이들을 돕는 일이 늘 아름다운 결과를 보장하지 않는다는 사실을 뼈아프게 보여줍니다. 특별히 이 영화는 정신 질환을 앓고 있는 사람을 돕는 일은 항상 자신의 목숨까지도 위험하게 만들 수 있음을 가감없이 드러내고 있습니다.

그럼에도 불구하고 예수님을 따르는 기독교인이라면 이런 사람들을 완전히 외면해서는 안 될 것입니다. 그분은 자신을 따르는 길을 '옳은 길'이라 말씀하셨지, '넓은 길'이나 '쉬운 길'이라고 말씀하지는 않으셨기 때문입니다. 어쩌면 이것이 너무 원칙적인 이야기처럼 들릴지도 모르겠습니다. 저 역시 어린 시절부터 선한 마음으로 정신적으로 아픈 친구들을 도우려다 오히려 정신적, 물질적 손해를 입은 경험이 있었습니다. 배신감과 미움으로 밤을 지새우는 날도 많았습니다. 하지만 제가 바뀌어야 했던 것은 그들을 향한 마음이 아니라 도움을 주는 방식이었습니다. 마음만 앞설 것이 아니라, 뱀처럼 지혜롭게 스스로의 마음과 상황도 함께 보호할 줄 알아야 했던 것입니다.

실제로 오랜 기간 어려운 분들을 도운 분들의 봉사 현장을 보면, 생각보다 대상자들을 함부로 대하는 듯한 인상을 받을 때가 있습니다. 그런 모습을 마주할 때면, 우리가 미디어나 책을 통해 접해 온 성인들의 성품과는 사뭇 다른 모습에 당혹스러움을 느끼기도 합니다. 하지만 시간이 흐르며 깨달은 것은, 항상 천사 같은 인격으로 누군가를 돕는다는 건 평범한 사람이 감히 감당할 수 없는 일이라는 사실이었습니다. 만약 하루이틀 봉사활동을 하러 온 사람이라면 누구나 그렇게 할 수 있습니다. 하지만 30년, 40년 넘게 그 일을 이어 가려면 누구라도 자신의 자연스러운 감정과 말투, 태도가 드러날 수밖에 없습니다. 이처럼 며칠간 천사가 되는 일보다, 평생에 걸쳐 어설프더라도 선한 일을 하는 것이 비교도 할 수 없을 만큼 어렵고 숭고합니다. 그렇다고 제가 아서 플렉 같은 이를 늘 천사처럼 대해야 한다고 말하는 것이 아닙니다. 사실 아서가 원했던 것도 그저 자신의 이야기를 들어 주는 일이 전부였으니 말입니다.

영화를 통해 어떤 메시지를 얻을지는 전적으로 개인의 자유입니다. 하지만 "나도 아서처럼 당했으니, 이제 조커가 되겠어"라는 감상을 남기기에는 이 작품의 깊이가 너무 아깝습니다. 누군가가 그런 감상에 머물며 사회와 남들을 탓하는 동안, 어떤 이들은 이 영화를 통해 조커를 만드는 데 직간접적으로 일조한 자신의 모습을 직면하고, 당장 눈앞의 누군가를 돕기 시작할 테니 말입니다.

배트맨의 세계관에 기독교가 존재한다고 가정한다면, 아서가 괴로워할 때 소외된 자를 돌봐야 할 그리스도인들은 과연 어디에 있었을까요? 고담의 실제 모델인 뉴욕에는 왜 이토록 많은 아서가 존재하는 것일까요? 대학생 시절 뉴욕의 길거리에서 노숙자분들을 만나, 건네줄 돈이 없어 대신 이야기를 들어 주던 때가 있었습니다. 그중 한 젊은 남성이 한 말이 기억납니다. 그는 가난보다 사람들의 시선이 훨씬 괴롭다고 말했습니다. 정당하게 돈을 내고 샌드위치를 사러 들어갔을 뿐인데, 자신의 외모를 보고 사람들이 마치 테러라도 당할 것처럼 꺼리는 눈빛을 보냈다는 것입니다. 이런 일이 비단 뉴욕에서만 벌어질까요? 서울에서도, 아니 전 세계의 도시들에서도 다르지 않을 것입니다. 현실 속의 아서들은 대부분 조커가 될 힘조차 없어, 그저 자신의 내면을 해치며 하루를 버텨 낼 뿐입니다.

아서에게 진정으로 필요했던 것

아서는 살면서 한 번도 행복했던 적이 없다고 말합니다. 그의 머릿속에는 온통 부정적인 생각만이 가득 차 있습니다. 그럼에도 그는 아버지를 간절히 찾았습니다. 단순히 의지할 대상을 원한 것이 아니었습니다. 자신의 아버지가 누구인지 모르는 아서에게는, 자신의 정체성을 알 방법이 없었습니다. 자신이 어디에서 왔고, 앞으로 어디로 가야 할지를 알 수가 없었던 것입니다. 더군다나 어머니가 자신을 입양하고 학대했다는 사실을 알게 되면서, 친부모에 대해서는 영원히 알 수 없게 되어 버렸습니다. 아서는 자신이 기원 없이 세상에 홀로 던져진 존재라고 느꼈을 것입니다.

상황이 악화될수록 아서는 더욱 아버지의 존재를 갈망했습니다. 그 갈망이 너무도 깊은 나머지, 자신의 롤모델인 머레이에게 "네가 나의 자식이었으면 좋겠다"는 말을 들으며 인정받는 망상을 떠올리기도 했습니다. 심지어 자신의 진짜 아버지일지도 모르는 토머스 웨인에게 다가가 따뜻한 포옹을 요구하다가 폭행을 당하기도 합니다. 그런데 사실 그에게 가장 필요했던 존재는 하나님이었을지 모릅니다. 방탕한 삶을 살다가 탕자처럼 돌아와도, 언제든 발 벗고 달려나와 안아 주시는 그런 아버지 말입니다. 이처럼 그에게는 자신의 정체성을 알려 주고, 따뜻한 안식처를 제공해 줄 아버지가 절실했습니다.

이러한 하늘 아버지의 사랑은 그리스도인들을 통해 전달되었어야 했습니다. 그들이 예수님처럼 낮은 곳으로 내려가 아서를 만나, 따뜻한 국밥 한 그릇을 사주며 그의 고단한 하루를 진심으로 들어 주었어야 했습니다. 사실 아서는 늘 회복하고 다시 일어설 준비가 되어 있었기 때문입니다. 만약 예수님에게 받은 사랑을 전하는 그리스도인 친구가 단 한 명만 곁에 있었더라면, 그는 분명히 회복될 수 있었을 것입니다. 여기서 '한 사람'의 부재는 큰 비극이자 무거운 책임감으로 다가옵니다. 비단 영화 속 이야기가 아니라, 현실에서도 그렇습니다.

아서 플렉에게는 최소한의 인정이 필요했습니다. 그가 열악한 환경 속에서도 열심히 살아가고 있다는 것, 어머니를 모시기 위해 힘을 썼다는 것, 코미디언의 꿈을 품고 노력했다는 것을 누군가는 인정해 주어야 했습니다. 그러나 그는 너무나 인정받지 못하는 삶을 살았기에, 조커의 가면을 쓴 모방 범죄자들이 거리에서 난동을 벌일 때 처음으로 인정받는 기분을 느꼈습니다. 아서는 이렇게 표현합니다. "내 일생 동안, 난 내가 존재하는지조차 모르고 있었어. 하지만 이젠 아니야. 사람들이 날 알아보기 시작했지." 사람들은 아서 같은 보잘것없는 사람에게 관심을 기울일 여유가 없습니다. 그러니 그가 큰 범죄를 저지른 후에야 비로소 주목합니다. 그래서 아서는 내면의 악을 폭발시키는 방식으로 인정을 얻고야 마는 것입니다.

하지만 복음에는 놀라운 인정이 담겨 있습니다. 그것은 하찮은 나 같은 존재를 위해 죽기까지 희생하신 창조주의 인정입니다. "너는 내가 목숨을 바칠 만큼 가치 있는 존재다"라고 말해 주는 그분의 인정 말입니다. 함께 하나님의 나라를 준비하자고 부르시는 그분의 인정은, 인생을 송두리째 바꿀 수 있는 동기부여가 되기도 합니다. 대기업에서 스카웃만 되어도 엄청난 인정일 텐데, 하늘에서 스카웃을 받는 것은 얼마나 큰 인정일까요? 이 때문에 복음의 내용이 가장 먼저 소외되고 인정받지 못한 이들에게 와 닿았던 것입니다. 복음서를 보면, 예수 그리스도는 아서처럼 '이유 있는 악인'들을 한 명씩 찾아갑니다. 그리고 하늘 아버지의 따뜻한 인정과 포용을 인간의 몸으로 직접 전해 주십니다. 이 사랑이 그들을 악으로부터 구원합니다.

이 땅에는 예수님의 모습을 조금이나마 닮은 이들이 필요합니다. 영화 속에서는 그런 사람들이 등장하지 않습니다. 물론 조커라는 캐릭터가 탄생하려면 그래야 했을 것입니다. 하지만 현실은 다릅니다. 우리 주변에는 분명 아서 같은 사람들이 있습니다. 그들은 주변 사람들의 태도에 따라 희망을 품고 살아날 수도, 그저 크고 작은 조커들이 될 수도 있습니다. 배트맨과 조커는 같은 날 일어난 비극으로 탄생했지만, 브루스 웨인은 결국 고담을 지키는 영웅이 되었습니다. 아서와 달리, 그에게는 믿고 지지해 준 사람들이 있었기 때문입니다.

결론: 손을 잡아 주는 사람

「조커」는 우리의 마음속에 오래 남을 걸작입니다. 개봉 당시 일부 기독교인들이 이 영화를 악하다며 보지 말라고 했던 것이 참 안타까웠습니다. 오히려 기독교인일수록 이 영화를 보고 깊이 고민해 보아야 합니다. 영화를 보고 조커가 되거나 그의 범죄를 옹호하라는 말이 아닙니다. 오히려 조커가 되기 직전의 사람들을 찾는 눈이 열려야 합니다. 만약 그 눈이 열렸다면, 이제 그들을 찾아가 손을 잡아 주었으면 합니다.

이에 의인들이 대답하여 이르되 주여, 우리가 어느 때에 주께서 주리신 것을 보고 음식을 대접하였으며 목마르신 것을 보고 마시게 하였나이까. 어느 때에 나그네 되신 것을 보고 영접하였으며 헐벗으신 것을 보고 옷 입혔나이까. 어느 때에 병드신 것이나 옥에 갇히신 것을 보고 가서 뵈었나이까 하리니. 임금이 대답하여 이르시되 내가 진실로 너희에게 이르노니 너희가 여기 내 형제 중에 지극히 작은 자 하나에게 한 것이 곧 내게 한 것이니라 하시고(마 25:37-40, 새번역).

조커

이 영화는 평범한 소시민인
아서와 조커의 대결을 보여줍니다.

다만 그 전장이 고담시 전체에서
아서의 내면 세계로
축소되었을 뿐입니다.

05

조커: 폴리 아 되

Joker: Folie à Deux, 2024

악은 어떻게 상징이 되었는가?

앞선 장에서 리뷰한 「조커」는 많은 이들에게 호평을 받은 영화입니다. 하지만 많은 기대를 모았던 속편 「조커: 폴리 아 되」(이하 「폴리 아 되」)는 개봉한 지 며칠 만에 평론가와 일반 관객 모두에게 혹평 세례를 받았습니다. 비판의 이유로는 과도한 뮤지컬 사용, 전편의 기대를 뒤엎는 스토리, 그리고 단순히 재미가 없다는 점 등이 꼽혔습니다. 그 중에서도 가장 큰 이유는 이 영화가 '조커'라는 유명 캐릭터로 관객을 모아 놓고 '아서 플렉'이라는 개인의 몰락만을 보여준다는 점이었습니다.

하지만 이 영화를 즐겁게 본 사람들도 있었습니다. 그들은 혹평하는 이들에게 "아서 플렉이라는 인물에게는 무관심하고 조커에만 열광하는 너희들이 영화 속 조커의 추종자들과 다를 게 무엇이냐"며 일침을 가했습니다. 하지만 이런 지적은 오히려 더 많은 사람들이 이 영화를 싫어하게 만드는 결과를 낳았습니다. 많은 관객들이 재미보다 교훈을 강조하는 감독의 교조주의적 태도에 반감을 표하며, 이를 제2의 「라스트 오브 어스 파트 2」 사태'라고 불렀습니다. 차이점이 있다면, 해당 게임이 그나마 평론가들에게는 호평을 받았던 것과는 달리 「폴리 아 되」는 상당수의 평론가들마저 혹평했다는 점입니다.

「폴리 아 되」는 망작인가?

저는 지금부터 「폴리 아 되」가 꽤나 가치 있는 영화라는 주장을 펼치려고 합니다. 물론 많은 사람들이 부정적인 평가를 내렸다는 점을 고려하면 쉽지 않은 시도일 것입니다. 우선 혹평한 사람들의 의견이 잘못되었다고 반박하려는 것은 아닙니다. 누구라도 이 영화에서 악의 화신이 된 조커가 광기로 고담시를 물들이는 모습을 기대했을 것이기 때문입니다. 그리고 티저 영상이 관객들에게 그런 내용을 기대하도록 부추긴 것도 사실입니다. 그러니 이제 와서 '아서가 아닌 조커만을 기대한 관객의 잘못'이라고 말하는 것은 부당한 의견일 것입니다.

또 어떤 비평가들은 「폴리 아 되」가 조커라는 캐릭터와는 전혀 무관한 영화라고 말합니다. 단순히 흥행을 위해 조커라는 캐릭터를 차용했을 뿐, 어떤 인물을 내세웠어도 무방한 내용이라는 것입니다. 저는 이 비판은 공정하지 못하다고 봅니다. 「폴리 아 되」는 아서 플렉의 이야기일 뿐 아니라 명백히 조커에 대한 이야기이기 때문입니다. 아니, 오히려 조커가 아니었으면 성립될 수 없는 이야기입니다.

우리는 이미 조커라는 캐릭터에 친숙합니다. 특히 크리스토퍼 놀란 감독의 '다크 나이트 3부작'에 등장한 조커는 배트맨 코믹스를 접하지 않은 팬들에게도 강렬한 인상을 남겼습니다. 이런 작품들을 통해 우리는 이미 조커를 극악무도한 빌런으로 인식하고 있습니다. 그렇기에 전작인 「조커」를 단순한 범죄 미화 영화와 구별할 수 있었던 것입니다. 조커라는 인물이 결국 어떤 악으로 치닫게 될지 알기에, 관객은 아서의 행동이 아무리 억울함에서 비롯되었다 하더라도 정상참작해 줄 수 없었습니다. 마치 우리가 히틀러의 악행을 잘 알기에 그의 불행한 개인사를 듣더라도 미화할 수 없는 것과 마찬가지입니다. 그런 의미에서 「폴리 아 되」는 조커였기에 가능한 영화입니다. 관객이 이미 조커라는 캐릭터의 악행을 잘 알기에, 아서 플렉의 내적 갈등 또한 훨씬 무게감 있게 전달받을 수 있었던 것입니다. 「다크 나이트」가 배트맨과 조커의 대결을 그렸다면, 이 영화는 평범한 소시민인 아서와 조커의 대결을 보여줍니다. 다만 그 전장이 고담시 전체에서 아서의 내면 세계로 축소되었을 뿐입니다. 누군가는 아서가 곧 조커인데 그게 무슨 소리냐고 의아해할 수 있습니다. 그렇다면 이 의문을 중심으로 「폴리 아 되」에 대한 본격적인 해석을 시작해 보겠습니다.

조커란 무엇인가?

「폴리 아 되」는 고전 스타일의 애니메이션으로 시작합니다. 여기서 아서는 마치 별개의 인격처럼 움직이는 자신의 그림자와 서로 조커가 되고자 싸웁니다. 그림자는 아서에게서 조커를 빼앗아 온갖 악행을 저지르다가, 경찰이 나타나자 다시 아서에게 돌려줍니다. 결국 무고한 아서는 자신의 그림자가 저지른 모든 악행을 뒤집어쓰게 됩니다. 저는 이 애니메이션을 보자마자 영화의 전체 줄거리를 대략 예상할

1 2020년 동명의 비디오 게임이 출시된 후 팬덤의 거센 반발을 산 사건. 이 게임은 전작의 주요 등장인물을 충격적으로 사망시키고, 그 원수의 입장에서 플레이하게 만드는 전개로 인해 팬덤의 거센 반발을 샀다. 이후 제작사인 너티독은 팬들이 제작 의도를 이해하지 못했다는 식으로 대응했고, 이에 더욱 큰 반감을 느낀 유저들은 게임 CD를 가위로 자르고 커뮤니티에 인증하는 등 여러 가지 방식으로 분노를 표출했다.

수 있었습니다. 그럼에도 이 애니메이션에서 그림자가 정확히 무엇을 상징하는지는 명확하지 않았습니다. "아서에게 조커란 어떤 존재일까? 페르소나일까, 아니면 분리된 인격일까?" 이러한 의문은 영화의 모든 이야기를 끌어가는 핵심 주제입니다. 따라서 그림자의 정체를 파악하는 일이 사실상 「폴리 아 되」 해석의 대부분을 차지한다고 말할 수도 있을 것입니다. 영화의 초반부는 마치 조커가 아서의 분리된 인격인 것처럼 그려 냅니다. 하지만 전작 「조커」를 본 이들이라면, 이 인격이 결코 아서 플렉과 별개가 아니라는 사실을 잘 알고 있습니다. 오히려 그것은 억눌린 감정이 폭발한 순수한 아서 그 자체였습니다.

그렇다면 애니메이션에 나온 조커의 그림자는 무엇일까요? 그것은 일종의 '모형'이라고 볼 수 있습니다. 이를 이해하기 위해서는 모형론 (typology)의 뜻을 살펴볼 필요가 있습니다. 예전에 미국의 한 기사는 버락 오바마를 새로운 링컨, 곧 링컨의 모형으로 제시한 바 있습니다. 노예 해방을 이끈 링컨의 정신을 최초의 흑인 대통령이 계승한다는 의미였습니다. 실제로 오바마는 이러한 모형론을 의도적으로 구현하기 위해 링컨의 역사적 행선지를 따르기도 했습니다.

비슷한 예로, 메시를 마라도나의 환생이라고 칭하는 경우도 있습니다. 이는 단순히 축구 실력만을 가리키는 표현이 아니라, 옛 시대의 인물이 지닌 상징성을 이어 받았다는 의미입니다. 마라도나는 단순한 축구 선수를 넘어 아르헨티나의 축구를 상징하는 모형적인 인물이기 때문입니다. 더 고전적인 예시로는, 신약 성경에서 세례 요한을 엘리야의 모형으로 제시한 일을 들 수도 있습니다.

다시 「폴리 아 되」의 구도로 돌아와 보자면, 조커는 일종의 모형이며 아서 플렉은 그 모형을 구현하는 개인이라 볼 수 있습니다. 이는 페르소나나 이중인격과는 전혀 다른 개념입니다. 조커라는 모형은 아서 플렉으로부터 처음 태어났지만, 전편과 후속편 사이의 2년이라는 시간 동안 아서조차 통제할 수 없는 독립적 존재가 되어 버린 것입니다. 왜 그럴까요? 조커라는 모형 자체가 애초에 대중의 필요에 의해 만들어진 것이기 때문입니다. 작품에서 조커는 '하층민의 분노와 염원을 담아 기득권을 처단하는 영웅'입니다. 그러나 아서는 이러한 정체성을 의도한 적이 없고, 딱히 정의로운 기준에 맞춰 기득권을 처단한 적도 없습니다. 그가 저지른 모든 살해는 단순히 분노에 의한 우발적 범죄일 뿐입니다. 대중들이 그의 불우한 배경과 살인 행위를 엮어 조커라는 멋들어진 모형을 그에게 덧입힌 것뿐입니다. 「폴리 아 되」는 이렇게 필요에 의해 탄생된 조커의 모형이 아서를 넘어 모든 시민에게 스스로를 퍼뜨려 나가는 과정을 보여줍니다. 이 때문에 결국 조커를 처음 가능케 한 아서마저 그것의 피해자로 전락하게 되는 것입니다.

물론 아서가 조커의 모형에 순순히 굴복하지는 않습니다. 그는 자신의 내면을 전장 삼아 조커의 모형과 치열하게 싸웁니다. 「폴리 아 되」는 이 내적 투쟁의 과정을 섬세하게 그려 낸 영화입니다. 아서는 여러 계기를 통해 조커로부터 벗어나려 결심하고, 마침내 모두가 보는 앞에서 용기 있게 조커의 존재를 부정합니다. 자신이 부정하면 조커도 순순히 사라질 줄 알았던 것입니다. 하지만 단순한 존재의 부정만으로는 이미 완전히 모형이 되어 버린 조커를 떨쳐 낼 수 없었습니다. 결국 아서는 죽음을 겪은 후에야 조커로부터 완전한 해방을 얻게 됩니다.

아서가 조커를 부정한 직후, 조커의 추종자들이 법정을 폭파시키는 사건이 발생합니다. 이후 그를 구출한 추종자들은 아서를 앞세워 고담시 전체를 불태우려는 계획을 세웁니다. 이 계획을 우연히 듣게 된 아서는 그들로부터 필사적으로 도망갑니다. 한 리뷰어는 조커 분장을 한 추종자들에게서 도망치는 아서의 모습이 마치 조커 자체로부터 도망치는 것 같다고 지적했는데 이는 정말 정확한 표현입니다. 조커의 추종자들 역시 조커의 모형을 구현하는 또 다른 조커들이었기 때문입니다.

이후 정신병동으로 돌아온 아서는 결국 또 다른 조커 추종자인 사이코패스 범죄자에게 잔혹하게 살해당합니다. 표면적으로는 자신의 우상이 보인 나약한 모습에 대한 실망감으로 저지른 살인처럼 보입니다. 하지만 이 사이코패스의 농담과 이후 행동을 보면 "넌 조커를 할 자격이 없다"는 메시지를 전하려는 의도가 더 강해 보입니다. 이는 단순히 그 살인마 개인의 의견이 아니라, 조커 자체가 내린 평가이기도 합니다. 말하자면 자신을 소멸시키려 한 괘씸한 아서에게 조커가 내린 심판이었던 것입니다.

이후 사이코패스는 죽어 가는 아서 앞에서 스스로의 입을 찢습니다. 이는 단순히 '이 인물이 사실은 진짜 조커였다'는 식의 반전이 아닙니다. 이 장면은 조커가 마침내 생동하는 악의 실체가 되어 사람들 사이를 옮겨 다니는 공유 정신병, '폴리 아 되(Folie à deux)'가 되었음을 시사합니다. 조커는 결국 한없이 약하고 우유부단한 아서의 껍데기로부터 벗어나, 고담시에 풀린 진짜 악마가 된 것입니다. 조커에 열광하며 자아를 의탁한 시민들이 이토록 많은 이상, 이 사이코패스를 죽인다 해도 조커는 결코 소멸되지 않을 것입니다. 이것이야말로 우리가 아는 그 불사신 조커의 진짜 탄생입니다.

이 영화에 실망한 사람들은 사실 아서에게 무관심했던 것이 아닙니다. 오히려 그에게 지나친 관심을 보인 나머지, 아서의 죽음이 곧 조커의 소멸이라고 오해한 것입니다. 한 관객은 조커라는 빌런이 고작 여섯 명만 죽이고 사망한 것이 납득되지 않는다고 말했습니다. 물론 히어로 영화에서 살인 장면을 보고 싶어 하는 것 자체를 비난할 생각은 없습니다. 하지만 조커가 전작과 이 영화를 통틀어 살해한 사람이 그보다 훨씬 많다는 점은 지적하고 싶습니다. 조커 모방범들의 폭동, 법정 폭발 사건으로 죽은 이들, 거기에 아서 플렉 자신까지도 전부 조커가 죽인 사람들입니다. 그러니 실제 조커의 희생자는 두 영화를 통틀어 이미 수백 명에 달하는 셈입니다.

단순히 억울한 일을 당해 흑화한 조커보다, 이러한 악의 모형으로서의 조커가 원작의 조커와도 훨씬 잘 어울립니다. 원작의 조커는 혼돈 그 자체이며, 늘 자신의 기원에 대해 거짓말을 하는 인물입니다. 또한 모형론적 해석에 따르면, 브루스 웨인의 부모를 죽인 것도 결국 조커입니다. 우리가 알다시피 이 사건은 훗날 배트맨이 탄생하는 계기가 됩니다. 결국 조커가 배트맨을 탄생시켰다는 이 주제 의식은 코믹스의 원작의 맥락과도 정확히 일치합니다.

악의 상징과 엔터테인먼트

프랑스의 철학자 폴 리쾨르는 『악의 상징』이라는 책에서, 악이란 단순한 개인의 도덕적 결함이 아니라 인간 경험과 문화에 깊이 뿌리내린 일종의 상징이라고 주장합니다. 이는 인류가 오래전부터 악을 이해해 온 방식이며, 결국 이는 사회적이고 집단적인 현상으로 드러납니다. 조커의 추종자들이 고담시를 혼란에 빠뜨리고, 심지어 아서조차 그들의 폭력으로부터 벗어나지 못하는 모습은 악의 모형이 사회적으로 어떻게 확산되는지를 보여줍니다. 이는 리쾨르가 말한 악의 집단적 측면과 일치합니다.

「폴리 아 되」는 악의 모형들이 현실에서 얼마나 강력한 힘을 일으키는지 고발합니다. 모형으로서의 조커는 「다크 나이트」에 등장했던 개인으로서의 슈퍼 빌런 조커보다도 훨씬 끔찍합니다. 히틀러 개인보다 무서운 것이 나치즘인 것처럼 말입니다. 또한 모든 파괴적인 사상은 내부의 논리로 스스로를 정당화하는 힘을 가지고 있습니다. 조커의 모형 또한 '기득권에 대항하는 하층민의 영웅'으로 스스로를 포장했습니다. 이처럼 현실에 존재하는 악의 모형들 또한 선하고 정당한 것처럼 느껴질 때가 많습니다. 성경의 고린도후서 11장이 사탄은 늘 광명의 천사로 가장한다고 고발하는 것처럼 말입니다.

최근의 사례를 들어 보자면, 미국 최대 보험 회사인 유나이티드 헬스케어의 CEO가 뉴욕시 한복판에서 26세 청년 루이지 맨지오니의 총격으로 살해당한 사건이 있었습니다. 놀랍게도 많은 미국 시민들은 이 청년을 폭리를 취하는 보험사를 심판한 영웅으로 추앙했습니다. 영화 「조커」와 유사하게도 그의 추종자들은 맨지오니가 범행 당시 입었던 옷을 그대로 모방해 입는 방식으로 경찰의 수사를 방해했습니다. 물론 미국의 보험 회사들이 보험금 지급을 자주 거절하는 것으로 악명 높은 것은 사실입니다. 그들의 탐욕으로 인해 많은 이들이 고통받은 것 또한 맞습니다. 하지만 이유를 불문하고 평화 시기의 대도시에서 누군가를 계획 살해한 사람이 정의의 사도로 칭송받는 모습은 굉장히 섬뜩합니다. 기준을 낮춰 그 총구가 더 다양한 상황과 계층을 향하게 된다면, 결국 총에 맞는 것은 훨씬 평범한 사람들이 될 수도 있습니다. 그러니 사회적 분위기에 상관 없이 명백히 악한 행위는 악하다고 말할 수 있어야만 합니다.

다시 「폴리 아 되」로 돌아오면, 대부분의 관객들은 조커의 모형이 광기를 부리는 모습을 보기 위해 영화관을 찾았을 것입니다. 우리가 조커에게 원한 것은 할리퀸이 아서에게 원했던 것과 같습니다. 바로 순수한 엔터테인먼트입니다. 잭 니콜슨의 조커, 히스 레저의 조커, 그리고 앞으로 「더 배트맨」 시리즈에 등장할 배리 키오건의 조커까지, 이들은 각기 다른 캐릭터성을 보여줍니다. 그들이 연기한 캐릭터 사이에는 분명한 차이점과 특징이 있습니다. 그럼에도 우리는 결국 조커라는 단 하나의 모형에 즐거워하며 열광할 준비가 되어 있습니다.

영화사와 문학사에는 조커와 흡사한 또 하나의 상징적 악의 모형이 존재합니다. 그것은 바로 사탄입니다. 『파우스트』, 『실낙원』, 『카라마조프가의 형제들』, 『스크루테이프의 편지』, 「데블스 애드버킷」, 「콘스탄틴」 등 사탄이 등장하는 작품들은 하나같이 다 흥미롭습니다. 사탄이라는 캐릭터 역시 조커처럼 독특한 매력으로 엔터테인먼트를 선사하기 때문입니다. 특히 실제로 사탄이 존재한다고 믿는 기독교인들은 이 점을 깊이 생각해 봐야 합니다. 이러한 작품을 무조건 멀리하자는 이야기가 아니라, 오히려 각 작품에 등장하는 사탄의 공통점을 종합하여 악이 우리에게 어떤 매력을 어필하고 있는지를 파악해야 한다는 뜻입니다.

모형론과 연관된 이 영화적 장치들은 단순히 아서를 외면하고 조커만을 원하는 관객들을 훈계하기 위한 것이 아닙니다. 오히려 감독의 관심은 악의 모형이 지닌 거대한 파괴력을 폭로하는 데 있습니다. 그는 아서 플렉이 살해되는 장면을 통해 엔터테인먼트 요소를 제외한, 진짜 순수한 악이 선사하는 혼돈을 묘사합니다. 대부분의 관객은 이 살해 장면에서 큰 충격과 당혹감에 휩싸이며, 심지어 이 영화 전체를 망작이라고 저주하게 됩니다.

하지만 이것이야말로 악의 본질입니다. 악은 우리가 마음 놓고 즐길 만큼 만만한 상대가 아닙니다. 전작 「조커」에서처럼 이해하고 동정할

조커: 폴리 아 되

만한 것도 아닙니다. 날것 그대로의 악은 전혀 예상치 못한 타이밍에 찾아와 우리를 극도로 불쾌하게 만듭니다. 또한 온갖 저주를 쏟아내며 서로가 분열되도록 만듭니다. 마치 사람들이 극과 극으로 나뉘어 이번 영화에 대해 싸워 댄 것처럼 말입니다. 이것이 감독이 조커를 해석한 방식입니다. 조커가 정녕 악의 화신이라면, 오히려 이런 모습이어야 마땅하다는 것입니다.

과도한 뮤지컬 사용의 의도

이제 혹평의 또 다른 이유인 과도한 뮤지컬 사용에 대해 살펴보겠습니다. 「폴리 아 되」에서 노래는 환상과 현실을 구분하는 역할을 하지만, 그 경계는 다소 모호합니다. 보통 영화 속 인물들이 예기치 않게 노래를 시작할 때, 뮤지컬 관객들은 이를 장르적 허용으로 받아들입니다. 실제로는 일상적인 대화 장면이더라도 장르의 특성상 노래로 표현했다고 이해하는 것입니다. 예를 들어 「겨울왕국」에서 안나가 엘사의 방문을 두드리며 "같이 눈사람 만들래?"라고 노래할 때, 관객들은 실제로 안나가 노래를 한 것이라고 생각하지 않습니다. 오히려 감정을 극대화하는 표현 방식이라고 받아들입니다. 「라라랜드」의 두 주인공이 언덕 위에서 춤추는 장면도 마찬가지입니다. 여기서 두 인물이 정말로 춤추며 노래했다고 생각할 사람은 아무도 없습니다.

그런데 「폴리 아 되」의 뮤지컬 장면은 단순한 장르적 허용을 넘어서는 것처럼 보입니다. 인물들이 마치 실제로 노래를 한 것처럼 보이게 하는 여러 장치들을 사용하기 때문입니다. 첫째로, 영화에서 뮤지컬이 처음 등장하는 순간은 실제 찬송가를 부르는 장면입니다. 아서와

리는 함께 노래를 부르다가 밖으로 나와 대화를 나눕니다. 그러다가 자연스럽게 그들만의 노래로 이어 갑니다. 또한 이들이 부른 노래가 카메라나 음성 메시지를 통해 전달되어, 다른 인물들이 TV나 수화기로 듣는 장면들이 등장합니다. 이런 설정은 단순한 장르적 허용이 아니라, 마치 노래가 실제로 불린 것 같은 착각을 일으킵니다. 하지만 영화 속 모든 노래가 현실은 아닙니다. 일부 뮤지컬 장면들은 화면 전환을 통해 아서의 환상임이 밝혀집니다. 이처럼 이 영화의 뮤지컬 장면들은 현실과 비현실 사이의 모호한 경계에 위치하고 있습니다.

그런 의미에서 아서가 리에게 "노래 좀 그만하고 나랑 대화를 하자. 나는 더 이상 노래하고 싶지 않아"라고 말하는 장면은 매우 의미심장합니다. 많은 관객들은 이 영화의 잦은 뮤지컬 장면에 지쳐 아서의 대사에 공감했고, 일부는 이것이 감독이 관객을 조롱하는 장면이라고 해석했습니다. 하지만 앞서 언급했듯이, 이 영화에서 노래는 환상과 현실의 경계를 모호하게 만드는 요소입니다. 왜 그럴까요? 이 작품에서 노래라는 요소는 사람들이 갈망하는 엔터테인먼트를 상징하기 때문입니다. 이는 리가 부른 "That's Entertainment"라는 넘버의 가사를 통해 드러납니다.

앞서 살펴봤듯이, 영화에서 말하는 엔터테인먼트란 조커의 모형이 사람들에게 선사하는 카타르시스를 의미합니다. 리뿐 아니라 관객조차 법정에서 잠시 조커의 모형이 등장했을 때 영화 전체를 통틀어 가장 강렬한 쾌감을 느낍니다. 리는 이러한 희열만을 좇아 아서에게 접근했고, 아서가 조커를 포기하면서 엔터테인먼트 요소가 사라지자 그를 냉정하게 떠납니다. 리가 아서와 만나는 대부분의 장면에서 노래를 부르는 것은 결국 리가 아서에게서 원했던 것이 무엇인지를 보여주는 장치입니다. 만약 우리가 리의 노래 횟수가 지나치다고 느꼈다면, 이는 오히려 의도된 효과라 할 수 있습니다. 노래 좀 그만하자는 아서의 절규는 결국 조커가 주는 희열 대신 자기 자신을 봐달라는 간절한 호소이기 때문입니다.

조커라는 유혹

아서 플렉에게 조커라는 정체성을 받아들이는 일은 엄청난 유혹이었습니다. 그는 평생 제대로 된 사랑을 받아 본 적이 없는 사람이었기 때문입니다. 그러나 조커가 되기로 결심만 한다면 대중의 관심과 좋아하는 여인의 사랑, 심지어 무죄 판결까지도 얻을 기회가 주어집니다. 그의 사건을 맡은 변호사가 뛰어난 기지를 발휘해 아서가 정신분열증임을 증명하고자 했기 때문입니다. 실제로 관객은 영화의 초중반부를 보며 아서가 실제로 무죄 판결을 받을 수도 있겠다는 기대를 갖게 됩니다. 아서가 영화에서 단 한 번 보여준 조커로서의 모습은 평소의 그와는 굉장히 달랐고, 친구인 게리는 그가 자신에게 유일하게 잘 대해 준 사람이라는 증언까지 해주었기 때문입니다. 만약 일이 잘 풀려서 정신분열증이 입증되었다면 아서는 높은 확률로 자유의 몸이 되었을 것입니다.

아서에게 조커가 제시하는 혜택은 이토록 달콤합니다. 거의 세상 전부를 주겠다는 약속이나 마찬가지였던 것입니다. 이는 마치 그리스도에게 모든 것을 주겠다며 굴복을 요구했던 사탄을 떠올리게 합니다. 특히 「다크 나이트」에서 고담시를 압도적인 카리스마로 지배하던 조커를 기억하는 관객들은, 아서 또한 언제든 이처럼 강력한 존재가 될 수 있으리라 기대했을 것입니다.

하지만 아서가 조커를 버리면 어떻게 되는 것일까요? 대중의 관심, 평생 처음으로 받아 보는 인정, 여인과의 사랑, 힘을 얻고 각성할 기회, 그리고 무죄 판결의 가능성까지 모두 사라지게 됩니다. 단지 괴물이 아닌 인간으로 남는 조건만으로 말입니다. 정말 어처구니없지 않습니까? 조커를 택할 시 얻을 수 있는 영광에 비하면 너무나 초라한 보상입니다.

아서에게 주어진 선택의 기로는 도스토예프스키의 작품을 연상시킵니다. 『죄와 벌』의 주인공 라스콜리니코프는 세상 누구라도 죽였을 법한 극악무도한 노파를 살해했습니다. 그리고 아무런 증거도 남기지 않았습니다. 스스로 입을 다물기만 한다면 절대 들통날 수 없는 완전범죄였던 것입니다. 하지만 내면에서 들끓는 양심의 가책만큼은 어찌할 수 없었습니다. 그리고 이 양심은 서서히 그를 파괴해 갔습니다. 결국 소냐라는 여인의 사랑을 통해 구원받은 라스콜리니코프는 굳이 하지 않아도 될 자수를 선택함으로 악으로부터의 자유를 얻게 됩니다. 「폴리 아 되」의 리는 소냐와는 정반대의 역할을 합니다. 리는 오히려 아서에게 악의 길을 택하면 사랑해 주겠다며 끊임없이 유혹합니다.

아서에게 주어진 선택은 또한 「다크 나이트」에서 배트맨이 겪었던 '미움받는 영웅'과 '환영받는 악당' 사이의 갈등을 떠올리게 합니다. 브루스 웨인은 배트맨이라는 모형을 통해 자경단의 상징이 됩니다. 하지만 그를 모방하며 범죄자들을 무차별 폭행하는 추종자들이 나타나자 깊은 고뇌에 빠지게 됩니다. 조커는 이 약점을 파고들어 "네가 나와 다른 점이 무엇이냐" 물으며 배트맨의 정신을 무너뜨리려고 시도합니다. 결국 그는 하비 덴트를 정의의 상징으로 남기고 자신이 대신 악역을 떠맡는 희생을 선택함으로써 이 악에서 벗어나게 됩니다.

조커: 폴리 아 되

아서 플렉은 분명 「다크 나이트」 3부작의 배트맨만큼 위대한 영웅은 아닙니다. 하지만 그도 배트맨처럼 조커의 유혹이라는 시험을 겪었고, 양심과 희생을 선택함으로써 그 유혹을 당당히 이겨 냈습니다. 아서 플렉을 위대하다고 말할 수는 없겠지만, 그럼에도 우리는 그를 숭고한 존재로 바라볼 수 있습니다. 우리 중 누가 감히 그와 같은 상황에 처했을 때 선을 선택할 수 있다고 자신할 수 있겠습니까? 악에 맞서 이겨 낸 아서는 비록 턱걸이에 불과할지라도, 영웅의 반열에 오를 만합니다.

아서 플렉은 구원을 얻었을까?

아서 플렉은 과연 구원을 얻었을까요? 이 질문이 터무니없게 들릴 수도 있습니다. 이해해 주는 이 하나 없이 비참하게 살해당한 사람에게 무슨 구원을 논한단 말입니까? 일부 비평가들은 아서가 스스로 구원을 거부했다고까지 주장합니다. 조커의 추종자들이 법정에 테러를 일으키면서까지 구출하려 했음에도 결국 도망쳤다는 이유에서입니다. 하지만 여기서 말하는 구원은 그런 물리적 탈출이 아닙니다. 아서가 조커라는 모형으로부터 벗어나 진정한 자아를 되찾는 데에 성공했다는 의미입니다.

많은 이들은 아서가 조커를 버린 결정적 계기가 오직 게리의 따뜻한 말 한 마디 때문이었다고 말합니다. 이에 개연성이 떨어진다는 비판이 많았습니다. 하지만 「조커」 시리즈에서 게리의 말은 특별한 무게를 지닙니다. 아서에게 단 한 명의 진짜 친구가 있었다고 말할 수 있다면, 그건 바로 게리였기 때문입니다. 랜들을 살해한 현장에서 아서는 "나에게 잘해 준 사람은 너뿐이었어. 어서 가"라고 말하며 게리에게 자비를 베푸는 모습을 보입니다. 살인 현장의 목격자를 살려 보내는 것은 살인자의 입장에서 충분히 자비라고 볼 수 있습니다. 하지만 게리가 후에 자신 때문에 큰 정신적 피해를 입었다고 증언하자, 아서는 죄책감으로 무너지기 시작합니다.

아서가 조커를 버리기로 결심한 데에는 게리와의 대화 외에도 몇 가지 이유가 있습니다. 그중에서도 가장 큰 계기는 그를 옹호하다 교도관에게 살해당한 추종자 청년입니다. 이 청년이 실시간으로 죽어 가는 소리를 들을 때, 아서의 표정은 굉장히 복잡해집니다. 많은 관객들은 그 순간 아서의 조커적인 면모가 각성하길 기대했을 것입니다. 그래서 더더욱 다음 장면에서 조커를 포기하는 모습을 보고 크게 실망하게 된 것입니다. 우리의 예상과 달리, 아서는 추종자의 죽음에 깊은 죄책감을 느낀 것 같습니다. 특히 게리와 추종자 청년 모두 자신에게 선의를 보였던 사회적 약자였다는 점이 아서를 크게 흔들어 놓았을 것입니다. 다른 시리즈의 조커와는 달리, 아서는 오직 자신에게 무례했던 이들만을 처단해 왔습니다. 그저 죽이고 봤더니 대부분이 기득권이었을 뿐입니다. 이런 우연 덕분에 조커는 기득권을 무너뜨리는 하층민의 상징이 되었습니다. 하지만 게리와 추종자 청년의 사례를 통해, 아서는 자신이 같은 하층민들에게도 고통을 주는 악당에 불과했다는 사실을 깨닫게 된 것입니다.

아서가 조커를 버린 마지막 이유는 리의 임신 소식을 진심으로 믿었기 때문입니다. 그 말을 듣는 순간 아서는 리와 평범한 가정을 꾸리고 싶었을 것입니다. 조커가 아닌 아서 플렉으로서 말입니다. 그래서 배심원단에게 솔직하게 고백하고 감형을 받고 싶었던 것으로 보입니다. 결국 그는 아무도 모르던 모친 살해 사실까지 자백하며 "조커는 존재하지 않는다"고 선언합니다. 죄를 저지른 것이 조커라는 이중인격이 아니라 오롯이 자신이었음을 인정한 것입니다. 하지만 그는 한 시간 도 채 지나지 않아 배심원단의 냉혹한 유죄 판결을 받게 됩니다. 사실 이는 당연한 결과입니다. 단순히 솔직했다는 이유만으로 어떻게 여섯 명을 살해한 범죄자를 용서할 수 있겠습니까?

아서는 분명 자신의 고백으로 조커를 소멸시킬 수 있다고 믿었던 것 같습니다. 하지만 그런 일은 일어나지 않았습니다. 그러나 적어도 자 신만큼은 조커에게서 벗어나는 데 성공합니다. 전편에서 조커가 되기 로 결심한 후 춤추며 내려갔던 그 계단을, 이제는 지워진 화장과 초라 한 몸을 이끌고 터벅터벅 올라갑니다. 괴물로 추락했던 그가 다시 인 간으로 살아가기 위해 무거운 발걸음을 옮기는 것입니다. 아서는 계 단 중간에서 리를 만납니다. 그리고 리가 부르는 마지막 노래를 듣습 니다. "엔터테인먼트는 끝났다"며 철저히 자신을 떠나 버린 리를 뒤 로 하고, 그는 경찰들에 의해 다시 계단 아래로 끌려갑니다. 하지만 이번에는 스스로 추락한 것이 아닙니다. 범죄에 대한 책임을 지는 한 인간으로서 타인의 손에 이끌려 내려간 것입니다.

마지막으로 아서가 사이코패스에게 살해당하는 순간, 조커의 그림자 는 그에게서 떠나 살인마에게 옮겨 갑니다. 아서는 삶의 마지막 순간 에 악의 짐을 완전히 내려놓았습니다. 결국 조커와의 결별을 선택하 며 죽음을 맞이한 아서는 기독교적 의미로 볼 때 죄와 피 흘리기까지 싸운 순교자라고 말할 수 있습니다. 비록 삶에서는 실패하고 버림받 았지만, 고담시 전체를 불태워 버릴 만한 악의 화신과의 영적인 전투 에서는 승리한 것입니다.

무죄 판결

최근 유튜브에서 황당한 인터뷰를 하나 접했습니다. 현재 미국에서 증가하는 무차별 상점 절도를 옹호하는 사람의 인터뷰였는데, 그의 주장은 이러했습니다. 흑인들은 지속적으로 불공평한 환경에서 자라 왔고, 따라서 백인이 운영하는 대기업의 물건을 훔치는 것은 범죄가 아니라 오히려 정의로운 행위라는 것이었습니다. 그들이 처한 어려움이 어떠한지 경험해 보지 않았으니 온전히 알 수는 없습니다. 여러 가지 사회적 부조리나 계층 차별 또한 반드시 바로잡아야 합니다. 그럼에도 명백히 잘못된 행위를 선으로 포장하는 것은 인간의 도덕적 지위를 포기하는 일입니다. 이 지위는 몇 가지 편의를 위해 쉽게 버릴 수 있는 것이 아닙니다. 동물과 우리를 구분 짓는 거의 유일한 표지이기 때문입니다. 아무 짓이나 해도 용납되는 짐승이 될 바에는, 차라리 죄인인 인간으로 남는 편이 나을 것입니다. 인간은 죄책을 느끼기 때문에 인간입니다.

이처럼 악이 제시하는 길에 속수무책으로 끌려가 달콤한 무죄 판결을 받기보다는, 정당한 양심의 가책에 따라 유죄 판결을 받는 것이 진정한 인간의 길입니다. 이것이 끔찍한 교리로 자주 오해받는 기독교의 원죄 교리에 대한 가장 적절한 해석입니다. 이 교리는 역설적이게도 우리가 인간임을 상기시켜 줍니다. 살아가며 저지른 모든 실수와 잘못들을 그저 상황이나 사회의 탓으로 합리화하는 순간, 우리는 더 이상 인간으로 남을 수 없기 때문입니다.

아서의 변호사는 그의 트라우마와 사회적 불행이 조커라는 존재를 만들어 냈다고 주장했습니다. 모든 범죄는 조커가 저질렀으며, 아서 플렉은 전적으로 무죄라는 논리였습니다. 물론 아서를 구하려는 선의에서 비롯된 주장이었으나, 결국 거짓에 기반한 무죄 선언에 불과했습니다. 이와 달리 아서는 인간으로서의 존엄을 지키고자 진실을 선택했습니다.

아서가 아무리 정직했다 하더라도, 그는 여전히 응당한 처벌을 받아야 하는 범죄자일 것입니다. 그럼에도 저는 믿고 싶습니다. 아서에게 찾아온 마지막 방문자는 제가 믿는 바로 그 구원자였을 것이라고, 그리고 그분이 "잘하였다. 착하고 충성된 종아"(마 25:21)라고 말해 주며 용기 있게 싸운 아서에게 최종 무죄 판결을 선언했을 것이라고, 말입니다. 만약 그랬다면 아서는 토머스 웨인도, 머레이 프랭클린도 아닌 진정한 하늘 아버지를 만나게 됐을 것입니다. 비록 영화 속 인물일지라도, 그가 그곳에서 평생 몰랐던 행복을 마침내 찾게 되었길 간절히 바라 봅니다.

세상의 악과 신의 침묵

[2부]

06

콘스탄틴

Constantine, 2005

루시퍼는 왜 세상의 멸망을 막았는가?

「콘스탄틴」은 세상에서 가장 재미있는 영화 중 하나입니다. TV 채널을 돌리다 우연히 마주치면 무조건 끝까지 보게 될 만큼 정말 흡입력 있는 연출과 서사를 지니고 있습니다. 액션, 퇴마, 멋있는 주인공과 만화에서 비롯된 설정들, 악마와 천사, 종교적 마법을 담은 무기 등 뭇 남성들의 로망이 담긴 모든 요소를 하나에 모아 놓은 오컬트 액션 영화이기도 합니다.

리뷰에 앞서, 우선 「콘스탄틴」이 기독교의 가치를 설파하거나 종교적 교리를 전달하려는 영화가 아니라는 점을 확실히 해두고 싶습니다. 이 영화는 오컬트 액션이라는 장르에 충실한 대중 영화입니다. 또한 이 영화에 나오는 장치들은 정통 신앙의 내용이라기보다 민속 신앙과 판타지적 상상력이 결합된 요소들입니다.

영화는 성수를 채운 스프링클러, 십자가를 녹여 만든 '홀리 샷건', 용의 숨결을 뿜어내는 화염 방사기 등 각종 매력적인 퇴마 장비들을 선보입니다. 또한 거울을 통해 지옥을 엿보거나, 고양이의 눈을 통해 잠시 저승에 다녀오는 등 오컬트 장르 특유의 상상력을 십분 발휘합니다. 이러한 장치들은 기독교적 세계관에 오락 요소와 현대적인 감각을 더해 「콘스탄틴」만의 독특한 분위기를 구축합니다.

이처럼 오컬트 장르는 기독교적 상징을 엔터테인먼트의 맥락에서 차용하고, 대중이 가진 종교의 이미지에 신비감과 공포를 덧입혀 극적인 재미를 제공합니다. 「콘스탄틴」 또한 이러한 장르적 문법을 충실히 따르고 있기에, 영화를 감상할 때는 이런 점을 염두에 둘 필요가 있습니다. 영화가 기독교의 실제 내용을 충실하게 반영했는지 여부는 크게 중요하지 않다는 것입니다. 아무도 이 영화를 통해 종교에 대한 올바른 정보를 얻으리라고 기대하지 않습니다.

하지만 이런 철저한 대중 오락 영화에서 뜻밖에 신학적으로 성찰할 만한 질문들이 발견된다면 어떨까요? 저는 「콘스탄틴」을 여러 번 감상하며 '뜬금없는' 신학적 주제들을 발견했습니다. 그중 일부는 놀라울 정도로 깊이 있는 통찰을 담고 있습니다. 이러한 부분을 중심으로 지금부터 「콘스탄틴」을 함께 살펴보겠습니다.

지옥에 떨어질 콘스탄틴의 운명

이 영화의 주인공인 콘스탄틴은 지옥에서 건너오는 악마들을 처치하는 전문 퇴마사입니다. 어렸을 적부터 영적인 존재들을 볼 수 있던 그는 이 사실이 너무 고통스러워 자살을 택했지만 지옥의 문턱에서 살아나게 됩니다. 이 자살 시도 때문에 그는 가톨릭 교회법에 따라 지옥에 갈 운명에 처하게 되었습니다. 콘스탄틴은 이를 벗어나기 위해 자신의 능력을 살려 악마를 퇴치하는 일을 시작하게 되었습니다.

어느 날 콘스탄틴이 대천사 가브리엘을 찾아가서 이렇게 말합니다. "나는 지옥에 가고 싶지 않다. 천국에 가고 싶다." 가브리엘은 단호하게 "너는 못 간다"고 답합니다. 이에 콘스탄틴은 "내가 신을 위해 악령을 퇴치하는 일을 계속해 왔는데, 이렇게 선한 행위를 많이 했으니 천국에 가게 해줘야 하는 것 아니냐"고 항변합니다.

그러자 가브리엘이 의미심장한 말을 들려줍니다. "너는 지옥행을 피하고 싶어서 그런 일을 한 것뿐이다. 그런 불순한 의도로 행한 선한 일로는 구원을 얻을 수 없다." 이는 신앙생활에서 굉장히 중요할 뿐만 아니라 신학적으로도 깊이 있는 주제입니다. 우리가 선한 행위를 하는 동기가 무엇인지를 항상 점검해야 한다는 것입니다. 겉으로는 똑같이 하나님을 위하는 행위일지라도 동기가 순수하지 않다면 동일한 가치가 아닐 수 있다는 것입니다.

기독교인 중에는 어릴 때부터 매우 엄격한 기독교 집안에서 자란 이들이 있습니다. 이들 중 일부는 율법적인 행위들을 강요받으며, 하나님의 공포스러운 면모를 계속해서 체험하도록 가르침을 받습니다. 안타깝게도 많은 사람들이 이로 인해 강박 장애에 시달리기도 합니다. 어릴 때부터 "너는 지옥에 가지 않기 위해 노력해야 해. 선한 행위를 해야 해. 하나님을 섬겨야 해"라는 생각을 계속 주입받다 보니, 그 반작용으로 무의식 속에 하나님에 대한 증오가 생겨나기도 합니다.

하지만 기독교는 은혜를 말하는 종교입니다. 기독교 작가인 C. S. 루이스는 다른 모든 종교들과 기독교의 가장 큰 차이점을 은혜라고 말합니다. 선한 행위를 강조하긴 하지만, 이는 베풀어진 은혜에 감사하는 마음에서 자발적으로 나오는 것이어야 합니다. 이것이 바로 기독교가 말하고자 하는 핵심입니다. 그렇기에 콘스탄틴이 단순히 지옥을 피하고 싶어서 악령들을 퇴치해 온 것은 진정한 기독교적 선행이 될 수 없었던 것입니다.

가브리엘의 신학적 계획

이 영화에서 대천사 가브리엘은 흑막의 역할을 합니다. 콘스탄틴은 악마들을 퇴치하고 사탄의 자식인 마몬이 이 세상에 오는 것을 막고자 최선을 다했습니다. 하지만 이 모든 계획의 배후에는 가브리엘이 있었습니다. 그렇다면 그는 왜 이런 일을 벌였을까요? 가브리엘이 인간들에게 품었던 불만 때문입니다. 이 불만을 한마디로 표현하면, 인간들이 너무 쉽게 신의 은혜를 받는다는 것입니다.

첫 번째 주제에서 말했듯이, 기독교는 은혜의 종교입니다. 하지만 가브리엘은 이것이 못마땅했습니다. "단순히 하나님을 믿고 의지하기만 하면 구원을 얻는다고?" 하지만 이게 그렇게까지 분노할 일인가에 대해서는 의문이 들 수 있습니다. 대체 어떤 점이 그를 그토록 화나게 한 것일까요? 영화를 본 대부분의 관객들은 가브리엘이 손쉽게 구원받을 수 있는 인간을 질투해서 흑막이 되었다고 생각합니다. 하지만 그는 인간에게 질투심을 품은 것이 아닙니다. 가브리엘은 이미 어떤 인간보다도 신의 은총을 받는 자리에 있었습니다. 그가 문제 삼은 것은 정의에 대한 문제였습니다.

가브리엘의 정확한 기획은 이렇습니다. 신은 인간을 너무나 사랑해서 회개만 하면 구원받을 수 있게 만들었습니다. 심지어 범죄자들조차 진정으로 회개하면 구원을 받을 수 있게 된 것입니다. 가브리엘은 이것을 정의롭지 못하다고 보았지만, 감히 신에게 반기를 들거나 인간을 향한 신의 사랑 자체를 막을 생각은 못 합니다. 그는 신이 한번 사랑하기로 작정하면 그것을 멈출 수 없다는 것을 잘 알았고, 따라서 신의 마음을 바꾸는 것보다 상대적으로 수월한 방법을 택합니다. 그 방법은 바로 인간을 신에게 사랑받을 만한 고결한 존재로 만드는 것입니다. 이를 통해 인간의 구원을 정의롭고 합당한 과정으로 바꾸고 싶었던 것입니다.

그렇다면 어떻게 인간을 고결하게 만들 수 있을까요? 가브리엘은 이런 결론을 냅니다. "인간을 고결하게 만드는 것은 결국 고통과 공포뿐이다." 이것이 그가 루시퍼의 아들인 마몬을 지구에 소환하려 한 이유입니다. 정말 터무니없는 기획이지만, 이 황당한 계획 속에는 여러 신학적 의미가 담겨 있습니다. 우선 신은 인간을 너무나 사랑하셔서 믿음과 회개만으로도 구원받을 수 있도록 만든 게 맞습니다. 현실의 기독교에서도 이렇게 가르칩니다. 진정으로 회개하고 삶을 완전히 돌이킨 사람은 범죄자일지라도 구원을 얻을 수 있습니다. 하지만 만약 이것이 전부라면, 가브리엘의 지적처럼 정의롭지 못해 보이는 것이 사실입니다.

만약 인간을 향한 신의 사랑을 멈출 수 있다고 생각했다면, 가브리엘은 신을 설득하려 했을 것입니다. 하지만 그렇게 하는 순간 그는 사탄의 역할을 자처하는 셈입니다. 하나님에게 "그만 인간을 포기하세요. 그들은 사랑받을 가치가 없습니다"라고 주장하는 것은 성경이 말하는 바, 사탄이 하는 일입니다. 하지만 가브리엘이 이 선까지 넘지는 않습니다.

사탄이 인간을 고발하는 입장이라면, 이 영화에 등장하지 않는 가장 중요한 인물인 예수는 인간을 변호하는 역할입니다. 기독교적 관점에서 전 세대에 걸쳐 모든 인간이 저지른 악의 총합은 신과의 관계에서 마치 채무처럼 존재합니다. 그리고 이 값을 치른 것이 바로 신의 아들인 예수 그리스도의 목숨입니다. 이 때문에 예수는 인간을 심판하려는 신에게 대신 항소할 자격을 지닙니다. 내가 인간이 되어 대신 값을 지불하지 않았느냐고 말해 주시는 것입니다.

「콘스탄틴」은 기독교를 소재로 한 영화일 뿐, 종교 영화가 아닙니다. 따라서 예수라는 이름은 거의 등장하지 않습니다. 따라서 이 세계관에는 인간을 향한 하나님의 편애 때문에 무너진 정의를 바로 세울 방도가 없습니다. 이것이 가브리엘의 계획이 미친 것처럼 보이면서도 일견 타당한 이유입니다. 이 영화 속 세계관에는 예수가 없기 때문입니다.

우리가 흔히 던지는 질문이 있습니다. "왜 신이 있다면 이 세상에 고통과 악이 허용되는가?" 여기에 대해 꾸준히 제기되어 온 많은 대답 중 한 가지는 이것입니다. 고통이 결국 인간을 더 고결하고 선하게 만든다는 것입니다. 저는 이것이 온전한 대답이라고 이야기하는 것은 아닙니다. 하지만 적어도 「콘스탄틴」 내의 가브리엘은 이를 굳게 믿고 있습니다. 또한 이것이 기정사실이라고 가정한 채 여러 계획을 세웁니다.

하지만 우리는 가브리엘의 생각에서 어떤 기묘한 뒤틀림을 발견합니다. 그의 생각이 논리적으로 그럴듯하지만, 그럼에도 무언가가 결여된 느낌을 받게 되는 것입니다. 왜 그럴까요? 가브리엘은 진정한 사랑이 무엇인지 알지 못하기 때문입니다. 단순히 공정성의 결여라는 논리적 측면에만 집중해서는 사랑을 알 수 없습니다. 왜냐하면 사랑은 자격 때문에 주어지는 것이 아니기 때문입니다. 최소한 기독교가 말하는 사랑은 그렇습니다. 상대방이 고결하거나 충분한 자격이 있어서 주는 것이 아니라, 그저 그 사람이라는 이유만으로 주는 것입니다. 우리는 때로 그런 사랑을 베풀지 못할 때가 있지만, 적어도 완벽한 신의 사랑은 그래야만 합니다.

신은 아직 고결하지 않은 인간조차 사랑하기로 결심했습니다. 이 영화의 신도 그랬던 것 같습니다. 그러니 가브리엘처럼 빨리 성장하라며 고통으로 몰아붙이는 것은 오히려 사랑의 본질과 어긋나 있는 행위인 것입니다. 고통이 '귀 막은 세상을 향한 신의 메가폰'이라고 말하던 C. S. 루이스조차, 아내 조이가 병으로 세상을 떠나자 신을 향해 절규합니다. 어쩌면 '신이 고통을 허용하는 이유는 그것을 통해 사람을 선하게 만들기 위해서다'라는 설명이 논리적으로는 썩 괜찮은 답변일지도 모릅니다. 하지만 인간을 향한 신의 사랑을 완벽히 설명해 주지는 못합니다.

콘스탄틴의 신학적인 해결책

콘스탄틴에 등장하는 루시퍼 곧 사탄은 가브리엘의 계획을 직접 막아서는 인물입니다. 그는 인간들에게 직접적인 공포 정치를 시행하고 싶어하지 않습니다. 대신 그는 영화 내에서 신과 내기한 대로 사람들을 조금씩 유혹해서 자발적으로 지옥에 보내려고 합니다. 이처럼 작품 속 루시퍼는 신념이 확실한 악마의 모습으로 그려집니다. 신을 정말로 공정한 게임을 통해 이겨 보고자 하는 모습으로 말입니다. 비록 영화 속 설정이긴 하지만, 이는 성경이 보여주는 사탄의 성격과도 비슷하다고 볼 수 있습니다.

사탄은 기본적으로 교만한 자입니다. 욥기에 나온 내기에서 보듯이, 그는 자신이 페어플레이를 해도 하나님을 이길 수 있다고 생각하고 있습니다. 이처럼 「콘스탄틴」의 루시퍼도 직접적인 공포로 사람들을 지배하려 하지 않습니다. 공포를 통해 사람들이 더 고결해진다면, 그것은 장기적으로 자신에게 손해라는 것도 잘 알고 있습니다. 이것이 그가 직접 내려와 자신의 아들인 마몬의 강림을 막아선 이유입니다.

C. S. 루이스가 쓴 『스크루테이프의 편지』라는 소설이 있습니다. 한 고위 악마가 자신의 조카인 하급 악마 웜우드에게 인간을 지옥으로 이끄는 방법을 설명하는 편지 형식의 이야기입니다. 웜우드는 세상에 전쟁을 일으켜서 사람들을 공포와 죽음에 빠뜨리고자 합니다. 그런데 이 이야기를 들은 삼촌 스크루테이프가 격분하며 그를 꾸짖습니다. 사람들의 육체를 죽이기 위해 영혼을 단단하게 만드는 일을 벌이면 안 된다는 것이었습니다. 그는 오히려 평화를 유지하면서 사람들이 방종하고 나태한 삶을 살게 해야 한다고 조언합니다. 이런 생각은 「콘스탄틴」의 루시퍼와 꽤 닮아 있습니다.

이 영화가 대단한 점은 이런 신학적 고찰을 액션 영화의 클라이맥스에 사용했다는 것입니다. 보통의 액션 장르 문법에 따르자면, 콘스탄틴이 결국 엄청난 능력을 갖춰서 최종 보스인 마몬과 최후의 대결을 펼치는 장면이 나와야만 합니다. 하지만 이 영화에는 마몬이 등장조차 하지 못하고 지옥으로 소환됩니다. 이것은 명백히 액션 영화의 공식을 깬 전개입니다. 모든 관객이 기대할 법한 최종 액션신을 생략하고, 신학적인 해결책으로 문제를 풀어낸 것입니다.

그렇다면 콘스탄틴은 과연 어떤 계략을 생각해 냈을까요? 우선 그는 자살을 시도함으로써 루시퍼를 소환했습니다. 자신이 죽을 때가 되면 루시퍼가 직접 영혼을 거두러 올 것을 알았기 때문입니다. 그리고 루시퍼가 가브리엘의 계획을 눈치채도록 유도합니다. 화들짝 놀란 루시퍼는 곧장 자신의 아들을 지옥으로 돌려보냅니다. 이처럼 「콘스탄틴」은 그 어떤 액션 영화나 오컬트 장르에서도 본 적이 없는 참신한 결말을 보여주고 있습니다.

콘스탄틴의 자기희생

루시퍼 앞에서 죽을 위기에 처한 콘스탄틴은 어떻게 되었을까요? 결국 그는 자기희생을 통해 구원을 얻습니다. 앞서 말했듯이, 콘스탄틴은 지옥행을 피하기 위해 악령들을 퇴치해 왔습니다. 많은 선행을 쌓아서 신에게 잘 보이려고 노력한 것입니다. 그럼에도 구원을 얻는 것이 허락되지 않았습니다. 하지만 루시퍼가 소원을 하나 들어주겠다고 말했을 때, 콘스탄틴은 자신의 구원이 아니라 다른 사람을 지옥에서 구출해 달라고 요청합니다. 루시퍼는 별것 아니라는 듯 이 소원을 들어줍니다. 그러고 나서 콘스탄틴을 지옥으로 끌고 가려 하지만, 어찌 된 일인지 끌고 갈 수가 없습니다. 결국 콘스탄틴은 하늘로 승천하며 영화 역사상 가장 우아한 '가운뎃손가락'을 날리게 됩니다.

이는 기독교의 핵심 가치로 여겨지는 자기희생을 다룬 부분입니다. 아무리 많은 악마를 퇴치해도 구원을 얻을 수 없었던 콘스탄틴은, 타인을 구하기 위해 자신의 목숨을 버리는 선택을 했을 때 비로소 천국에 합당한 사람이 되었습니다. 왜 그럴까요? 이 영화에서는 직접 나오지 않지만, 자기희생이야말로 예수 그리스도께서 구원을 위해 택하신 방식이기 때문입니다. 그러니 그분의 희생을 따르는 사람이야말로 진정으로 예수를 믿는 사람인 것입니다. 예수님은 실제로 "나더러 주여, 주여, 하는 자마다 다 천국에 갈 것이 아니요 다만 하나님의 뜻대로 행하는 자라야 들어가리라"(마 7:21)고 말씀하셨습니다. 이는 하나님께 잘 보이기 위해 "주여, 주여" 하며 요란한 종교적 행위를 하는 것보다, 오히려 조용히 자기를 희생하는 행위가 우리를 구원에 더 가깝게 만든다는 의미입니다.

루시퍼는 천국에 올라가기 직전에 콘스탄틴을 급하게 살려 냅니다.

그리고 흡연으로 암에 걸린 폐를 말끔히 고쳐 주며 이렇게 말합니다. "넌 살게 될 거야, 존 콘스탄틴. 오랫동안 살아서 증명해. 네놈의 영혼은 지옥에 어울린다고 말이야." 이는 공포를 통한 지배보다는 평화 속에서 점진적으로 타락시키기를 좋아하는 루시퍼에게 잘 어울리는 대사입니다. 지금 당장 죽여서 천국에 보낼 바에는, 무병장수시켜서 지옥에 갈 확률을 높이겠다는 계산인 것입니다.

영적 존재들이 한 인간의 영혼을 두고 다투는 이야기는 늘 우리의 호기심을 자극해 왔습니다. 이는 책이나 영화, 만화 등 다양한 매체에서 계속해서 다루는 주제입니다. 하지만 루시퍼가 보여주었듯이, 악마의 목적은 우리가 생각하는 것과 조금 다를 수 있습니다. 우리는 인생에 고난이 닥칠 때마다 그것을 사탄이 주는 시련이라고 생각하기 쉽지만, 우리가 의연히 그것을 이겨 낼 때 그는 오히려 괴로워할 것입니다. 정말로 천사, 악마, 혹은 신과 같은 영적인 존재들이 실존한다면, 그들은 우리의 현재 삶뿐만 아니라 죽음 이후의 삶에도 지대한 관심을 가질 테니 말입니다.

이 모든 일을 겪은 콘스탄틴은 결국 금연에 성공한 모습을 보여줍니다. 그러면서 자신이 결코 신의 뜻을 알지 못한다고 고백합니다. 사실 이 영화 속에서 신은 루시퍼조차 어찌할 수 없는 절대적인 존재로 그려집니다. 그럼에도 왜 루시퍼의 활동을 허용하는지, 왜 마몬이 소환되기 직전까지 막지 않았는지는 알 수 없습니다. 하지만 결과적으로 루시퍼를 통해 마몬의 출현을 막았고, 인간 세상이 지옥처럼 변하는 것을 방지했으며, 콘스탄틴의 폐암도 치유되었고, 지옥에 있던 이자벨라의 영혼도 천국으로 옮겨졌습니다. 이렇게 복잡하게 얽힌 일들이 모두 놀랍도록 잘 해결된 것입니다.

사실 막판에 루시퍼를 비웃은 것은 콘스탄틴뿐이 아닙니다. 이 모든 각본을 기획한 신이야말로 루시퍼에게 소위 '빅엿'을 먹인 셈입니다. 결국 콘스탄틴을 둘러싼 이 모든 사건으로 인해 세상의 악은 줄어들고 선만이 늘어났습니다. 이처럼 이 영화는 인간이 이해할 수 없는 방식으로 자신의 뜻을 이루는 신에 대해 말하고 있습니다. 그 과정 속에 있는 인간은 그 뜻을 파악할 수 없지만, 결과적으로는 "모든 것이 합력하여 선을 이루"(롬 8:28)었습니다.

그 외 생각할 거리들

핵심 주제들 외에도, 이 영화는 몇몇 부분에서 성경에 대한 컬트적 관심을 보여줍니다. 우선 존 콘스탄틴이라는 주인공의 이름부터 의미심장합니다. 아시다시피 존은 요한이고, 콘스탄틴은 기독교를 로마의 국교로 만든 콘스탄티누스 대제의 이름입니다. 두 이름이 합쳐져 존 콘스탄틴이 된 것입니다.

성경 속의 가장 유명한 요한은 세례 요한과 예수님의 제자 요한입니다. 전통적으로 사도 요한은 세상의 종말에 대해 말하는 요한계시록의 저자로 알려져 있습니다. 반면 콘스탄티누스 대제는 로마 제국과 결합한 기독교의 정치적 힘을 상징하는 인물입니다. 그의 행보가 바람직했는지에 대해서는 여러 의견이 있지만, 최소한 그가 상징하는 것이 기독교의 강력한 힘임은 부정할 수 없습니다.

이처럼 존 콘스탄틴은 종말론적인 분위기를 보여주면서도, 마치 콘스탄티누스처럼 기독교적 권능을 휘두르며 악령들을 물리치는 퇴마사의 이미지를 담은 이름이라고 생각합니다. 물론 제가 원작 만화를 읽지 않아서 그 안에 어떤 비화가 있는지는 모르지만, 영화만 본 입장에서는 그렇게 보였습니다.

마지막으로, 왜 하필 지옥에 있는 비밀 성경이 고린도서였을지 궁금한 분들이 계실 것입니다. 영화에 보면 지옥의 고린도서에는 추가 구절들이 있다고 합니다. 그곳에 마몬에 대한 예언이 적혀 있는 것으로 나옵니다. 실제로 신약 성경의 고린도서는 전서와 후서가 나뉘어 있습니다. 바울이 고린도교회라는 곳에 보낸 편지인데, 그 내용에 따르면 그가 보냈던 편지는 이 두 통이 전부가 아닙니다. 최소 한 개에서 두 개 이상의 편지가 더 있었지만 지금은 소실되어 그 내용을 알 수 없게 되었습니다.

이 때문에 신약학자들을 비롯한 몇몇 열정적인 성도들은 소실된 편지에 대해 큰 관심을 보입니다. 실제로 존재했으나 현재는 그 내용을 전혀 알 수 없게 된 편지, 어쩌면 성경이 되었을 수도 있었을 편지가 바로 이 고린도서의 추가 내용인 셈입니다. 혹시 감독이 이런 맥락을 알고 지옥의 추가 편지를 고린도서로 설정한 것이 아닐까 추측해 보았습니다. 만약 그렇다면 이는 감독이 기독교에 대한 깊은 이해를 지니고 있다는 증거일 것입니다.

결론: 속편을 기다리며

최근에 「콘스탄틴」의 속편 제작 소식이 발표되었습니다. 주연은 원래대로 키아누 리브스가 맡는다고 합니다. 한 명의 팬으로서 정말 반가운 소식입니다. 여러분도 속편을 기다리는 동안 이 리뷰를 통해 「콘스탄틴」에 담긴 여러 신학적 통찰을 고민해 보는 시간이 되셨기를 바랍니다. 액션 장르를 넘어서는 속편에서도 이처럼 다양한 신학적 주제들이 등장한다면, 또 한번 열심히 분석해 보고 싶습니다.

이 원만한 성취라는 의미는
십자가 위에서 예수가 외친
마지막 말씀을 떠올리게 합니다.

바로 십자가 위에서
"다 이루었다"고 말씀하신
장면입니다.

07

사바하

Svaha: The Sixth Finger, 2019

기독교로 낚고 불교로 건지는 영화?

2024년, 오컬트 장르로는 처음으로 국내 1,000만 관객을 돌파하며 많은 이들을 놀라게 한 영화가 있습니다. 바로 장재현 감독의 「파묘」입니다. 하지만 그보다 앞서 개봉한 감독의 전작 「사바하」는 깊이 있는 내용을 담고 있음에도 상대적으로 적은 관심을 받은 것이 사실입니다. 저는 이 영화가 지닌 매력을 더 많은 분들께 알리고 싶은 마음에 「파묘」 대신 이 영화를 분석해 보려 합니다.

많은 분들이 이 영화를 기독교 색채를 입힌 불교 영화로 해석합니다. 물론 그렇게 해석될 여지도 충분히 있습니다. 문제는 '이 영화를 기독교 신자들이 보면 굉장히 불편할 것'이라는 시각이 지배적인 여론이었다는 점입니다. 저에게는 이 영화가 꽤나 기독교적으로 보였습니다. 이후 인터뷰를 찾아보니 역시 감독이 기독교인이었습니다.

이 영화는 처음부터 끝까지 기독교적 관점으로만 해석해도 충분히 풀리는 작품입니다. 우선 「사바하」에는 핵심 모티브가 되는 사건이 하나 있습니다. 바로 예수의 탄생 당시 헤롯대왕이 베들레헴 마을의 유아들을 학살한 사건입니다. 이 모티브는 영화에서도 직접 언급됩니다. 이러한 성경 속 장면들을 통해 영화가 제기하는 핵심 주제는 흔히

'고통의 문제'라 불리는 질문입니다. 박웅재 목사가 차 안에서 고요섭 전도사에게 선교사 친구 이야기를 들려주며 던졌던 바로 그 질문 말입니다.

우선 고통의 문제는 크게 두 부분으로 나눌 수 있습니다. 첫째로, '세상에 악과 고통이 가득한데, 이것은 신의 뜻인가?' 둘째로, '만약 이것이 신의 뜻이 아니라면, 우리가 고통받을 때 신은 어디에 있는가?' 이러한 질문들은 기독교에서 금기시되는 질문이 아니라, 오히려 신앙인이라면 누구나 묻는 핵심적인 질문이라고 볼 수 있습니다. 또한 이는 성경의 가장 중심적인 주제이기도 합니다. 성경에 등장하는 위대한 인물들 역시 이러한 질문을 거리낌 없이 던지고는 했습니다.

이 영화는 이러한 질문들에 대해 기독교적인 답변을 시도하면서도, 최종적인 판단은 관객들에게 맡기고 있습니다. 이제부터 이야기를 따라가며 이러한 주제들을 면밀히 분석해 보겠습니다.

이 영화에 등장하는 두 신(神)

「사바하」에는 두 명의 신적인 존재가 등장합니다. 첫 번째는 영화 맨 처음에 등장하는 '그것'이라고 불리는 존재입니다. 이금화라는 소녀와 함께 쌍둥이로 출산되었지만, 사실은 정상적으로 잉태된 존재가 아닙니다. 영화의 도입부는 '엄마 뱃속에 숨어 있던 존재'라는 묘사와 함께 자궁을 묘사한 그림을 보여주는데, '그것'에게는 탯줄이 없습니다. 그래서 함께 잉태된 이금화의 다리를 뜯어먹고 성장합니다. 이는 자연적 과정에서 벗어난 '그것'의 신비로운 탄생을 통해 그리스도의 동정녀 탄생을 떠올리게 만드는 장치입니다.

또한 '그것'은 굉장히 털이 많은 존재로 나옵니다. 여기서 창세기의 쌍둥이 형제인 에서와 야곱을 떠올릴 수 있습니다. 창세기에서 형인 에서 또한 털이 수북한 사람으로 묘사되기 때문입니다. 주목할 점은 이 영화에 의도적으로 선악을 뒤틀어 놓는 요소가 많다는 것입니다. 창세기에서는 동생 야곱이 형 에서의 발 뒷꿈치를 잡고 태어나지만, 이 영화에서는 악한 역할처럼 보이는 '그것'이 동생 이금화의 다리를 이빨로 붙듭니다. 이는 성경의 메타포를 알아챈 눈치 빠른 관객에게, '그것'의 정체가 선인지 악인지를 모호하게 만드는 장치입니다.

이 탄생 비화에는 불교적 메타포도 하나 들어 있습니다. 바로 이 쌍둥이의 어머니가 출산 1주일 후에 죽는다는 점입니다. 이는 마야 부인이 석가모니를 낳고 1주일 후에 죽는 모습과 겹쳐 보입니다. 이처럼 '그것'의 출생 장면에는 예수, 야곱과 에서, 그리고 석가모니라는 의미심장한 인물들의 상징이 세 겹이나 싸여 있습니다.

영화 속에 등장하는 두 번째 신적 존재는 바로 김제석입니다. 그의 이름은 제석천왕에서 따온 것으로, 사천왕을 다스리는 인도의 신을 의미합니다. 감독의 인터뷰에 따르면, 김제석은 극에서 헤롯대왕의 역할을 맡고 있습니다. 사천왕으로 지목된 청년들은 로마 군병을 상징하며, 이 비극은 동방 박사 역할을 하는 티벳 대승의 예언으로부터 시작됩니다. "당신이 태어난 지 100년이 되는 해에 당신이 태어난 땅에서 천적이 태어나 당신을 파멸시킬 것이다." 김제석은 이 예언을 들은 후부터 영월에서 태어난 여자아이들을 죽이기 시작했습니다.

「사바하」는 비유를 비교적 선명하게 드러내는 영화입니다. 작품 속 모든 사건이 크리스마스 시즌에 일어나며, 탄생 예언과 헤롯의 학살 모티브 등이 관객에게 직접적인 단서를 제공합니다. 관객으로 하여금 '그렇다면 누가 예수, 곧 구원자의 역할을 하는가?'라는 질문을 던지도록 만드는 것입니다. 이 질문은 김제석이 쓴 예언 경전에 뱀과 미륵의 대결 구도에서 그대로 이어집니다. 이 장면에서 고요셉 전도사는 더욱 명확한 힌트를 던지고 있습니다. "여기서 뱀은 마치 기독교의 사탄 같은 거네요?" 이로 인해 관객의 관심은 자연스럽게 누가 구원자이고 누가 사탄인지를 찾는 데 집중됩니다.

많은 사람들이 이 영화가 초중반부에 기독교의 '떡밥'을 물려 놓고, 후반부는 불교적으로 풀어 간다고 보았습니다. 하지만 기독교적 시선을 일관되게 적용한다면, 초중반부는 가짜 기독교, 곧 이분법적 사고에서 벗어나지 못한 기독교를 뜻하고, 후반부는 진짜 신약 성경에서 말하는 기독교를 보여준다고 말할 수 있습니다. 여기서 '가짜'라는 말은 이단 교파를 뜻하는 게 아닙니다. 정통 교파 안에서도 가짜 기독교를 진짜라고 이해하고 있는 사람들이 정말 많습니다.

저는 영화 초반부의 떡밥을 '가짜 기독교'라고 지칭했습니다. 더 구체적으로 말하자면, 신약 성경에 묘사된 유대교 지도자들이 가졌던 선과 악에 대한 이해가 바로 '가짜 기독교'가 믿는 바입니다. 메시아를 기다리던 1세기 유대교인들은 이 영화의 초반부에서 속아 넘어간 관객과 매우 비슷한 관점을 지니고 있었습니다. '선과 악은 출생 신분으로부터 결정되며, 한번 정해지면 절대 바뀌지 않는다.'

세례 요한은 자신에게 세례를 받기 위해 찾아온 유대인들에게 이렇게 말합니다. "너희가 아브라함의 자손이라고 자랑하지 마라. 하나님은 돌로도 아브라함의 자손을 만들 수 있다"(눅 3:8 참조). 한마디로 출신 성분으로 선과 악을 나누지 말고, 자신을 돌아보며 똑바로 살라는 뜻입니다. 하지만 이 말을 들은 사람들은 여전히 선과 악의 구도를 두부 자르듯 깔끔하게 나눴습니다. 죄인이나 이교도와는 아예 상종조차 하지 않았던 것입니다. 바로 이런 태도를 답습하는 것이 '가짜 기독교'

의 특징입니다.

고통의 기원

그렇다면 선과 악에 대한 진짜 기독교적 이해는 무엇일까요? 이는 「사바하」에 등장하는 불교의 사상과 크게 다르지 않습니다. 해안 스님이 박웅재 목사에게 이렇게 말하는 장면이 있습니다. "선배, 불교에는 악이 존재하지 않습니다." 이를 듣고 불교에도 분명히 악귀들이 등장하지 않느냐는 박 목사의 말에 스님은 한 마디 덧붙입니다. "그건 기독교적 편견이에요. 그것들, 즉 마라 파이야스, 파순, 악귀 등의 어원을 따라가면 결국 인간의 욕망과 집착의 표현일 뿐입니다. 굳이 말하자면 그게 악인 거죠." 이 대사가 「사바하」를 이해하는 가장 중요한 열쇠입니다.

여기서 절대 오해하시면 안 됩니다. 이 영화는 '선과 악이란 없으며, 옳고 그름은 그저 인간이 정하는 것'이라는 메시지를 전달하고 있지 않습니다. 이는 실제로 불교의 메시지도 아닙니다. 영화에서 해안 스님이 말한 "불교에는 악이 없습니다"라는 말의 진정한 의미는, '불교에는 태생적으로 정해진 악마적 존재란 없다'는 뜻입니다. 태어날 때부터 악마인 사람은 없지만, 집착과 욕망으로 인해 사람이 악한 존재로 변해 간다고 본다는 것입니다. 그리고 그 악의 결과가 바로 고통입니다. 부처님이 처음으로 깊은 충격을 받고 고행의 길을 시작하신 것도 바로 이러한 고통을 목격했기 때문이었습니다.

해안 스님의 말 중에 이 말을 주목해 봅시다. "그건 기독교적 편견이에요." 영화 초반부에 문어 스님의 입에서도 비슷한 대사가 나옵니다.

"그런 기독교적 이분법으로는 진리를 찾기 어렵습니다." 이처럼 감독은 기독교 신자임에도 불구하고 영화 속 스님들의 입을 통해 선과 악을 두부 자르듯 나누는 기독교적 편견을 비판하고 있습니다.

이것이 바로 가짜 기독교가 믿는 바입니다. 진짜 기독교는 영화 중 스님들의 대사와 마찬가지로 악과 고통이 인간의 욕망에서 비롯되었다고 말합니다. 창세기를 보면, 첫 인간인 아담과 하와는 처음에 죄가 없었습니다. 그런데 뱀이 와서 이렇게 유혹합니다. "하나님이 먹지 말라 하신 이 열매를 먹으면, 너희 눈이 밝아져서 하나님처럼 될 수 있다"(창 3:5 참조). 다시 말해, 신이 될 수 있다는 말이었습니다. 여기서 뱀이 한 일은 그저 욕망을 부추겨 세상에 악을 들여온 것입니다. 주목할 점은 이 뱀이 에덴동산 밖이 아닌 내부에 있었다는 사실입니다. 이는 우리에게 '악은 외부가 아닌 인간 내면의 욕망에서 비롯된다'는 메시지를 줍니다.

이처럼 성경의 첫 이야기에서부터 가짜 기독교의 편견을 비판하고 있음에도, 많은 기독교인은 악의 원인을 외부에서 찾습니다. 종교 내부, 더 나아가 자신의 마음속에 자리 잡은 욕망이라는 악을 보지 못하는 것입니다. 이는 마치 이 영화를 보는 관객이 '누가 사탄인가?'라는 질문에만 집중하는 모습과 비슷합니다. 예를 들어 어떤 가수가 일루미나티의 손동작을 했다거나, 어떤 노래가 악마에게 빙의되어 쓰였다고 하거나, 심지어 정신 질환자를 귀신 들렸다며 병원에 데려가는 대신 기도로만 대처하는 일들이 있습니다. 또한 자신의 잘못을 사탄의 유혹 탓으로 돌리거나, 이성애자인 자신은 선하고 동성애자들은 무조건 악하다고 여기거나, '누군가가 적그리스도다'라는 근거 없는 낭설을 퍼뜨리기도 합니다.

이분법적 기독교, 가짜 기독교, 어떤 말로 표현하든 동일합니다. 이것이야말로 영화에서 진정으로 비판하는 대상입니다. 영화의 한 장면에서 이금화의 할머니는 가톨릭, 개신교, 정교회 세 교파의 상징을 모두 동원하여 외부의 악령을 쫓으려 합니다. 찬송가를 부르며 방언을 하고, 심지어 중세 가톨릭 시대 이후 사라진 채찍 수행까지 동원합니다. 가짜 기독교를 맹신하는 행태를 여실히 보여주는 장면입니다.

다시 창세기로 돌아가면, 아담은 욕망 때문에 금단의 열매를 먹었고, 이로 인해 세상에 악이 들어오게 됩니다. 불교와 마찬가지로 성경 또한 악의 결과는 고통이라고 말합니다. 남자에게는 생존을 위해 피와 땀을 흘려야만 하는 제약이, 하와에게는 남자에 대한 종속과 해산의 고통이라는 제약이 걸려 버렸습니다. 이것은 하나님이 의도한 원래의 설계가 아니라, 악이 초래한 고통이라는 것입니다.

이처럼 악과 고통은 한 세트이며, 신약 성경의 로마서에도 "죄의 삯은 사망"(롬 6:23)이라는 표현이 나옵니다. 고통의 끝은 결국 사망으로 이어지기 때문입니다. 영화 속에서 감독은 윤회 사상에 대해 부정적인 태도를 몇 차례의 대사를 통해 보여주는데, 여기서는 논외로 하겠습니다. 요약하자면, 불교와 기독교는 인류와 선악의 기원에 대해 비슷한 진단을 내립니다. 다만 해결책에서 갈릴 뿐입니다. 마치 양의학과 한의학이 같은 병을 두고도 서로 다른 치료법을 제시하는 것과 비슷합니다.

고통은 신의 뜻인가?

김제석의 모티브가 된 헤롯대왕에 대해서도 이야기해 보겠습니다. 헤롯대왕은 유대인 혈통은 아니었지만, 뛰어난 정치 수완으로 당시

지중해 패권국이었던 로마제국으로부터 이스라엘의 자치권을 상당히 보장받았습니다. 그는 광개토대왕급의 영토 확장으로 이스라엘의 풍요를 이끌었고, 유대인들의 환심을 사기 위해 예루살렘 성전을 화려하게 보수했습니다. 덕분에 당시 사람들로부터 폭넓은 지지도 받았습니다. 그리고 그는 현재도 공식 명칭이 '헤롯대왕(Herod the Great)'일 정도로 많은 유대인의 존경을 받고 있습니다. 이는 마치 김제석이 사람들의 눈에 훌륭한 스승으로 비쳤던 것과 비슷하다고 볼 수 있습니다.

어느 날 헤롯은 동방 박사들로부터 베들레헴 지방에서 유대인의 왕이 태어날 것이라는 소식을 듣습니다. 역사적 기록을 보면, 헤롯은 자신의 왕권을 지키기 위해 아내와 자식들마저 죽일 정도로 잔혹한 인물이었습니다. 그런 헤롯에게 이 예언은 자신의 왕권을 빼앗을 위협적인 존재에 대한 예고로 들렸을 것입니다. 이와 비슷하게 김제석도 티벳 대승으로부터 "1999년 영월에서 당신을 파멸시킬 여자아이가 태어날 것"이라는 예언을 듣게 됩니다. 그 순간 김제석의 눈빛이 변했다고 합니다. 불교적 해탈의 경지까지 올랐던 선한 존재가 집착과 욕망 때문에 유아 학살을 저지르는 악인으로 타락했다는 뜻입니다.

박웅재 목사는 헤롯 사건을 이렇게 해석합니다. "크리스마스는 사실 엄청나게 슬픈 날이야. 아기 예수가 태어나기 위해 베들레헴의 수많은 아이들이 죽었거든." 이 해석은 박 목사 내면의 깊은 의문을 되살리는 역할을 합니다. 박 목사는 한 선교사 친구의 이야기를 들려줍니다. 신실한 기독교인이었던 이 선교사는 결혼 직후 남아공으로 선교를 떠났지만, 한 무슬림 아이가 쏜 총에 아내와 두 아이를 잃고 홀로 돌아오게 됩니다. 박웅재 목사는 참담한 표정으로 덧붙입니다. "두 살 난 아들도, 갓 태어난 딸도 모두 죽었어. 그런데 그 13살짜리 무슬림 아이가 한 말이 뭔지 알아? '신의 뜻'이래." 하지만 「사바하」의 프리퀄 웹툰을 보면 이 이야기가 친구가 아닌 박 목사 자신의 이야기라는 사실을 알 수 있습니다. 목사직은 여전히 유지하고 있지만, 그럼에도 심각한 트라우마로부터 헤어나오지 못하고 신앙적 회의에 빠진 상태인 것입니다.

영화는 첫 번째 질문이었던 '고통은 신의 뜻인가'에 대해 간접적으로 답을 제시합니다. 이를 보여주는 장치가 바로 헤롯을 상징하는 김제석의 욕망입니다. 영화는 그가 저지른 여아 학살을 신이 주도한 사건으로 표현하지 않습니다. 또한 구원자가 태어나기 위한 조건이었다고 말하지도 않습니다. 여아 학살은 단지 김제석 개인의 욕망이 빚어낸 비극이었습니다. 해탈의 경지에 올라 영생에 가까운 생명을 얻었던 김제석이었지만, 결국 죽고 싶지 않다는 욕심 때문에 81명이나 되는 여아를 학살하게 된 것입니다. 마찬가지로 영화는 베들레헴의 유아 학살 또한 신이 아닌 헤롯의 욕망 때문에 벌어진 일이라고 간접적으로 설명하고 있습니다.

영화 속에 갑자기 코끼리가 등장하는 장면이 있는데, 이는 상당히 의미심장합니다. 코끼리 앞에서 정나한과 마주한 김제석은 옛 인도의 일화를 들려줍니다. 코끼리의 눈을 보고 공포를 느낀다면 그 사람의 마음이 악하다는 증거로 여겼다는 것입니다. 그러면서 자신은 그 눈이 무섭다고 말하며, 스스로가 악인이라는 사실을 드러냅니다. 이후 코끼리와 정나한을 총으로 쏘기 직전, 뜬금없이 "이 코끼리는 배송비 포함 9,000만 원이 들었다"는 말까지 덧붙입니다. 불교에서 코끼리는 신성한 동물로 여겨집니다. 마야 부인이 석가모니를 낳기 전에 꾼 태몽에서 코끼리가 뱃속으로 들어왔기 때문입니다. 따라서 코끼리는 석가모니를 상징한다고 볼 수 있습니다. 그런 코끼리를 총으로 쏘면서까지 김제석이 내뱉은 말은 결국 돈에 관한 것이었습니다. 이는 욕망 때문에 그동안 쌓아 올린 모든 선한 것을 변질시킨 한 끔찍한 도인의 모습을 보여줍니다.

불교에서는 김제석처럼 완전한 해탈의 경지에 이른 사람은 더 이상 욕망을 품을 수 없는 상태가 된다고 합니다. 하지만 감독은 이런 불교의 사상을 알면서도 오히려 자신의 견해를 밀어붙인 것으로 보입니다. 아무리 해탈의 경지에 오른 사람처럼 보여도 다시 악해질 수 있다는 것입니다. 그리고 세상의 고통은 대부분 신이 아니라 스스로 악해지기를 선택한 악인들로 인해 촉발되는 것입니다.

'그것'은 무엇을 상징하는가?

만약 고통이 신의 뜻이 아니라고 할지라도, 영화에는 두 번째 질문이 남아 있습니다. '인간이 고통받을 때 신은 과연 어디에 계시는가?' 「사바하」는 이에 대해서도 기독교적 답변을 내놓고 있습니다. 중요한 것은 이 답변의 내용이 영화 속 인물들은 물론, 감독 자신에게도 여전히 의심스러운 것으로 보인다는 사실입니다. 비록 답을 말하기는 하지만, 그것이 옳은 답인지에 대해서는 감독도 자신이 없는 것입니다.

우선 영화가 제시하는 이 문제의 해답은 예수의 십자가 사건입니다. 이는 '그것'의 존재를 통해 드러납니다. 언뜻 보기에는 악마의 형상을 지닌 것 같은 '그것'이지만, 저는 이 인물이 예수 그리스도를 상징한다고 보았습니다. 여기에는 여러 가지 근거가 있습니다. 첫째로, 이 영화에는 노골적일 정도로 십자가 클로즈업 장면이 자주 등장합니다. 단순한 배경이라고 보기에는 너무나 의도적으로 크게 잡히는 장면들이 많습니다. 특별히 이 십자가는 오프닝과 엔딩의 타이틀 표기에서도 드러나는데, 이후에 더 자세히 살펴보겠습니다.

둘째로, '그것'이 겉보기에는 매우 악해 보이지만, 실제로는 어떤 잘못도 저지른 적이 없다는 점입니다. 이는 1세기 사람들이 예수를 바라보았던 시선과 같습니다. 사실 우리는 이미 기독교가 세계를 한 차례 지배하고 모든 문화와 예술에 영향을 미친 시대를 살고 있습니다. 그래서 기독교인이든 아니든 예수를 자연스럽게 선한 인간의 상징으로 받아들입니다. 하지만 그분과 동시대를 살았던 사람들의 시각은 완전히 달랐습니다. 예수님의 고향인 나사렛은 작은 시골 마을이었고, 사람들은 그를 보며 이런 말을 하곤 했습니다. "나사렛에서 무슨 선한 것이 날 수 있느냐"(요 1:46). 이는 예수를 단순히 보잘것없는 존재가 아닌, 악한 존재로까지 여겼다는 사실을 보여줍니다. 선의 반대가 악일 테니 말입니다.

또 다른 예가 있습니다. 예수님을 반대했던 사람들은 그가 사탄의 힘을 빌려 기적을 일으켰다고 매도했습니다. 이에 예수님은 사탄이 어떻게 사탄을 대적하겠느냐고 반론까지 펼칩니다. 이는 드물게 마태복음, 마가복음, 누가복음 세 군데에서 모두 언급되는 장면으로, 당시 예수를 사탄의 하수인으로 보는 시각이 있었음을 보여줍니다. 「사바하」의 '그것' 역시 주술적 능력으로 동물을 죽이는 것처럼 보이지만, 사실상 직접적인 상관관계는 드러나지 않습니다. 새를 조종하는 장면도 이미 편견을 가진 관객에게 불길하게 다가왔을 뿐, 사실은 동생을 살리려고 한 일이었습니다. 누군가는 '그것'이 처음에는 악의 화신이었다가 이후 선 쪽으로 기울어진 존재라고 해석합니다. 하지만 이는 개연성이 떨어집니다. '그것'이 마음만 먹었다면 처음부터 자신을 가둔 일가족을 몰살하고도 남았을 것입니다. 그러나 '그것'은 그렇게 하지 않았습니다. 오히려 동생이 농약을 탄 밥을 먹고 죽을 위기를 넘깁니다.

흥미로운 점은 예수님의 동생들도 처음에는 예수님을 믿지 않고 반대했다는 점입니다. 예수님을 죽이기 위해 종교 지도자들이 고발한 죄목은 신성 모독죄였습니다. 이후 그가 잡혀가자, 예수님을 따르던 사람들조차 결국 등을 돌렸습니다. 왜 그랬을까요? 구약 성경의 신명기에는 이런 구절이 나옵니다. "나무에 달린 자는 하나님께 저주를 받았음이니라"(신 21:23). 유대인 청중들에게 십자가에 달린 예수의 모습이 하나님께 저주받은 자처럼 보였기 때문입니다. 그러니 그가 정말로 신성모독자였을지도 모른다고 생각한 것입니다. 하지만 기독교의 핵심은 부활을 통해 예수님이 악마가 아닌 하나님의 아들이었음이 드러났다는 것입니다. 예수님은 구원자였고, 죄가 없는 사람이었습니다. 이것이 초기 기독교의 극적인 역전입니다. 「사바하」 또한 '그것'이 자신의 무죄를 입증하고, 결국 죽음을 통해 사람들의 구원자가 되는 모습을 보여줍니다.

'그것'이 예수 그리스도를 상징하는 세 번째 이유는 이 영화가 '그것'의 정체를 뱀이라고 암시하기 때문입니다. 대다수의 리뷰어들은 뱀이 기독교에서는 사탄을, 불교에서는 선을 상징한다며, 영화가 초반의 기독교적 상징을 후반부에 불교적으로 뒤집었다고 분석했습니다. 하지만 기독교에서도 뱀이 이중적 의미를 지닌다는 사실을 언급한 이는 없었습니다. 성경에서 뱀은 사탄의 상징이면서 동시에 구원을, 그리고 그리스도를 상징합니다.

이를 입증할 성경 구절을 살펴보겠습니다. "모세가 광야에서 뱀을 든 것같이 인자도 들려야 하리니"(요 3:14-15). 이것은 예수님이 직접 하신 말씀입니다. 모세가 광야에서 뱀을 들었다는 것은 구약 성경 초반에 나오는 한 사건을 가리킵니다. 광야에서 이스라엘 백성들이 하나님을 원망하고 불평하다가 집단으로 독사에 물려 저주를 받게 됩니다. 하지만 동시에 구원의 방법도 주어졌는데, 모세가 놋으로 만든 뱀의 형상을 높이 들어올려서 이것을 바라보는 사람마다 치유받게 된 것입니다(민 21:4-9).

그렇다면 광야에서 뱀을 든 것같이 인자도 들려야 한다는 말의 의미는, 모세가 들었던 놋뱀이 가져왔던 구원의 효력을 예수님 자신도 십자가 위에서 이루겠다는 것입니다. 그러니까 '내가 곧 구원의 뱀'이라는 뜻입니다. 영화 속에서 사탄적 의미의 뱀처럼 보였던 '그것'은 이 지점에서 결국 예수의 구원을 상징하는 뱀으로 밝혀지는 것입니다. 그렇다면 사탄적 의미의 '뱀'은 어디에 적용되는 것일까요? 오히려 불교 출신의 인물인 김제석이 불타 죽는 장면에 적용됩니다. "뱀은 불타고, 법은 이루어질 것이다."

마지막으로, '그것'이 정나한과 만났을 때 하는 의미심장한 대사가 있습니다. "나는 함께 울고 있는 자다." 사실 기독교인이라면 여기서 바로 예수님을 떠올리게 됩니다. 특히 '그것'이 겪은 수많은 고난 때문입니다. 기독교적 표현으로는 멸시와 핍박을 받은 것입니다. 그래서 갇혀 있던 '그것'의 울음소리가 그토록 구슬프게 들리는 것입니다. 짐승들이 있는 헛간 창고에 갇혀 있는 듯한 '그것'의 모습은 예수의 마굿간 탄생을 연상시키기도 합니다.

기독교 내부에도 십자가 사건에 대한 여러 해석이 있습니다. 그중 최근에 주목받는 관점은 신이 인간과 함께 고통받음으로써 인간을 진정으로 공감하게 되었다는 측면입니다. 독일의 신학자 위르겐 몰트만은 오직 고난받는 하나님만이 도울 수 있다고 말합니다. 성경 내부에도 이런 측면을 명확히 보여주는 구절이 있습니다. 히브리서 4:15에는 "우리에게 있는 대제사장은 우리의 연약함을 동정하지 못하실 이가 아니요 모든 일에 우리와 똑같이 시험을 받으신 이로되 죄는 없으시니라"고 기록되어 있습니다. 여기서 대제사장은 예수님을 가리키며, 그분이 인간과 똑같이 고통을 당했기에 우리의 연약함을 동정할 수 있다는 의미입니다. 실제로 신약 성경에는 예수님이 사람들을 바라보며 우는 장면이 세 번이나 등장합니다. 그분이 우리와 함께 우셨다는 것입니다. 이는 '그것'이 "나는 함께 울고 있는 자"라고 말하는 장면과 일맥상통합니다. 그리고 이는 기독교 신자들에게도 주어진 명령입니다. 로마서 12장은 이렇게 말합니다. "즐거워하는 자들과 함께 즐거워하고 우는 자들과 함께 울라"(15절).

크리스마스 폭죽

영화의 후반부에 이르러 정나한과 김제석은 사망하게 됩니다. 그러자 멀리서 크리스마스 폭죽이 터집니다. 박 목사를 포함한 몇몇 인물들은 이 폭죽을 씁쓸하게 바라봅니다. 이후 경찰이 와서 이런 보고를 들려줍니다. "출생 신고도 안 한 쌍둥이가 하나 있었는데, 걔가 죽었답니다." 이는 결국 '그것'이 죽었다는 사실, 곧 예수의 죽음을 상징합니다. 그 뒤에는 정나한이 죽어 있는 장면이 클로즈업으로 이어집니다. 박 목사의 말처럼, 예수님이 탄생할 때 베들레헴의 아이들은 죽어나 갔습니다. 심지어 그곳에서 극적으로 살아남은 예수도 결국 30여 년 뒤에 처참하게 처형당하게 됩니다. 이런 사실이 폭죽을 터뜨릴 일은 아닐 것입니다. 그런데도 왜 사람들은 크리스마스를 기쁘게 기념하는 것일까요? 예수님이 인간을 고통과 죽음으로부터 구원해 낸 존재라고 믿으며, 그분의 죽음이야말로 그 구원의 방법이었다고 생각하기 때문입니다.

기독교는 예수가 죽은 지 3일 뒤에 부활했다고 말합니다. 그리고 이 부활이 예수를 믿고 따르는 자들에게도 동일하게 주어진다고 합니다. 이것의 진위 여부는 여기서 논할 일이 아닙니다. 하지만 부활이 정말로 사실이라면, 십자가는 결국 죽음을 무력화하는 수단이 됩니다. 상대가 할 수 있는 공격을 모두 받아 낸 후, 그것이 소용 없음을 철저히 보여준 셈이기 때문입니다. 그래서 십자가와 부활을 죽음에 대한 승리로 자주 표현하는 것입니다. 예수님은 결국 다시 오시겠다는 약속과 함께 승천하셨습니다. 그리고 남겨진 기독교인의 역할은 그분의 부활과 재림 사이의 시간에 계속해서 악과 맞서 싸우는 것입니다. 그런데 이 악은 외부에 있지 않습니다. 오히려 우리 내부에 도사리고 있습니다. 사람들 사이의 폭력과 악은 결국 욕망에서 비롯되며, 따라서 우리는 자신의 욕망과 가장 먼저 싸워야 합니다. 이 싸움에서 패배한 김제석은 결국 스스로 외부에까지 위협을 끼치는 악이 되어 버렸습니다.

결국 '그것'은 자신의 의지를 잇는 정나한을 통해 김제석을 죽입니다. 이는 마치 예수님이 자신의 제자들에게 이후의 일을 맡기신 것과 같습니다. 그런데 정나한이란 사람은 이전에 어떤 사람이었을까요? 자기 아버지를 죽였고, 비록 속아서 행했다 할지라도 수많은 소녀들을 살해한 극악무도한 살인마였습니다. 하지만 설령 이런 사람이라도 예수에게 감화되면 선한 가치를 위해 싸울 수 있다는 것, 그리고 그것을 위해 죽음을 불사하게 된다는 것이 바로 기독교가 말하는 회심입니다.

가장 큰 문제는 이 모든 사실을 믿을 수 있느냐는 것입니다. 박웅재 목사와 고요셉 전도사는 여전히 의심스러운 눈초리로 폭죽을 바라보고 있습니다. 몸의 부활, 그리고 이를 원동력으로 삼는 선의 실천을 믿는다는 것은 쉽지 않은 일이기 때문입니다. 목회자인 그들이 의심했듯, 그 누구라도 이 사실을 쉽게 받아들이기 어려운 게 당연합니다.

'사바하'란 무엇인가

'사바하'는 '원만한 성취'라는 뜻입니다. 불교에서는 이를 진언의 마지막에 붙여 기독교의 '아멘'과 비슷한 용도로 사용합니다. 그런데 이 원만한 성취라는 의미는 십자가 위에서 예수가 외친 마지막 말씀을 떠올리게 합니다. 바로 십자가 위에서 "다 이루었다"고 말씀하신 장면입니다. "예수께서 신 포도주를 받으신 후에 이르시되 다 이루었다 하시고 머리를 숙이시니 영혼이 떠나가시니라"(요 19:30).

박웅재 목사는 마지막까지 예수께서 십자가 위에서 '다 이루었다'는 사실을 받아들이기 어려워합니다. 그 옆의 고요셉 전도사도, 영화를 만든 감독도, 사실은 이 리뷰를 쓰는 저 또한 마찬가지입니다. 십자가에서 인류 최대의 문제가 '다 이루어졌다'고 믿는 것은 생각만큼 쉬운 일이 아닙니다. 특히 눈앞에 실시간으로 고통받는 사람들이 넘쳐나는 상황에서는 더욱 그렇습니다.

뉴욕의 유명 설교자였던 팀 켈러 목사는 『고통에 답하다』라는 저서에서 고통을 대하는 기독교인의 자세를 세 단계로 설명합니다. 첫째는 우는 것, 둘째는 그럼에도 불구하고 하나님을 의지하는 것, 셋째는 기도하는 것입니다. 공교롭게도 박웅재 목사는 이 세 가지를 전부 거치고 있습니다.

첫째로, 우는 일에는 원망과 의심이 포함됩니다. 박웅재 목사는 늘 불평하고 의심하지만 하나님의 곁을 떠나지 못합니다. 오히려 자기 자신을 설득하고 싶어서 무던히 노력합니다. 또한 사바하의 프리퀄 웹툰에는 그가 충격에 빠져 눈물을 흘리는 장면이 나옵니다. 첫 번째 단계인 우는 일을 거친 것입니다.

둘째로, 박 목사는 신에게 의지하는 사람입니다. 겉으로 내뱉는 말만 보면 신에게 회의감을 품은 듯하지만, 실제로는 신을 꼭 만나고 싶어 합니다. 그 열망 때문에 기독교를 완전히 떠나지 못하고 이단 감별소를 운영하며 살아가는 것입니다. 이는 역설적이게도 그가 원망하면서도 동시에 의지할 만한 곳이 결국 하나님밖에 없다는 사실을 보여줍니다.

마지막으로 박 목사는 영화 속에서 두 차례나 기도합니다. 기도는 하나님께 자신의 마음을 털어놓는 행위이며, 박 목사가 시편을 읊은 것 역시 기도라 할 수 있습니다. 그리고 원래 시편 대부분이 기도문이기도 합니다. 이처럼 박 목사는 기독교인이 고통을 이겨 내기 위한 단계를 차례대로 통과하는 중입니다. 겉으로는 기독교에 회의를 품고 등을 돌린 듯하지만, 사실은 누구보다도 신앙을 되찾고 싶어 하는 구도자인 것입니다.

그렇다면 박 목사는 어떤 시편 구절을 읊었을까요? 특별히 영화의 마지막 장면에서 암송한 시편 구절은 전체 주제에 있어 굉장히 중요합니다. 박 목사는 시편 44:23-26을 읊조립니다.

어디 계시나이까. 우리를 잊으셨나이까. 어찌하여 당신의 얼굴을 가리시고 그렇게 울고만 계시나이까. 깨어나소서. 저희의 울음과 탄식을 들어 주소서. 일어나소서. 당신의 인자함으로 우리를 악으로부터 구하시고 저희의 기도를 들어 주소서.

사실 이 구절은 원문을 의도적으로 변형한 내용입니다. 원래의 시편 44편은 다음과 같습니다.

주여, 깨소서. 어찌하여 주무시나이까. 일어나시고 우리를 영원히 버리지 마소서. 어찌하여 주의 얼굴을 가리시고 우리의 고난과 압제를 잊으시나이까. 우리 영혼은 진토 속에 파묻히고 우리 몸은 땅에 붙었나이다. 일어나 우리를 도우소서. 주의 인자하심으로 말미암아 우리를 구원하소서.

이 변형은 대부분은 생략을 통해 이루어졌는데, 반대로 삽입된 부분이 하나 있습니다. 바로 "어찌하여 그렇게 울고만 계시나이까"라는 부분입니다. 원래 시편 44편에는 이런 구절이 없고, 심지어 구약 성경에는 하나님이 우신다는 표현이 단 한 번도 나오지 않습니다. 반면 신약 성경에는 예수님이 우시는 장면이 총 세 번 나옵니다.

사실 구약 성경의 마지막 부분은 악과 불의에 침묵하는 것처럼 보이는 하나님에 대한 의문이 주를 이룹니다. 박웅재 목사가 읊은 시편과 굉장히 비슷한 주제를 보여주는 것입니다. 구약의 이스라엘은 여러 제국의 통치 아래서 신음하며 이렇게 외쳤습니다. "하나님, 어디 계십니까. 우리의 고통이 보이지 않으십니까."

신약 성경은 구약의 이 의문에 대한 답으로 주어졌습니다. 감독은 마지막 시편 구절 인용에서 의도적으로 구약과 신약을 하나로 엮고 있습니다. 앞서 살펴봤듯이 '그것'의 입에서도 '나는 함께 울고 있는 자'라는 대답이 나오는 것을 보면, 감독이 예수를 이 문제의 답으로 내세우고 싶은 것은 확실해 보입니다. 또한 우리와 함께 울고 있는 이 예수가 구약에 나타난 신과 동일한 존재라고 말하려는 것 같습니다.

그 후 시편을 읊조리는 박 목사의 목소리와 함께 십자가가 클로즈업되며 영화가 끝납니다. 이 클로즈업 직후 「사바하」의 엔딩 제목이 나오는데, 여기에 숨겨진 의미가 하나 있습니다. 우선 영화가 시작할 때는 「사바하」라는 제목이 세로로 표시됩니다. 하지만 엔딩부에서는 가로로 나타납니다. 이 두 모양을 합치면 명확히 십자가의 모습이 됩니다. 이처럼 「사바하」는 영화의 시작과 끝을 십자가로 장식하고 있습니다.

결론

「사바하」는 표면적인 흥미를 끌기 위한 종교적 소재로서 기독교와 불교를 사용합니다. 하지만 그 내용을 뜯어 보면 결국 기독교에 대한 핵심적인 물음과 통찰을 담고 있습니다. 누군가는 영화에서 제기되는 물음이 너무 기독교에 비판적인 것 아니냐고 물을 수도 있겠지만, 사실 적당한 회의에도 불구하고 계속해서 탐구해 나가는 시선이야말로 가장 기독교적인 것입니다.

결국 이 영화는 베들레헴 유아 학살 사건을 통해 깊은 신학적 물음을 던지고, 십자가 사건을 통한 해결책이 정말로 이 문제에 대한 '사바하' 곧 원만한 성취였는지를 추적해 나가는 영화라고 볼 수 있습니다. 이미 감상을 하신 분들이라도, 이 구도를 중심으로 다시 한번 시청해 보신다면 아주 재미있을 것이라 확신합니다.

당신은 오늘도 누군가를 향해
활시위를 당기는 사람인가,

아니면 기꺼이 그의 과녁이 되어 주는 사람인가?

08

당신의 과녁

A Mark Against Thee, 2019-2021

현대적 시각으로 욥기를 다시 쓰다

성경의 욥기를 현대적 배경으로 재해석하면 어떤 모습이 펼쳐질까요? 고태호 작가의 「당신의 과녁」은 이 상상을 현실로 옮긴 웹툰입니다. 그는 욥기가 던졌던 묵직한 질문은 그대로 전달하면서, 성경을 모르는 사람도 충분히 즐길 수 있도록 이 작품을 그렸습니다. 「당신의 과녁」은 주제가 무거운 만큼 최상위권의 인기를 얻지는 못했지만, 깊이 있는 서사와 인물 묘사 덕에 매니아들 사이에서는 역대 최고의 웹툰 중 하나로 여겨집니다.

이 작품은 누명을 쓰고 17년간 사형수로 옥살이를 하다 출소한 남자의 이야기를 들려줍니다. 하지만 흔히 떠올릴 법한 피비린 복수극을 그리지는 않습니다. 그렇다고 감동과 교훈만을 내세운 따뜻한 이야기를 전하는 것도 아닙니다. 이 작품은 복수를 원하지만 이미 그 대상이 사라진 주인공과, 그를 걱정하는 친구들 사이의 현실적인 이야기를 담담하게 전달하고 있습니다.

「당신의 과녁」의 줄거리

작품의 주제를 다루기 전에 줄거리를 간략히 요약해 보려 합니다. 매사에 감사하며 평범한 일상을 살아가던 최엽이라는 청년이 있었습니다. 최엽은 어느 날 누군가의 짐을 대신 들어 주려다 끔찍한 비극에 휘말립니다. 불시에 연쇄살인범이라는 누명을 쓰고 세상으로부터 온갖 비난과 저주를 받는 위치에 처하게 되었습니다. 그의 무고함을 밝혔어야 할 경찰과 법원은 그의 편이 아니었습니다. 그들은 각자의 이해 관계에 따라 최엽을 진범으로 확신하고 모든 과정을 일사천리로 진행해 버립니다. 그렇게 그의 억울한 옥살이는 무려 17년이나 이어졌습니다.

이후 최엽은 모든 청춘을 감옥에서 날려 버린 끝에 극적으로 출소합니다. 그러나 이미 그의 나이는 39세였고, 감옥 밖에는 망가진 일상이 그를 기다리고 있었습니다. 가정은 초토화되었고, 많은 사람들과의 관계가 망가졌으며, 옥살이 전에 사랑했던 연인은 결국 다른 사람과 결혼하고 말았습니다.

이 모든 일 중에서도 최엽을 가장 분노케 한 것은 그의 어머니가 식물인간이 된 사실이었습니다. 어머니는 최엽을 위해 쉬지 않고 1인 시위를 하다 뇌졸중으로 쓰러졌습니다. 그는 어머니가 누구의 도움도 받지 못하고 3시간이나 길 위에서 방치된 모습을 영상을 통해 바라봅니다. 그리고 가슴이 찢어지는 고통을 느끼며 절규합니다. 이 대목에서 친구인 요한의 독백이 오버랩됩니다. 작품의 제목이 드러나는 바로 그 독기의 구절입니다.

사람을 감시하시는 이여, 내가 죄를 지었다고 해서 당신께 무슨 큰 손해라도 된단 말씀입니까? 어찌하여 나를 당신의 과녁으로 삼으십니까? 어찌하여 내가 당신께 짐이 된단 말씀입니까?"(욥 7:20, 공동번역)

이후 최엽은 비극이 시작되기 전 늘 감사를 표했던 하늘을 바라보며 침을 뱉습니다. 이제부터 세상과 신을 모두 원망하기로 굳게 결심한 그는 진범에게 복수하고자 합니다. 하지만 진범은 이미 천수를 누리다 세상을 떠난 후였습니다. 그래서 최엽은 대신 진범의 손녀를 납치해 자기가 감금된 일수만큼 가두겠다는 계획을 세웁니다. 그의 가족이 살인자의 가족이라는 오명으로 고통을 받은 만큼, 상대방에게도 연좌제로 돌려주겠다는 생각이었습니다.

최엽의 여동생과 친구들, 그리고 그에게 죄를 덮어씌웠던 일로 죄책감을 갖고 있는 사람들은 그의 복수를 돕기 위해 한자리에 모입니다. 하지만 사실 이들은 최엽이 복수를 포기하고 지금부터라도 행복하게 살기를 바랍니다. 그가 겪은 고통을 알기에 차마 직접적으로 막아서지는 못하지만 말입니다. 대신 이들은 계획을 돕는다는 핑계로 정기적으로 만나 최엽에게 살아가는 즐거움을 느끼게 해줍니다. 이렇게 주변 사람들의 노력으로 행복한 시간을 보내며 최엽이 다짐한 복수도 점점 멀어지는 것처럼 보였습니다.

그러다 우연히 진범의 손자를 만난 최엽은 충격적인 사실을 듣게 됩니다. 진범의 가족은 이미 10년 전부터 모든 진실을 알고 있었던 것입니다. 그런데도 자식이 대학생이 되기 전까지는 살인자의 손녀로 만들 수 없다며 일부러 진실을 함구했습니다. 이 사실을 듣는 순간 모든 인내심을 잃어버린 최엽은 복수를 실행하기로 다시 한번 굳게 다짐합니다. 친구들은 언론에 진실을 알려 그들이 적법한 처벌을 받게 하자고 설득했으나, 최엽은 늘 하늘에게 심판받는 입장에 놓이는 것이 지겹다고 말하며 거절합니다. 그는 이제 처음으로 남을 심판하는 위치에 서고자 합니다.

그 후 어느 날 최엽과 친구들은 우여곡절 끝에 진범의 손녀를 납치하기 위해 잠복하고 있었습니다. 그런데 바로 그 순간 손녀는 운명의 장난처럼 성폭행범들에게 납치되어 끌려가 버렸습니다. 이 모습을 목격한 최엽은 선택의 기로에 놓이게 되었습니다. 방관하고 돌아가기만 한다면 직접 범죄를 저지르지 않고도 복수에 성공할 수 있었습니다. 하지만 그는 조금도 고민하지도 않고 진범의 손녀를 구하기 위해 달려갑니다. 아무리 큰 고통이 복수심을 불태웠을지라도, 결국 최엽의 선한 내면은 바꿀 수 없었던 것입니다.

납치범들을 따라가 난투극을 벌인 최엽과 친구들은 결국 진범의 손녀를 구해 냅니다. 하지만 손녀의 가족들은 그에게 감사 인사조차 건네지 않았습니다. 최엽은 복수마저 마음대로 하지 못하게 일을 망쳐 버린 신을 더욱 원망합니다. 그리고 결국 목을 매고 자살을 시도합니다. 그 순간, 절대로 끊어지지 않을 법한 두꺼운 밧줄이 이유 없이 끊어져 버립니다. 그리고 마침 걸려 온 전화는 어머니가 기적적으로 의식을 찾았다는 소식을 전해 줍니다. 한걸음에 달려가 어머니를 만난 그는 마침내 모든 불행에서 벗어나 해방감을 느끼게 됩니다. 비록 지난날의 고통들이 흉터처럼 계속 떠오르고는 하지만, 새로운 삶을 향한 그의 발걸음은 한결 가벼워졌습니다.

이 작품의 특별함

「당신의 과녁」의 가장 큰 특징은 전형적인 복수의 서사를 따르지 않는다는 점입니다. 억울하게 감옥에 갇힌 주인공이 복수를 다짐하며 출소하는 것은 흔한 설정입니다. 하지만 복수의 대상이 이미 세상을 떠났다는 점이 큰 차이를 불러옵니다. 사라진 복수 대상 대신 연좌제로 복수하겠다는 주인공의 계획은 작품 전체에 윤리적 딜레마를 불러옵니다. 이에 더해 모든 고통에 대한 원망을 돌릴 대표로 신을 지목한다는 점에서 이 작품은 깊이 있는 종교 드라마의 성격까지 갖춥니다. 특히 주인공의 친구 중 한 명이 가톨릭 성직자로 등장하여 이러한 장르에 흥미를 더합니다.

한편 이 웹툰은 모든 사람이 엄벌주의만을 외치는 현실에 경종을 울리는 작품이기도 합니다. 사람들이 엄벌주의와 '사이다 전개'에 목마른 데에는 분명 여러 합리적인 이유가 있을 것입니다. 그럼에도 작가는 그것이 너무 과하다고 여긴 듯합니다. 예를 들어, 우리는 충분히 이런 상상을 해볼 수 있습니다. 만약 사람들이 바라는 대로 엄벌주의가 강해져서 살인마로 오해받은 최엽이 곧장 사형에 처해졌다면 얼마나 끔찍한 이야기가 되었을까요? 결국 이 웹툰은 무조건적인 분노로 엄벌만을 추구하는 것은 옳지 않으며, 세상에는 여전히 관용과 용서가 필요하다는 고전적 교훈을 전하고 있습니다.

누군가는 이런 교훈이 너무 뻔하다고 느낄 수도 있습니다. 그럼에도 작품의 교훈이 어색하게 느껴지지 않는 이유는 최엽에게 무조건적 용서가 강요되지 않기 때문입니다. 작품은 최엽이라는 사람이 당한 고통이 얼마나 끔찍한 것인지, 그리고 그가 이 일에 대해 분노하는 것이 얼마나 정당한지를 충분히 보여줍니다. 또한 그는 마지막까지 진범을 용서하지 않았습니다. 이 사실은 완결 후 한참 후에 공개됐던 외전 에피소드에서 잘 드러납니다. 최엽은 진범의 납골당을 찾아가 '자신은 그를 용서하지도, 이해하지도 못할 것'이라고 말합니다. 그러면서도

당신의 과녁

더 이상 상대에 대한 분노와 증오에 휩싸인 채 살아가지 않는 모습을 보여줍니다.

최엽은 내면의 분노보다 사랑하는 이들과의 관계에 집중함으로써 증오의 고리를 끊어 냅니다. 고태호 작가가 엄벌주의, 복수, 사이다 노선을 택하지 않은 것은 그가 이상주의자여서가 아닙니다. 오히려 최엽이 보인 삶의 모습이 그에게도 가장 나은 길이라는 믿음 때문입니다. 용서하지는 못해도 증오하지 않고, 그저 자신의 다음 여정을 충만하게 살아가는 것이 고통의 당사자에게도 가장 좋은 방법이라는 것입니다. 우리가 살아가는 작금의 사회는 성별과 세대, 계층과 정치적 입장으로 나뉜 사람들이 서로에게 항상 분노를 터뜨리고 있습니다. 그러나 작가는 감당하기 어려운 고통을 받은 최엽의 삶을 통해, 우리 모두에게 조금 화를 누그러뜨리고 주변 사람들과 자신을 돌아보도록 격려하고 있습니다.

마지막으로, 「당신의 과녁」은 매 화마다 눈물이 핑 돌 정도로 감동적인 관계 묘사를 보여줍니다. 등장인물들의 지극히 현실적인 행동과 대사는 실존하는 사람들을 보는 듯한 착각을 일으킵니다. 지금껏 수많은 웹툰을 보았지만, 이토록 생생하고 현실감 있는 대사를 내뱉는 캐릭터들은 본 적이 없습니다. 그래서 작품을 감상하는 내내 마치 최엽이나 그의 주변 인물과 함께 있는 것처럼 깊이 감정을 몰입할 수 있었습니다.

최엽의 회복을 위한 친구들과 여동생의 헌신은 처절하고도 눈물겹습니다. 겉으로는 그의 복수를 함께 준비하지만, 속으로는 그가 마지막에라도 마음을 돌려 평범한 삶을 살기를 절실히 바랍니다. 아마 현실의 누구라도 그럴 것입니다. 하지만 그들에게서 배울 점은 최엽을 나무라지 않고 계속 곁을 지켰다는 점입니다. 물론 이들 또한 완벽한 성인은 아니기에 각자 이기적인 면모를 보이거나 최엽에게 의도치 않은 상처를 주기도 합니다. 이런 인간적인 부분들이 더욱 작품의 현실성을 높여 주고 있습니다.

현대판 욥기

앞서 언급했듯이, 이 웹툰은 현대판 욥기를 표방하고 있습니다. 주인공의 이름은 욥과 비슷한 발음의 '엽'이며, 「당신의 과녁」이라는 제목 역시 욥기의 구절에서 따왔습니다. 여기서 과녁은 화살이 꽂히는 대상을 의미하는데, 욥은 자신이 마치 신의 과녁이 된 것 같다며 괴로워합니다. 그리고 최엽 역시 진범을 피해 간 신의 화살이 자신에게 꽂힌 것처럼 느끼고 있습니다.

익숙하지 않은 분들을 위해 욥기의 내용을 간단히 설명해 보겠습니다. 하나님을 성실히 섬기던 의인이자 부자인 욥은 어느 날 갑자기 모든 재산과 건강을 잃고 나락에 빠지게 됩니다. 이후 그를 찾아온 세 친구는 그와 고통의 원인에 대해 깊이 있는 논쟁을 벌입니다. 이후 수십 장에 걸친 긴 논쟁 끝에 하나님이 직접 나타나 부정확하고 불성실한 말을 한 친구들을 꾸짖습니다. 그리고 자신을 원망하던 욥에게는 "네가 알려 주면 세상의 이치를 이해할 수 있겠느냐"고 나무란 뒤, 이전에 누리던 두 배의 복을 내려 주고 떠납니다(41-42장 참조).

욥기의 가장 큰 주제 중 하나는 '의인이 당하는 고통의 이유'입니다. 이 주제에 대해 여러 논쟁을 제시하는 욥기는 결국 질문에 대한 명확한 답을 주지 않고 끝납니다. 제국의 포로 시절을 겪던 유대인들이 동일한 의문을 품고 쓴 책이기 때문입니다. 그들이 오랫동안 믿어 온 권선징악의 구도는 외세의 침략으로 예루살렘이 함락되면서 함께 무너져 버렸습니다. 그러나 그들을 더 비참하게 만든 것은 자신들을 짓밟은 악한 제국들이 승승장구하는 모습이었습니다. 이 문제로 하나님과 계속해서 씨름하던 그들은 '고통의 이유는 알 수 없지만, 그래도 끝까지 하나님을 믿고 인내하자'는 결론을 내립니다. 이러한 사고의 흐름이 욥기를 통해 표현된 것입니다.

「당신의 과녁」 또한 욥기와 마찬가지로 뚜렷한 해결책을 내놓지 않습니다. 굳건한 신앙을 지닌 성직자인 요한조차 결국 최엽에게 신의 존재는 선택의 문제라고 말합니다. 자신 또한 평생을 의심하며 살아가고 있다는 암시를 주면서 말입니다. 사실 이것 외에 최엽에게 무슨 말을 할 수 있을까요? 그 누가 그와 같은 일을 당한 사람 앞에서 함부로 고통의 철학적 이유나 신의 섭리를 논할 수 있겠습니까?

이 웹툰은 고통받는 이들에게 정답을 제시하기에 앞서 끝까지 곁에 있어 주라는 메시지를 전합니다. 욥기에 등장하는 욥의 친구들도 처음에는 아무 말 없이 함께 통곡해 주었습니다. 비록 나중에는 불필요한 조언으로 욥의 마음을 어지럽혔지만 말입니다. 최엽의 친구들도 마찬가지입니다. 때로는 자신들의 감정에 따른 훈수로 그의 마음을 혼란스럽게 만들었지만, 그럼에도 끝까지 그의 곁을 지켰습니다. 최엽 혼자 이 모든 고통의 짐을 감당하게 놔두지 않았던 것입니다.

최엽의 주변 인물들은 대부분 감동을 주는 인물입니다. 한 명씩 설명하자면 너무 길어지겠지만, 저는 기독교인으로서 요한의 매력에 특별히 매료되었습니다. 요한은 가톨릭 사제라는 타이틀을 지녔으면서도 최엽을 위해 어린 시절의 개구쟁이로 돌아가 분위기를 풀어 주는 사람입니다. 또한 돌이킬 수 없이 잘못된 길을 선택하려는 친구를 막기 위해 온몸을 던지는 사람이기도 합니다. 그는 최엽에게 종교적 정답을 강요하지 않고, 신을 향한 그의 원망과 저주를 자신이 대신 받아내며 끝까지 기도로 함께합니다.

요한의 캐릭터를 보며 이런 생각을 했습니다. 모든 사람에게 이런 기독교인 친구가 한 명이라도 있다면, 세상은 훨씬 나은 곳이 될 것이라고 말입니다. 사람들은 그 친구들을 통해 자연스럽게 그리스도의 모습을 보게 될 것입니다. 만약 주변에 하나님을 믿지 않거나 고통으로 인해 그분을 원망하는 사람이 있다면, 그들과 함께하는 매뉴얼이 바로 여기 있습니다. 「당신의 과녁」의 요한이 보여준 모습만 그대로 본받으면 충분할 것입니다.

독자들의 과녁

이쯤에서 신약 성경의 한 일화를 소개하고 싶습니다. 예수님이 활동하시던 시기에 로마의 총독 빌라도는 갈릴리 사람들을 무자비하게 학살하고, 그들의 피를 제사 제물에 섞는 일을 저질렀습니다. 이는 인간적으로도, 민족적으로도, 심지어 종교적으로도 충격적인 사건이었습니다. 제자들은 예수님에게 이 사건에 대해 어떻게 생각하느냐고 물어봅니다. 그분은 의외의 대답을 주셨습니다.

그 사람들이 너희보다 더 큰 죄인이어서 그런 일을 당했다고 생각하느냐.

예수님은 한술 더 떠서 또 다른 사고의 예시까지 듭니다. 실로암의 탑 일부가 무너져 사람들이 깔려 죽은 사건에 대해 이렇게 말씀하십니다. "그 사람들이 너희보다 더 많은 죄를 지어서 그런 참사를 당했다고 생각하느냐. 너희도 회개하지 않으면 이와 같이 망할 것이다"(눅 13:1-5 참조). 다소 이해하기 어려운 대답입니다. 끔찍한 재난을 예로 들다가 갑자기 제자들에게 회개를 촉구하는 흐름이기 때문입니다.

다시 웹툰으로 돌아와 보겠습니다. 예수님의 말처럼, 최엽이 다른 사람보다 죄가 많아서 이런 일을 당한 것이 아님은 분명합니다. 그러니 독자들은 이렇게 물을 수밖에 없습니다. "그렇다면 이렇게 착한 사람이 왜 이런 고통을 겪어야 하는가? 만약 신이 존재한다면 이건 너무한 것 아닌가?" 인간이라면 지극히 자연스러운 반응입니다. 하지만 예수님이 이런 상황을 보고 계셨다면, 마찬가지로 이상한 대답을 주셨을 것입니다. "독자들아, 너희들도 회개해야 한다."

고태호 작가가 이러한 신약 성경의 내용을 의식했는지는 알 수 없습니다. 하지만 작가가 등장인물을 넘어 독자들에게 회개의 메시지를 던지고 있는 것은 확실합니다. 그렇다고 이 메시지가 교조적이거나 공격적으로 다가오지는 않습니다. 웹툰의 서사에 몰입하다 보면, 우리도 최엽과 같은 사람을 전후 사정도 모른 채 비난해 본 경험이 있었음을 자연스럽게 깨닫기 때문입니다. 심지어 웹툰 속 여러 인물처럼, 현실과 타협하며 "이 정도는 누구나 하는 일이지" 하고 합리화하기도 합니다.

「당신의 과녁」의 마지막화를 본 사람이라면 대다수가 마지막 장면을 기억할 것입니다. 최엽은 작품 내내 신에 대한 분노를 표현하기 위해 하늘을 쳐다봤습니다. 하지만 많은 문제들이 해결된 이후 마지막에는 마치 믿음을 표현하듯 하늘을 바라봅니다. 그러다가 갑자기 무서운 눈빛으로 고개를 떨구더니, 고개를 돌려 독자들을 뚫어져라 쳐다봅니다. 이것이 이 작품의 마지막 컷입니다. 이는 마치 영화 「살인의 추억」의 송강호 배우가 관객 속에 숨어 있을 진범을 바라보며 "밥은 먹고 다니냐?"라고 말한 연출을 떠올리게 합니다.

이 마지막화에 달린 한 베스트 댓글이 참 인상적입니다. 8,000개가 넘는 좋아요를 받은 댓글입니다. "하늘을 보며 감사하는 눈이 땅을 보며 돌변하는 것. 원망해야 할 건 하늘에 있는 신이 아니라, 땅에 있는 인간이었다는 것. 독자들도 무고한 누군가를 괴롭게 한 인간이 아니었는지, 의심 가득한 눈으로 바라보는 것."

이 댓글처럼, 하나님은 그저 자신의 자리에서 최엽과 친구들을 지켜보고 있었습니다. 마지막에는 기적을 베풀었지만, 왜 처음부터 그렇게 하지 않았는지는 여전히 알 방법이 없습니다. 누군가는 하나님이 최엽에게 무언가 의미를 깨닫게 하기 위해서였다고 말할 수 있습니다. 하지만 결국 허울 좋은 사후 해석일 뿐입니다. 한 가지 분명한 것은, 결국 과녁에 활을 겨눈 것은 신이 아니었다는 사실입니다. 최엽을 속이고 감옥에 가두어 젊은 시절을 빼앗은 주체는 다름 아닌 인간들이었습니다. 진범은 말할 것도 없고, 그를 잡기 위해 CCTV를 일부러 폐기한 경찰들, 특종을 위해 그가 식인을 한다는 루머를 퍼뜨린 언론, 자신들의 이득을 위해 진실을 알리지 않은 진범의 가족들, 심지어 어머니가 쓰러졌을 때 도와주지 않은 길거리의 사람들까지, 최엽에게 화살을 꽂은 사람들은 모두 다른 사람들이었습니다. 이처럼 작가는 누군가의 과녁에 화살을 꽂는 것은 일차적으로 신이 아니라 인간이라는 메시지를 전합니다. 그리고 어쩌면 이 웹툰을 보고 있는 독자도 누군가에게 활시위를 당기고 있는 사람일지 모른다는 섬뜩한 사실을 일깨워 줍니다.

타인에게 악플 하나를 쓰는 것, 실상도 모르면서 뒤에서 누군가를 험담하는 것, 자신의 이득을 위해 눈 딱 감고 이기적으로 행동하는 것, 남에게 크고 작은 피해를 입히는 것, 사실 이런 것들은 죄라고 부르기에도 민망한 사소한 잘못으로 여겨질 수 있습니다. 하지만 이런 작은 돌도 모이면 거대한 바위 덩어리가 됩니다. 그리고 그 바위에 맞은 사람과 그 가족들은 비참한 인생을 살아가게 됩니다. 이 작품은 그 사실을 독자 스스로 깨닫도록 일깨워 주고 있습니다.

그런 의미에서 「당신의 과녁」의 진가는 작품 자체만이 아니라 매 화의 베스트 댓글을 함께 감상할 때 더욱 빛을 발합니다. 앞서 소개해 드린 마지막화의 댓글뿐만이 아닙니다. 주요 인물이나 엑스트라들의 이기적인 행동이 등장하는 회차들마다 "나라고 달랐을까?" 하고 반성하는 댓글들이 최상단에 올라와 있습니다. 이는 정말로 신기한 광경입니다. 대다수 웹툰의 댓글창에는 만화 속 등장인물을 헐뜯고 자신들끼리 편을 가르며 싸우는 풍경이 펼쳐집니다. 하지만 「당신의 과녁」을 보는 독자들이 올리는 자기 성찰은 다른 차원의 것입니다. 물론 이 독자들이 다른 작품을 감상하는 이들과 그렇게 다른 종류의 사람들은 아닐 것입니다. 그럼에도 이 작품이 지닌 강력한 서사의 힘이 독자들로 하여금 자신의 잘못을 돌아보고 회개에 가까운 댓글을 쓰게 만드는 것입니다. 이는 고태호 작가의 다른 두 작품의 댓글창에서도 똑같이 볼 수 있는 현상입니다. 여지껏 감동과 찬사를 자아내는 웹툰은 많았지만, 독자들이 자발적으로 회개하게 하는 웹툰은 그저 놀랍다고 말할 수밖에 없습니다.

당신의 과녁, 당신은 과녁

지금까지는 이 「당신의 과녁」이 어떻게 독자들에게 회개를 일으켜 왔는지에 대해 알아보았습니다. 하지만 이 웹툰이 인간에 대한 비판적인 시각만 보여주는 작품은 아닙니다. 이 작품에는 참 좋은 사람들이 많이 등장합니다. 엄청난 고통을 당하고도 끝내 원수의 손녀를 구출해 내는 의인 최엽, 잘못을 반성하고 늦게나마 참회하는 인물들, 그리고 끝까지 친구의 옆자리를 지켜 주는 인물들이 있습니다. 심지어 전혀 답이 없어 보이던 진범의 손자마저 추후에는 반성하는 모습을 보여줍니다.

세상에 일대일로 만나 모든 사정을 들어 본 후에도 저주하고 싶을 만큼 나쁜 사람은 드물 것입니다. 그러나 우리는 서로를 이해하고 사랑하기는커녕 늘 서로에게 화살을 쏘아 댑니다. 그것이 더 쉽고 단순한 일이기 때문입니다. 그렇지만 이것은 단지 서로를 상처 입히는 일을 넘어섭니다. 자녀들이 서로를 공격하고 죽이는 일은 하나님에게도 큰 상처를 입힙니다. 그 광경을 지켜보다 못한 그분은 차라리 자신에게 화살을 쏠 수 있도록 거대한 과녁이 되어 주기로 결정하셨는지도 모르겠습니다.

최엽과 같이 고통 중에 있는 사람들은 늘 신을 원망해 왔습니다. 심지어 무신론자들조차 거대한 고통 앞에서는 '이런 상황에 신은 어디 있느냐'며 자신들이 믿지 않는 신을 기어코 소환해 비난해 왔습니다. 이처럼 지금도 많은 이들은 신을 실시간으로 원망하고 저주할 것입니다. 그러나 이토록 많은 화살이 하늘 위에 날아가 꽂혀도 하나님은 우리를 나무라지 않고 침묵하고 있습니다. 이 사건을 가장 가시적으로 보여준 장면이 바로 예수님의 십자가 사건이었습니다. 그분은 도살장의 어린양처럼 죽어 가면서도 입을 다무셨고, 자신을 죽이는 로마 병사들을 용서하며 기도하셨습니다.

욥기 9장을 보면, 욥이 자신에게 고통을 허락한 하나님에게 이렇게 한탄하는 부분이 있습니다. 중요한 부분이니 길게 인용해 보겠습니다.

하나님은 나처럼 사람이 아니신즉 내가 그에게 대답할 수 없으며 함께 들어가 재판을 할 수도 없고 우리 사이에 손을 얹을 판결자도 없구나. 주께서 그의 막대기를 내게서 떠나게 하시고 그의 위엄이 나를 두렵게 하지 아니하시기를 원하노라. 그리하시면 내가 두려움 없이 말하리라 나는 본래 그렇게 할 수 있는 자가 아니니라(32-35절, 새번역).

저는 이 부분을 읽으며 욥이 무의식 중에 예수님에 대해 소망했다고 느꼈습니다. 그에게 하늘에 계신 하나님이라는 분은, 전능하긴 하지만 너무나 멀고 차가운 존재입니다. 또한 하나님은 사람이 아니기 때문에 욥과 동등한 선상에서 토론해 주지 않습니다. 그래서 욥은 하나님과 자신 사이를 중재라도 해줄 만한 존재를 간절히 바랐습니다. 그 중재자가 하나님 앞에서 자신을 변호해 주면 얼마나 좋을지 소망한 것입니다.

욥의 소망은 결국 이루어졌습니다. 우리는 이제 그가 바라던 중재자가 이 땅에 오셨다는 사실을 압니다. 욥의 말처럼 하나님은 사람이 아닙니다. 그러나 그분은 사람이 되셨습니다. 그분은 원래 멀리 떨어진 신이었지만, 이제 인간과 다리를 놓아 줄 중재자인 예수님을 통해 우리와 직접 소통하게 되셨습니다.

동시에 예수님은 욥이 바라던 단순한 변호인이나 중재자를 넘어섭니다. 그분은 하나님이 인간에게 휘두르는 채찍을 막아 줄 뿐 아니라, 인간이 하나님에게 쏘는 화살까지 대신 맞아 주는 모두의 과녁이 되셨습니다. 욥은 왜 자신을 당신의 과녁으로 삼느냐고 따졌지만, 사실은 그리스도야말로 진짜 "당신의 과녁"이 된 것입니다.

최엽이 신과 성직자들을 욕하고 저주할 때, 요한은 자신도 고통의 이유나 신의 뜻을 알지 못하지만 그저 그 자리에서 끝까지 들어 주겠다고 말합니다. 이 또한 "당신의 과녁"이 되어 주겠다는 말입니다. 이런 면에서 요한은 진정으로 그리스도의 뜻을 이어받은 몇 안 되는 참된 성직자일지도 모릅니다. 그는 아무것도 해줄 수 없다는 무력감 속에서도, 함께 눈물을 흘리며 친구의 고통스러운 호소를 들어 주었습니다. 이러한 장면들을 통해 이 작품은 모두에게 묻고 있습니다. "당신은 오늘도 누군가를 향해 활시위를 당기는 사람인가, 아니면 기꺼이 그의 과녁이 되어 주는 사람인가?"

흔히 교회에서 듣는 설교는 오직 하나님만이 우리를 용서하셨다고 말합니다. 하지만 사실 우리 또한 이토록 많은 고통 앞에서 '감히' 하나님을 용서할 필요가 있습니다. 그래야만 화해가 이루어집니다. 그 양방향의 용서를 그리스도께서 직접 과녁이 되어 이루어 내신 것입니다. 이것이 정말 사실일까요? 흔한 영어식 표현처럼, 이는 사실이라기에는 너무 달콤한(too good to be true) 이야기처럼 들립니다. 물론 그럴 수도 있습니다. 요한의 마지막 대사가 말해 주듯 이 모든 사실을 어떻게 받아들일지는 결국 개인의 선택에 달려 있습니다.

저는 오늘도 이 사실을 믿기로 결심해 봅니다. 우리의 인생은 계획대로 되지 않습니다. 매일 감사하며 살았던 최엽이 하루아침에 살인마의 신세로 전락한 것처럼, 우리는 한치 앞의 삶에 무엇이 놓여 있는지 알 수 없습니다. 그럼에도 그리스도께서 과녁이 되어 하나님과의 화해를 이루어 내셨다는 사실은 우리에게 많은 것을 시사합니다. 혹여나 우리가 최엽과 같은 상황에 놓였을 때 붙들 수 있는 것이 무엇일까요? 이 세상에 그런 것은 없습니다. 오직 끝없는 분노와 저주만이 우리를 잠식할 것입니다. 하지만 그리스도는 이런 상황에도 붙들 만한 유일한 방어선이자 희망입니다. 그래서 저는 사실이라기에는 너무 달콤해 보이는 이 과녁을 오늘도 믿고 살아갑니다.

감독이 그리는 자연계는
인간의 악과 대비되는
따뜻하고 선한 곳이 아닙니다.

오히려 인간으로서는
도저히 이해할 수 없는 반응을 보이는
미스터리적인 공간일 뿐입니다.

09

악은 존재하지 않는다

Evil Does Not Exist, 2024

'이곳'에 악은 존재하지 않는다

하마구치 류스케 감독의 「악은 존재하지 않는다」는 그다지 널리 알려지지 않은 작품입니다. 따라서 이 책에서 다룬 어떤 작품보다 생소할 것입니다. 저 역시 페이스북에서 몇몇 사람들이 언급하는 것을 보고 관심이 생겨 찾아보게 되었습니다. 강렬한 제목과 더불어, 1978년생임에도 이미 거장으로 불리는 감독의 신작이라는 점에서 여러모로 기대를 품었습니다.

영화의 줄거리

한 깊은 산골 마을이 있습니다. 울창한 숲속에 사슴들이 살아갈 정도로 도시와 동떨어진 곳입니다. 가끔 옆 마을 사람들이 사슴 사냥을 하러 찾아오기도 합니다. 그러던 어느 날 도쿄의 한 연예 기획사가 이 마을에 글램핑장을 짓겠다고 발표합니다. 기획사는 마을 주민들을 설득하기 위해 다카하시와 마유즈미라는 두 직원을 파견합니다. 하지만 마을 주민들은 기획사의 생각처럼 호락호락하지 않았고, 여러 가지

날카로운 논리로 두 직원의 말문을 막아 버립니다.

마을 주민들에게 설득된 두 사람은 회사로 돌아가 상황을 설명하며 글램핑장 프로젝트의 포기를 제안합니다. 하지만 기획사는 이 계획을 절대 놓치고 싶어 하지 않습니다. 정부가 제시하는 대규모 코로나 바이러스 지원금을 받기 위한 계획이었기 때문입니다. 결국 회사는 두 직원에게 지역 사정에 밝은 마을 주민 타쿠미를 찾아가 글램핑장 관리인 자리를 제안하라고 지시합니다. 그를 내세워 다른 마을 주민들을 설득하려는 계획이었습니다.

다시 마을을 방문한 두 사람은 타쿠미와 함께 식사를 하고 물을 길어 오며 진솔한 대화를 나눕니다. 여기서 서로의 마음이 조금씩 열리는 듯 보입니다. 하지만 그들이 가까워지는 와중에 타쿠미의 딸인 하나가 보이지 않게 됩니다. 하나의 실종 소식이 마을 전체에 울려 퍼지자, 주민들은 모두 하나를 찾아 나섭니다.

타카하시 또한 타쿠미와 함께 하나를 찾아다닙니다. 그러던 중 두 마리의 사슴과 마주하고 있는 하나를 발견합니다. 그런데 타카하시가 사슴으로부터 하나를 구하려 달려 나가려는 순간, 타쿠미가 갑자기 타카하시의 뒤에서 목을 졸라 숨통을 끊어 버립니다. 그 후 타쿠미는 사슴에게 공격당한 것처럼 보이는, 피 흘리는 딸을 안고 숲속을 걸어 갑니다. 그리고 그의 거친 숨소리와 함께 어두운 숲속의 나무들을 오랜 시간 보여주며 영화는 막을 내립니다.

이 영화의 당혹스러운 결말

「악은 존재하지 않는다」를 본 사람이라면 누구나 결말부에서 충격을 받을 수밖에 없습니다. 너무나 갑작스럽고 기괴한 결말로 보이기 때문입니다. 여기에는 급발진이라는 말이 딱 어울립니다. 하지만 다시 한번 곱씹어 보면, 초중반부터 결말부의 충격을 극대화하기 위한 여러 복선이 깔려 있었습니다.

먼저 이 영화의 제목에 주목할 필요가 있습니다. 제목은 영화의 얼굴이자 관객의 해석 방향을 미리 설정해 주는 나침입니다. '악은 존재하지 않는다.' 이 정도로 원론적인 제목을 제시하면 관객은 자연스레 모든 장면을 이에 비추어 해석하게 됩니다. '등장인물 중 누가 선한 존재이고, 누가 악한 존재인가? 윗물과 아랫물이라는 대사는 사회 구조를 비판하는 것인가? 혹시 후쿠시마 오염수를 암시하는 것은 아닌가? 선과 악의 경계는 어떻게, 언제 무너질 것인가?'

만약 이 영화의 제목이 '어느 산골 마을 이야기'였다면 어땠을까요? 아마도 초중반부까지는 편안한 마음으로 영화를 감상했을지도 모릅니다. 그러나 이토록 무거운 제목이 주어진 이상, 관객은 초반부터 상징과 이야기를 분석하기 위해 과몰입하는 상태가 될 수밖에 없습니다. 그래서 대부분의 관객들은 두 직원이 도쿄로 돌아와 글램핑장 계획을 중단하자고 말할 때 이렇게 생각했을 것입니다. "역시. 등장인물들의 입체적인 모습을 통해 완전한 선과 악이란 없다는 걸 보여주려는 거네!" 그 후 차 안에서 오가는 두 직원의 인간적인 대화를 통해 관객은 이 영화의 주제 의식에 대한 자신의 해석이 옳았다고 확신했을 것입니다. 마침내 퇴직을 결심하는 두 사람 덕에 이 확신은 더욱 굳건해집니다. 이처럼 중반부까지 이 영화는 인간 사이의 관계를 다루는 드라마처럼 보입니다.

그러나 하나의 실종을 기점으로 분위기가 극적으로 전환됩니다. 점진적으로 긴장감이 고조되면서 결말부에는 마치 신화에서나 볼 법한 연출이 펼쳐지는 것입니다. 그중 가장 충격적인 순간은 타쿠미가 급작스럽게 타카하시를 살해하는 장면입니다. '갑자기 왜? 도대체 무슨 이유로?' 관객의 머리는 혼란스러워집니다. 그리고 그 충격을 충분히 소화하기도 전에 엔딩 크레딧이 올라가 버립니다. 잠시 후 정신을 차린 관객은 이 돌발적인 악, 곧 살인의 동기를 찾으려 애쓰며 영화를 되짚어 봅니다. "도대체 왜 이런 악이 발생한 걸까?" 저 또한 한참을 이 생각에 사로잡혀 영화의 줄거리를 떠올리려 애썼습니다.

하지만 이 모든 일은 결국 헛수고로 돌아갑니다. 애초에 이 영화는 제목에서부터 정답을 말해 주었기 때문입니다. 악이 존재하지 않는다는데, 악의 원인을 찾느라 애써 봐야 무슨 소용이라는 말입니까? 초중반부를 볼 때는 충분히 영화의 제목을 의식했던 관객도, 너무나 충격적인 결말을 마주하자 제목 따위는 완전히 잊어버린 것입니다. 이로부터 오는 당혹감이야말로 감독이 관객에게 선사하고자 했던 감정입니다.

그렇다면 이 영화는 결말에 대해 전혀 논할 수 없는 작품일까요? 우선 시도는 해보아야 할 것입니다. '악이 존재하지 않는다'는 제목을 고려할 때, 우리는 악의 원인을 찾으려는 노력은 배제한 채 결말의 의미를 찾아내야 합니다. 여기서 한 가지 방법을 제안하자면, 제목 앞에 '자연'이라는 단서를 붙여 보는 것입니다.

(자연계에) 악은 존재하지 않는다.

한 리뷰어는 타쿠미와 하나를 결말부의 부모 사슴과 새끼 사슴에 대응하는 존재로 해석했습니다. 또 다른 리뷰어는 타쿠미를 인간과 자연 세계를 잇는 자연의 대변인으로 보았습니다. 이러한 해석들에서 영감을 받아, 저는 타쿠미를 자연 자체에 동화된 인물로 바라보고자 합니다. 자연을 비유하는 존재라기보다는 자연에 속한 존재, 곧 인간처럼 보이지만 사슴과 같은 자연 그 자체라는 것입니다. 이런 관점으로 보아야만 결말부와 제목의 의미가 온전히 이해될 수 있습니다.

사실 타쿠미가 자연과 겹쳐 보이는 장면은 여러 군데 있었습니다. 그 중에서도 가장 주목할 만한 것은 그가 차 안에서 타카하시와 나눈 대화입니다. 타쿠미는 글램핑장이 들어설 자리가 원래 사슴이 다니던 길이라고 말합니다. 그리고 사슴이 사람을 공격하느냐는 질문에는, 특별한 경우가 아니면 공격하지 않는다고 답합니다. 이 특별한 경우란 총에 빗겨 맞았거나 새끼가 공격받았을 때입니다. 그는 또한 사슴이 병을 옮길 수 있으니 가까이 가지 말라고 경고합니다. 타쿠미는 글램핑장이 들어서면 사슴은 어디로 가야 하느냐고 묻습니다. 자연을 대변하는 이, 혹은 자연 그 자체인 그가 인간에게 던지는 무거운 질문입니다. 이에 타카하시는 "어디든 가겠죠"라는 무책임한 답변을 내놓습니다. 타쿠미는 대꾸하지 않고 화난 표정으로 담배를 입에 물 뿐입니다. 물론 그가 자연을 사랑하는 사람으로서 사슴을 걱정했을 수 있고, 마을 주민의 입장에서 타카하시의 무책임한 태도에 분노했을 수도 있습니다. 하지만 이런 이유만으로 살인이라는 극단적 행동까지는 설명할 수 없습니다. 타쿠미를 단순히 인간으로만 바라본다면, 그의 살인 동기는 영원한 수수께끼로 남게 되는 것입니다.

만약 타쿠미를 사슴 혹은 자연 그 자체를 상징하는 존재로 본다면, 그의 살인은 충분히 설명될 수 있습니다. 동물이 생존을 위해 외부 침입자를 공격하는 것은 지극히 자연스러운 일이기 때문입니다. 특히 새끼가 위험에 처했을 때는 더욱 그렇습니다. 왜 타쿠미는 딸 앞에 있던 다른 사슴이 아니라 타카하시를 공격했을까요? 이는 인간의 선악이라는 관점으로는 이해할 수 없지만 자연의 관점에서는 설명할 수 있습니다. 사슴 또한 멀리서 자신을 쏜 사냥꾼이 아니라 바로 눈앞의 다른 인간을 공격하지 않았습니까? 자연은 자신의 영역을 침범하는 모든 것에 본능적 공격성을 드러냅니다. 이러한 공격에는 대상을 구별하는 기준이 없습니다. 인간처럼 선과 악을 엄밀히 가려서 응징하지 않는다는 의미입니다. 따라서 타쿠미가 자연을 상징하는 존재라면, 그의 살해 행위 안에는 악함 따위가 존재하지 않습니다. 타쿠미의 살인은 그저 영역을 침범당한 자연의 본능적인 반응일 뿐이며, 타카하시가 당한 일도 살인이 아닌 사고일 뿐입니다.

자연계에 악은 없다

저는 이 영화를 보면서 지브리 스튜디오의 대표작 「모노노케 히메(원령공주)」가 떠올랐습니다. 이 애니메이션은 자연을 파괴하는 인간과 그것을 막아서는 자연 사이의 대립 관계를 보여줍니다. 또한 이 작품에는 자연을 훼손하는 인간을 처단하는 사슴신이 등장하는데, 이 신은 다소 인격적이고 도덕적인 존재로 그려집니다.

이와 대조적으로, 류스케 감독은 자연을 이해할 수 없는 혼돈으로 표현합니다. 사슴신에게는 인간과 맞설 도덕적 명분이 있었지만, 「악은 존재하지 않는다」에 등장하는 사슴 혹은 타쿠미에게 이러한 도덕적 당위성을 묻는 것은 무의미한 일입니다. 자연적 본능에 도덕을 묻는 것은 그저 인간적인 기준에 불과하기 때문입니다.

영화에서 자연의 무도덕성을 보여주는 또 다른 요소가 있는데, 그것은 바로 코로나 바이러스입니다. 비교적 최근 영화인 만큼 이 작품에는 코로나 바이러스가 여러 차례 언급되고, 팬데믹 이후 일상화된 화상 회의나 커플 매칭 앱 같은 비대면 기술이 등장합니다. 모든 갈등의 시발점인 글램핑장 건설 계획조차 정부의 코로나 지원금을 받기 위해 시작되었다는 점을 볼 때, 감독이 코로나를 강조하며 내세우고 있다는 점은 분명해 보입니다.

우리는 지난 몇 년간 코로나 바이러스를 팬데믹의 주범으로 비난해 왔습니다. 마치 평범한 일상을 파괴하기 위해 인간계에 거대한 악이 침투라도 한 것처럼 말입니다. 신학 출판사들은 앞다투어 '코로나 시대에 신은 어디에 계시는가'라는 주제로 여러 책을 출간하기도 했습니다. 하지만 이 영화가 말하고자 하는 바에 따르면, 우리는 코로나 바이러스에게 팬데믹의 책임을 물을 수 없습니다. 바이러스는 단지 자연계의 일부일 뿐, 그 속에는 어떤 악의도 존재하지 않기 때문입니다.

만약 자연이 악하지 않다면, 반대로 선하냐고 물을 수도 있습니다. 이 지점이 류스케 감독의 천재성을 가장 잘 보여줍니다. 그동안 자연을 다룬 영화는 대부분 자연을 해치는 인간을 악으로, 피해를 당하는 자연을 선으로 그려 왔습니다. 그러나 이 영화에 따르면 이 또한 틀린 말입니다. 악이 없다는 말은 선 또한 없다는 말을 의미하기 때문입니다. 감독이 그리는 자연계는 인간의 악과 대비되는 따뜻하고 선한 곳이 아닙니다. 오히려 인간으로서는 도저히 이해할 수 없는 반응을 보이는 미스터리적인 공간일 뿐입니다.

류스케 감독은 자연을 선악의 렌즈를 통해 들여다보려는 세계관을 거부합니다. 심지어 자연이 선량하다고 말하는 것조차 허용하지 않는 것입니다. 타카하시는 순수한 의도로 자연에 다가갔지만 결국 죽음을 맞이했습니다. 심지어 곧 퇴사하여 산골 마을의 일원이 되고자 했음

악은 존재하지 않는다

에도 말입니다. 그는 단지 인간과 자연 사이의 적정선을 지키지 못했다는 이유로 비극을 맞이했습니다. 타쿠미는 그가 선을 넘기 전에 경고를 통해 방지하고자 했지만, 결국 실패하고 맙니다.

우리는 자연계를 어떻게 대해야 하는가?

이쯤에서 누군가는 자연의 '무도덕성'을 근거로 자연을 파괴하거나 도구로 삼아도 된다고 주장할 수도 있습니다. 하지만 무도덕성이 자연계를 함부로 파괴할 근거가 될 수는 없습니다. 자연에는 도덕이 없다지만, 적어도 그것과 관계를 맺는 우리는 악해질 수 있기 때문입니다. 왜 그럴까요? 우선 우리 또한 자연의 일부이기 때문입니다. 저는 인간이 삶의 의미나 죽음 이후의 세계를 사유하는 종교성이라는 측면에서 자연계를 어느 정도 초월해 있다고 믿습니다. 그럼에도 우리의 몸이 자연적 과정으로 만들어졌음을 부정할 수 없고, 우리의 태생적 본능 또한 자연의 본능과 닮아 있습니다.

하지만 자연을 함부로 대할 수 없는 더 중요한 이유가 있습니다. 우리는 무언가와 관계를 맺고 의미를 찾도록 만들어진 존재입니다. 그래서 이해할 수 없는 자연을 마주할 때조차, 무의식적으로 그것을 인격적인 상대로 설정하고 관계를 맺으려 합니다. 심지어 자연에 큰 의미를 부여하고 그것과 사랑에 빠지는 경우도 있습니다. 가장 흔한 예가 반려동물입니다. 사실 그들은 인간과의 관계에서 우리가 바라는 만큼의 고차원적 의미를 느끼지 못합니다. 그럼에도 우리는 그들을 가족 구성원처럼 여기곤 합니다. 하지만 사실 그것만으로 충분합니다. 사람이 반려동물을 가족으로 바라보는 순간, 그들의 인지 능력과는 별개로 이미 우리의 가족이 된 것이기 때문입니다.

이처럼 우리는 자연계에 의미를 부여합니다. 작은 화분에 매일 물을 주며 애정을 쏟고, 출근길에 마주치는 늙은 가로수의 안녕을 마음속으로 빌기도 합니다. 또한 차에 치여 죽어 있는 새를 보며 마음 아파하기도 합니다. 지금 이 순간에도 누군가는 산에, 바다에, 나무에, 폭포에 자신의 인생을 걸고 있습니다. 그것들을 연구하기도 하고, 때로는 등반하거나 항해하며 목숨을 걸기도 합니다. 이토록 자연은 많은 이들에게 큰 의미가 되어 줍니다. 그래서 자연을 해치는 일은 결국 인간 자신을 해치는 일이 될 수 있는 것입니다.

만약 강도가 침입해 10년간 함께 산 반려견을 죽였다고 생각해 봅시다. 피해자에게 이 일은 가까운 가족을 잃은 것만큼이나 끔찍한 범죄일 것입니다. 비록 법적으로 살인죄가 적용되지는 않더라도 말입니다. 앞서 말했듯 우리 또한 자연의 일부이며, 설령 그렇게 믿지 않는다 해도 자연의 각 부분을 사랑하는 사람들이 너무나 많습니다. 따라서 자연의 파괴는 우리가 스스로 설정한 자연과의 인격적 관계를 배신한다는 점에서 결국 자기모순적인 행위입니다.

누군가는 이렇게 물을 수도 있습니다. "나는 자연에 아무런 의미도 부여하지 않고, 반려동물도 키우지 않아. 그렇다면 내가 자연을 파괴하는 것은 자기모순이 아닌 것 같은데?" 물론 이런 형태의 삶도 충분히 존재할 수 있습니다. 하지만 만약 누군가가 자연과의 모든 관계를 부정한다 해도, 그 또한 자연과 깊은 관계를 맺고 사는 수많은 타인과의 관계 속에서 살아갑니다. 따라서 다른 사람에게 절대적인 의미를 지니는 대상을 파괴하는 행위는, 결국 그들과의 관계를 파괴하고 공동체를 해치는 행위로 귀결될 수 있습니다.

결국 개인이든 공동체든 인간은 자연과 '일방적인' 인격적 관계로 묶

악은 존재하지 않는다

여 있습니다. 그래서 만약 인간이 자연에게 가하는 폭력이 거꾸로 되돌아온다면, 우리는 필사적으로 그 순환에 서사를 부여하려 합니다. 많은 인명 피해를 낸 자연재해가 발생할 때면, 어김없이 '지구의 분노'나 '자정작용'과 같은 표현이 등장합니다. 차라리 원한을 품은 상대를 마주하는 편이 아무런 의미도 없는 재앙을 받아들이는 것보다 덜 고통스럽기 때문입니다.

그렇다면 자연에 대한 우리의 자세는 어떠해야 할까요? 「악은 존재하지 않는다」가 보여주는 자연의 '무도덕성'은, 그것을 정복하거나 개조하려는 시도, 심지어 완전히 동화되려는 시도마저 실패로 끝날 수 있음을 보여줍니다. 우리가 할 수 있는 것은 어쩌면 그저 자연의 타자성을 인정하고, 이해할 수 없는 영역에 대한 경외심을 품은 채 적정한 거리를 유지하는 것뿐일지도 모릅니다. 이 영화는 바로 그 이해의 한계선을 집요하게 파고들며, 자연 앞에 선 인간의 위치를 되묻고 있습니다.

종교적 차원의 해석

지금까지 저는 이 작품을 해석하는 데 있어 기독교적 관점을 거의 언급하지 않았습니다. 그렇다면 과연 이 미스터리적인 영화도 기독교적 시선으로 해석할 수 있을까요? 한 가지 떠오르는 지점은 도스토예프스키의 소설 『카라마조프가의 형제들』에 나오는 유명한 구절입니다. "만약 신이 없다면, 모든 것이 허용된다." 앞서 이 영화를 이해하기 위해 제목을 '자연계에 악은 존재하지 않는다'로 읽어 볼 것을 제안했습니다. 만약 이것이 감독이 의도한 진정한 의미라면, 이는 도스토예프스키의 사상과 놀랍도록 닮아 있습니다.

과학적 사실만 놓고 보면 인간도 자연의 일부에 불과합니다. 따라서 자연계에 악이 없다면 인간에게도 악이 없는 셈입니다. 하지만 우리는 인간만큼은 자연계에서 어느 정도 벗어난 존재라고 생각합니다. 선과 악을 인식할 수 있고, 나쁜 일을 한다면 악하다고 여깁니다. 이것이 가능하려면 신과 같은 절대적 기준이 필요합니다. 신이 인간에게 선과 악이라는 개념을 부여했을 테니 말입니다. 그러므로 신의 유무는 우리가 자연에 종속된 존재인지, 아니면 그로부터 벗어나 도덕적 기준을 가지고 살아가는 존재인지를 결정하는 매우 중요한 단서가 되어 줍니다.

선과 악을 인식할 수 있는 도덕성에 대해서는 다양한 견해가 존재합니다. 도덕성의 존재를 비판하는 이들은 이를 인간을 구속하는 족쇄이자 단순한 사회적 합의나 편의를 위한 허구라고 주장합니다. 하지만 선악을 인식하는 능력은 우리에게 주어진 축복입니다. 이러한 능력이 없다면 우리는 인간 사회에서 일어나는 모든 일에 대해 극심한 혼란에 빠질 것입니다. 도덕이야말로 인간 세상의 현상을 해석하는 가장 설득력 있는 렌즈이기 때문입니다.

많은 이들이 이 영화의 후반부를 어렵고 혼란스럽게 여기는 이유는 분명합니다. 이 영화의 제목에도 불구하고, 우리는 최소한 인간 사이에는 여전히 악이 존재한다고 믿기 때문입니다. 전혀 악을 행할 이유가 없던 타쿠미가 갑작스럽게 살인을 저질렀을 때, 관객들은 이 당혹스러운 악행의 동기를 찾으려 애쓸 수밖에 없습니다. 우리의 인간적인 본성이 그렇게 시키기 때문입니다. 하지만 타쿠미를 자연을 상징하는 존재, 인간이 아닌 존재로 받아들이고 나면, 모든 혼란은 순식간에 해소됩니다.

　　　　　　　　　악은 존재하지 않는다

이처럼 인간은 선과 악의 존재를 믿으며 살아갈 수밖에 없습니다. 누군가는 이를 지식적으로 부정할 수도 있겠지만, 그러한 반대자들조차 실제 삶에서는 선과 악, 옳고 그름이 존재하는 것처럼 살아갑니다. 오직 악이 존재한다고 믿을 때에만, 우리가 그것을 피하거나 개선할 수 있다는 희망을 가질 수 있기 때문입니다. 이러한 희망은 오직 선악이라는 틀이 제시하는 질서 속에서만 가능한 것입니다.

도스토예프스키의 말처럼, 신이 없다면 모든 것이 허용됩니다. 신이 없다면 악은 존재하지 않으며, 인간의 모든 행동은 마치 사슴처럼 본능적인 반응일 뿐입니다. 만약 신이 없다면, 타쿠미의 타카하시 살해는 자연스러운 일입니다. 반대로 신이 있다면 모든 것이 허락될 수는 없습니다. 악은 존재하며, 타쿠미의 살인은 반드시 해명되어야만 하는 문제가 됩니다. 도덕의 세상과 순수한 자연계, 이 두 세상 중 어디에서 살아갈지 선택하는 것은 지금도 여전히 각자의 몫으로 남아 있습니다.

Media 美食

우리들의 일그러진 종교

[3부]

우리가 역사 속에서 저질러 온
폭력과 정복의 서사를
우주 전체로 확장한 결과물이
바로 어둠의 숲 가설입니다.

스스로의 타락한 본성을, 아직 본 적도 없는 우주인에게
투영하고 있는 것입니다.

삼체

Three Body Problem, 2024

삼체교와 기독교는 어떻게 다른가?

「삼체」는 중국의 소설가 류츠신이 짓고 넷플릭스에서 드라마화한 SF 작품입니다. 원작이 SF계의 노벨상이라 불리는 휴고상을 수상한 데다 300만 부 이상 팔리며 대중적으로도 큰 성공을 거둔 작품인지라, 이번 영상화는 많은 기대를 모았습니다. 이후 완성된 드라마는 원작을 모른 채 시청해도 충분히 즐길 수 있을 만큼 다양한 SF 소재가 하나로 조화롭게 어우러진 작품이었습니다.

잘 만들어진 SF 작품에는 한 가지 공통점이 있습니다. 겉으로만 보면 과학과 기술의 발전을 중점적으로 다룰 것 같지만, 그 안에는 인문학적인 통찰이 핵심으로 자리 잡고 있다는 점입니다. 이 작품에도 철학과 종교에 대해 이야기해 볼 만한 흥미로운 지점들이 많이 있습니다.

과학과 종교의 관계

드라마 「삼체」의 첫 에피소드는 예원제라는 한 여성을 등장시키며 중국의 문화 대혁명 장면으로 시작합니다. 예원제의 아버지는 '불순한 과학'을 연구했다는 이유로 죽음을 맞이하는데, 그 과학이란 바로 빅뱅 이론과 상대성 이론이었습니다. 빅뱅 이론은 신의 존재를 뒷받침하는 것처럼 보인다는 이유로, 또 상대성 이론은 아인슈타인이 미국의 핵무기 개발에 기여했다는 이유로 금지되었던 것입니다.

여기서 빅뱅 이론이 신의 존재를 뒷받침한다는 말이 이상하게 들릴지도 모르겠습니다. 하지만 이 이론을 처음 주창한 사람은 물리학 교수이자 가톨릭 사제였던 조르주 르메트르였습니다. 그가 이 이론을 발표하기 전까지 과학자들은 우주가 항상 현재와 같은 상태로 존재해왔을 것이라 생각했습니다. 이를 '정상(定常) 우주론'이라고 부릅니다. 정상 우주론의 대표적인 방어자였던 프레드 호일은 빅뱅 이론이 처음 등장했을 때 이렇게 조롱했다고 합니다. "그렇다면 그냥 우주가 뻥(bang) 하고 터져서 시작됐다는 거냐?" 이 조롱이 지금은 빅뱅 이론의 정식 명칭이 되어 버렸습니다.

이처럼 빅뱅 이론이 처음부터 쉽게 받아들여지지 않은 데에는 여러 이유가 있었지만, 그중 하나는 빅뱅 이론이 너무 종교적으로 들린다는 점이었습니다. 마치 창세기에서 "빛이 있으라"는 말씀과 함께 우주가 시작되는 장면처럼 들렸던 것입니다. 그래서 지금도 철학계에는 빅뱅 이론과 우주의 시작점을 근거로 신의 존재를 논하려는 철학자들이 많이 있습니다.

「삼체」가 이런 역사적 맥락을 충실히 반영했다는 점은 꽤 흥미롭습니다. 여기서 조금 더 깊이 살펴보고 싶은 부분은 '종교가 과학의 발전을 저해한다'는 흔한 오해입니다. 과학은 본질적으로 사실을 탐구하는 학문인데, 특정 시대의 종교나 이데올로기는 자신들의 이익을 위해 이러한 진리 탐구를 억압해 왔습니다. 비단 과학뿐 아니라, 어떤 학문의 발전을 막는 배경에는 대중을 쉽게 통제하려는 의도가 깔려 있다고 볼 수 있습니다.

여기서 항상 대표적인 예시로 꼽히는 것이 중세 가톨릭입니다. 그 피해자인 갈릴레오 갈릴레이는 일종의 역사적 상징이 되었을 정도로 유명합니다. 갈릴레이 사후 몇백 년이 지나 계몽주의자들은 그를 '발전을 억압하는 종교에 맞선 과학의 순교자'로 묘사했고, 지금도 많은 사람이 그렇게 믿고 있습니다. 하지만 갈릴레이의 이야기를 자세히 들여다보면 진실은 훨씬 복잡합니다.

갈릴레이는 모두를 입 다물게 할 완벽한 과학 이론을 가졌음에도 단순히 종교적 이유로 박해받은 사람이 아닙니다. 당시 교황청 소속 과학자들은 지동설로는 천체의 움직임을 완전히 설명하지 못한다며 해명을 요구했습니다. 그러나 갈릴레이의 관측 자료로는 아직 이를 완벽히 입증할 수 없었습니다. 이러한 과학적 문제들은 동시대에 활동했던 케플러, 그리고 이후의 뉴턴에 의해 비로소 해결됩니다. 다시 말해, 교황청과 갈릴레이의 대결은 패러다임 전환기에 흔히 일어날 법한 과학 대 과학의 논쟁이었습니다. 시대적 배경상 당시 최고의 과학자들이 교황청에 속해 있었을 뿐입니다.

갈릴레이는 오히려 가톨릭과 개신교라는 고래 싸움에 등 터진 새우와 같았습니다. 그가 받은 박해는 과학적 측면보다는 신학적 측면에서 비롯되었습니다. 평생을 기독교인으로 살았던 그는 지동설을 주장하려면 성경의 일부 구절을 새롭게 해석해야 한다는 점을 잘 알고 있었습니다. 그래서 단순히 과학 이론을 제시하는 데 그치지 않고 성경을 재해석하는 작업을 진지하게 시도했습니다.

하지만 신학자가 아닌 평신도가 성경 해석을 제시하는 행위는 가톨릭보다는 개신교의 정신에 가까웠습니다. 당시 가톨릭에서는 성직자들이 성경 해석의 권위를 독점하고 있었기에, 교황청은 갈릴레이의 행동을 크게 경계했습니다. 참고로 갈릴레이가 살던 시기는 종교개혁이 일어난 지 100년이 지난 후였고, 개신교의 존재는 교황청에게 이미 큰 위협이었습니다.

결국 갈릴레이는 개신교와 가톨릭의 교리적 갈등 속에서 희생양이 되어 가택연금 처분을 받게 되었습니다. 반면 개신교의 유력 학자들은 갈릴레이의 지동설과 새로운 성경 해석을 대체로 환영했습니다. 한 가지 예로, 당대 영향력 있던 청교도 사상가 존 밀턴은 갈릴레이의 사례를 들어 로마 가톨릭의 폐쇄성을 강하게 비판한 바 있습니다.[1] 또한 지동설을 전제로 연구했던 개신교인 천문학자 케플러가 갈릴레이와는 달리 종교 기관과 거의 충돌하지 않았다는 점에서도 우리는 당대 개신교가 다양한 성경 해석에 훨씬 포용적이었음을 알 수 있습니다.

이는 개신교가 가톨릭보다 우월하다는 주장이 아닙니다. 다만 중세의 모든 종교 권력이 과학을 박해했다는 통념이 사실이 아님을 보여줄 뿐입니다. 로마 가톨릭의 재판은 과학의 순교자를 종교적 관점으로 재단하려는 시도가 아니었고, 심지어 개신교는 당시에도 이 모든 해석에 유연하게 열려 있었습니다. 물론 이 모든 사실을 인정하더라도 갈릴레이가 종교적 권력 다툼 속에서 핍박받은 사실 자체는 부인할 수 없습니다.

여기서 주목할 점은, 인간의 지배욕이 그 시대의 지배적인 체제를 통해 표출된다는 것입니다. 중세에는 기독교가 그 수단이었고, 「삼체」의 문화 대혁명은 정반대로 정치적 체제를 통해 종교적 관점을 억압했습니다. 신학과 철학적 사고가 지도자 우상화를 방해한다고 보았기 때문입니다. 20세기의 스탈린 체제 또한 같은 이유로 수많은 교회를 파괴하고 성직자들을 박해했습니다. 이는 신의 존재를 지워 자신들의 지배 이데올로기를 공고히 하려는 시도였습니다. 이처럼 역사적으로 권력은 때로는 신을 앞세우며, 때로는 신을 부정하며 인간의 발전과 학문을 억압해 왔습니다.

양자 얽힘과 지자

「삼체」에는 과학 발전을 억압하는 또 다른 장치가 등장합니다. 초반부의 문화 대혁명 장면은 물론이고, 이후 삼체 외계인들이 꾸민 계략에도 이런 테마가 담겨 있습니다. 그들은 지구의 과학 발전을 방해하기 위해 '지자(智子)'라는 물질을 지구로 보낸 후 양자 얽힘 현상을 이용해 사람들의 시야에 이상한 환상이 보이게 합니다. 눈앞에 카운트다운 숫자가 보이게 하거나, 우주가 윙크하거나 하늘이 거울처럼 변하는 모습을 보여주는 것입니다. 비유하자면, 만화 「나루토」에 나오는 '무한 츠쿠요미'²처럼 사람들에게 계속해서 이상한 환상을 보여준다고 할 수 있습니다.

여기서 잠깐 양자 얽힘에 대해 간단히 설명하겠습니다. 드라마에서 이 개념이 너무 빨리 지나가서 '이게 도대체 뭐지?'라고 생각하셨을 분들이 계실 것 같습니다. 양자 얽힘이란, 두 개 이상의 양자가 아무리 멀리 떨어져 있어도 즉각적으로 상호작용하는 현상입니다. 예를 들어 빛의 속도로 100년이 걸리는 거리에 떨어져 있어도, 한쪽이 '업(up)'으로 결정되는 순간 다른 쪽이 '다운(down)'으로 정해지는 식입

---

1 톰 홀랜드, 『도미니언』, 이종인 옮김(서울: 책과함께, 2020), 480-481.
2 만화 「나루토」에 등장하는 환술 중 하나로, 작품에서 우치하 마다라는 이 술법을 통해 달에 자신의 눈을 투영해 모든 사람들이 행복만 가득한 평화로운 환상 속에 살도록 만들려고 했다. 「인셉션」이나 「매트릭스」 속 세계와 비슷하다.

니다. 물리학의 대전제는 빛의 속도보다 빠른 정보 전달이 불가능하다는 것인데, 양자 얽힘은 마치 이 전제를 깨는 것처럼 보입니다.

이는 사실 빛보다 빠른 정보 교환이라기보다는, 두 양자가 처음부터 얽혀 있었고 관측하기 전까지는 상태를 알 수 없었다고 보는 편에 가깝습니다. 마치 양자 역학의 유명한 비유인 '슈뢰딩거의 고양이'가 상자를 열기 전까지는 살았는지 죽었는지 모르는 것처럼 말입니다. 이처럼 양자 얽힘 현상을 통해 빛보다 빠르게 정보를 전달하는 일은 불가능하다는 것이 물리학계의 정설입니다.

「삼체」는 이런 양자 얽힘 현상을 굉장히 흥미롭게 녹여 냈습니다. 삼체 행성과 지구가 4광년이나 떨어져 있음에도, 삼체인들은 지자를 통해 지구에 즉각적인 영향을 미칩니다. 쉽게 말해, 삼체 행성에서 '업'을 결정하면 지구에서는 '다운'이 되는 식입니다. 이를 통해 그들은 지구인들에게 이상한 환상을 보여주며 과학 발전을 방해할 수 있었습니다. 물론 이는 실제 양자 얽힘 현상과는 차이가 있는 소설적 허용입니다. 그럼에도 최신 과학 이론에 판타지적 상상력을 더한 창의적인 설정이라고 볼 수 있습니다.

삼체가 보여주는 종교 비판

드라마에는 삼체인을 믿는 삼체교 신자들이 등장합니다. 이들은 삼체인이 지구에 도달하기를 기다리는 신앙 공동체로, 종말론을 강조하는 일부 기독교 집단에 대한 풍자처럼 보이기도 합니다. 일반인들은 기독교를 기반으로 한 종말론적 사이비와 정통 기독교를 딱히 구분하지 않는 경향이 있기 때문입니다. 원작에서는 삼체교인들이 자신들만의 구원을 바라지 않는다고 하지만, 드라마에서는 다르게 묘사됩니다. 삼체인이 도래하면 신도들은 구원받고 다른 이들은 심판받는다는 교리가 이들이 지닌 핵심입니다. 이들은 그날을 '심판의 날(Judgement Day)'이라 부르며, 삼체인과 교신하는 배의 이름도 '심판의 날'입니다. 이는 그리스도의 재림이 신자들에게는 구원이며 대적하는 이들에게는 심판이라는 기독교의 교리와 꽤 유사해 보입니다. 다만 기독교는 삼체교와 달리 테스트를 통해 신자를 선별하거나, 여러 조건을 내세우거나, 비밀 조직으로 운영되지는 않는다는 차이가 있습니다.

삼체교인들은 인류 문명을 자신들 중심으로 재건하여 지구를 정화하기를 원합니다. 이것은 매우 극단적인 사상입니다. 이런 점에서 사실 기독교의 관점은 삼체교인이 아니라, 오히려 작품 속 주인공 캐릭터들과 공명합니다. 주인공들이 400년 후의 지구 침공을 사실로 받아들이듯, 기독교도 세상 마지막 날의 심판을 사실로 믿습니다. 그러나 삼체의 주인공 일행처럼 이 문제를 해결하기 위해 노력할 뿐, 삼체교 신자들처럼 자신들만의 구원을 기뻐하며 행복해하라고 말하지 않습니다.

그럼에도 우리는 뼈아프게 자문해 볼 필요가 있습니다. "왜 세상은 이런 어처구니없는 극단적 종교로부터 기독교의 모습을 보는가?" 성경의 가르침과 별개로, 현실의 일부 기독교 공동체가 보여주는 모습 속에 그 답이 있을지 모릅니다. 외부를 향한 정죄의 목소리는 높이면서 우리 안의 문제에는 침묵하는 모습이나, 세상의 멸망을 예고하면서 우리만의 구원을 확신하는 모습에서 사람들은 삼체교와 같은 '선민의식'의 그림자를 발견하는 것입니다.

그러나 삼체교에는 가장 근본적인 문제가 있습니다. 그것은 바로 이 종교가 인류의 운명을 멋대로 재단하고 심판하려 한 예원제 개인의 오만으로부터 출발했다는 한계입니다. "회신하지 말라"는 외계인의 경고를 무시하고 인류 전체를 심판대에 올린 예원제의 행동은, 어쩌면 신의 자리에 앉으려는 인간의 교만을 상징적으로 보여주는 것일 수도 있습니다. 세상이 일부 기독교를 비판하는 지점 또한 이와 크게 다르지 않습니다. 하나님의 사랑을 말하면서도, 그분의 이름으로 타인을 정죄하고 심판하려는 모습에 치가 떨리는 것입니다. 물론 예원제라는 인물의 선택을 단순히 '인류에 대한 의도적인 배신'으로 치부하기에는 복잡한 사정이 있습니다. 예원제는 문화 대혁명이라는 거대한 폭력 속에서 아버지를 잃고 인간에 대한 깊은 환멸을 느꼈습니다. 예원제의 절망은 시대를 떠나 모두가 공감할 수도 있는 지점입니다. 그럼에도 인류에게 자정 능력이 없다고 멋대로 판단을 내린 것은 예원제가 저지른 가장 잘못된 선택이었습니다.

사실 저는 처음에 예원제가 순간의 감정으로 내린 결정을 두려워하며 살아가는 이야기일 줄 알았습니다. 그런데 알고 보니 예원제는 종교를 만들어 교주 행세까지 하고 있었습니다. 어떻게 한 사람이 감히 인류의 운명을 결정할 수 있을까요? 그런 의미에서 예원제는 공감할 수는 있으나 옹호할 수는 없는 인물입니다. 예원제가 바라는 구원은, 인류를 구원하겠다는 대의를 위해 무고한 아이들까지 희생시키는 웨이드의 방식과도 맞닿아 있습니다.

웨이드는 자신의 목적을 위해 '심판의 날'호에 탑승한 모든 이를 학살했습니다. 그중에는 무고한 어린아이들도 많았습니다. 드라마를 보면서 어떤 법적 근거로 그런 일을 벌일 수 있는지 의문이 들었지만 명확한 답은 제시되지 않았습니다. 그는 단지 "지구를 위한 일"이라며 자신의 행동을 정당화합니다. 삼체교는 자신의 구원을 위해 타인의 멸망을 기뻐하고, 웨이드 일행은 심판을 막는다는 대의를 위해 무고한 이들을 희생시킵니다. 이 두 집단이 보이는 행보는 극도로 잔혹합니다. 이들의 행동 양식은 드라마 첫 장면에 등장한 문화 대혁명의 모습과 겹쳐 보이며, 이를 통해 사람들에게 묘한 감정을 불러일으킵니다.

'어둠의 숲' 가설과 기독교

작품에 C. S. 루이스가 언급된 장면에 관해 한번 이야기해 보려 합니다. 사울과 윌의 대화 중에 갑자기 C. S. 루이스를 비하하는 내용이 등장합니다. 사울은 윌의 과거를 이야기하다가 한 기독교인 여성을 만났던 일화를 꺼냅니다. 그 여성과 기독교적이지 않은 일, 곧 성관계를 할 뻔했는데 윌이 C. S. 루이스를 "허접한 작가"라고 깎아내려서 무산됐다는 내용이었습니다. 옥스퍼드에서 이루어진 이 대화 장면은 원작 소설이 아닌 넷플릭스 제작진이 추가한 내용으로 보입니다. 원작의 주인공들은 드라마와 달리 옥스퍼드 출신 영국인이 아니라 중국 대학에서 일하는 과학자들이기 때문입니다.

많은 분이 아시다시피 C. S. 루이스는 훌륭한 영문학자이자 비종교인들에게도 『나니아 연대기』로 널리 알려진 작가입니다. 정식으로 그를 비판하기에 앞서 그저 조롱조로 표현한 것은 기독교에 대한 제작진의 부정적인 관점이 작용한 것이 아닌가 싶습니다. 레딧의 한 유저는 "「삼체」드라마 제작진이 「왕좌의 게임」 제작진이라 톨킨과 루이스 팬들에게 그동안 받은 비난을 되돌려 준 것 아니냐"는 의견을 내놓았는데, 이 또한 재미있는 해석입니다.[3] 아무튼 제작진이 C. S. 루이스를 언급한 덕분에 예전에 읽었던 그의 우주 관련 에세이가 하나 떠올랐습니다. 이는 「삼체」의 내용 일부와도 연관이 있습니다.

우선 「삼체」는 '어둠의 숲' 가설을 중심으로 하는 소설입니다. 아예 소설 2부의 부제가 '어둠의 숲'일 정도이지요. 여기서 어둠의 숲 가설은 물리학자 엔리코 페르미가 제시한 '페르미 역설'의 대답 중 하나입니다. 드라마 안에서도 페르미 역설에 관한 책이 등장하고, 예원제가 들려주는 아인슈타인 일화[4]도 이와 맥을 같이합니다. 어둠의 숲 가설에 따르면 외계 문명들은 서로에게 자신의 존재를 숨긴 채 지내는데, 이는 두 문명이 만날 경우 더 강한 쪽이 약한 쪽을 완전히 파괴할 것이기 때문입니다.

C. S. 루이스는 『세상의 마지막 밤』에 실린 '종교와 우주 개발'이라는 에세이에서 외계인의 발견이 기독교의 진실성을 부정할지에 대해 다룹니다. '만약 외계인이 존재한다면, 인간에게만 특별히 주어진 것처럼 보이는 성경과 기독교 교리를 어떻게 신뢰할 수 있느냐'는 질문은 꽤 자주 제기되는 질문입니다. 하지만 루이스는 외계 생명체가 존재하더라도 그들에게는 기독교 교리, 특히 그리스도의 성육신이 필요하지 않았을 수도 있다고 봅니다. 왜냐하면 성육신은 인간의 특별함을 보여주는 것이 아니라, 오히려 인간이 부패하여 구원이 절실한 존재임을 보여주기 때문입니다. 말하자면 우주에서 인간이 특별한 '금쪽이'일 수도 있지 않냐고 묻는 것입니다.

여기서 어둠의 숲 가설과 C. S. 루이스의 생각을 비교하는 것은 어느 쪽이 맞느냐를 따지기 위함이 아닙니다. 오히려 '우리는 왜 외계 문명을 위협적인 존재로만 상상하는가?'라는 질문을 통해 우리 자신을 들여다보기 위함입니다. 어둠의 숲 가설은 지극히 합리적인 추론처럼 보이지만, 그 기저에는 공격과 불신을 기본값으로 삼는 인간의 경험이 깔려 있습니다. 우리가 역사 속에서 저질러 온 폭력과 정복의 서사를 우주 전체로 확장한 결과물이 바로 어둠의 숲 가설인 셈입니다. 스스로의 타락한 본성을, 아직 본 적도 없는 우주인에게 투영하고 있는 것입니다.

바로 이 지점에서 '어쩌면 문제아는 우리 인간뿐일 수 있다'는 루이스의 역발상이 빛을 발합니다. 이는 우리를 우주의 중심이라는 교만에서 끌어내립니다. 또한 성경의 교리는 우월하거나 특별한 존재를 위한 것이 아니라, '금쪽이'를 위한 것임을 환기시켜 줍니다. 기독교에 따르면 인간은 창조자의 특별한 관심을 받는 존재가 맞습니다. 역설적이게도 인간이 특별히 못난 존재이기 때문입니다.

이 땅의 동물과 식물을 포함한 모든 자연계는 하나님의 창조 섭리대로 잘 살아가고 있습니다. 심지어 존재 여부를 알 수 없는 외계인조차 그러고 있을지도 모릅니다. 오은영 박사님이 나오는 프로그램을 보더라도 늘 중심에 있는 것은 금쪽이이고 옆에서 잘 지내는 형제들은 거의 비춰지지 않습니다. 어쩌면 이 이유로 성경의 내용이 지구 중심으로 전개된 것일 수 있습니다.

3 넷플릭스 드라마 「삼체」의 총괄 제작은 데이빗 베니오프David Benioff와 D. B. 와이스Weiss가 맡았다. 이들은 HBO의 인기 드라마 「왕좌의 게임」의 쇼 러너로 잘 알려져 있는데, 이 작품은 후반부의 급작스러운 전개와 캐릭터 붕괴로 인해 팬들에게 큰 비판을 받았다. 특히 마지막 시즌 8의 경우, 그 완성도에 대한 실망감으로 인해 재제작을 요구하는 청원에 50만 명 이상이 서명하기도 했다. 또한 J. R. R. 톨킨이나 C. S. 루이스의 작품을 선호하는 정통 판타지 팬덤을 중심으로, 「왕좌의 게임」의 결말이 판타지 장르의 본질을 훼손했다는 강한 비판이 제기되기도 했다.

4 예원제는 죽기 전 사울을 만나 농담을 하나 들려준다. 아인슈타인이 죽고 눈을 떠 보니 천국에 와 있었고, 자신의 바이올린도 함께 있었다. 아인슈타인이 바이올린을 연주하려 하자, 천사들이 다가와 "신께서 싫어하실 거야. 신은 색소폰 연주자이시다"라며 그를 말린다. 하지만 아인슈타인은 "난 신과 함께 연주할 거다. 우리의 합주는 멋질 거야"라며 연주를 시작한다. 그러자 신이 나타나 아인슈타인을 공격하고, 그의 바이올린을 박살내 버린다. 그 뒤로 아인슈타인은 음악이 없는 영원을 보내야 했고, 천국이 곧 지옥이 되었다는 이야기다. 이 일화는 경고에도 불구하고 자신의 신념을 밀고 나간 아인슈타인의 모습과, 예원제가 외계 문명(삼체인)의 경고를 무시하고 신호를 보낸 자신의 선택을 은유적으로 연결하는 장치다.

인간은 너무나 쉽게 '악함'의 원인을 높은 지능 탓으로 돌리는 경향이 있습니다. 우리가 다른 동물에 비해 더 악한 일을 하는 이유를 지식이 높은 탓으로 돌리고, 나쁜 본성을 가져서가 아니라고 믿어야 하기 때문입니다. 그래서 지적 수준이 높은 외계인이 존재한다면 당연히 악할 것이라 생각하고 지레 겁을 먹습니다. 하지만 그것이 진실이라는 보장은 없습니다. 오히려 주어진 지능을 선한 곳에 잘 쓰는 외계인이 존재할 수도 있습니다. 만약 인간과 외계인이 모두 타락하지 않은 상태로 만난다면 어떨까요? 더 발전된 문명이 자발적으로 소통의 장벽을 낮추고 기술을 공유하며 함께 발전할 수 있다면 어떨까요? 마치 영화 「컨택트」에서 헵타포드들이 인간에게 특별한 능력을 선사하는 것처럼 아름다운 모습이 될 것입니다.

이 드라마에서 삼체교의 신봉자들이 인류의 배신자로 여겨지는 것도 모두 어둠의 숲 가설 때문입니다. 물론 이 드라마를 보면 삼체인들 또한 지구를 정복하려는 의도를 보이기는 합니다. 소설을 읽어 보지 않아 결말은 모르겠지만, 적어도 이 작품은 어둠의 숲 가설을 사실로 전제한 채 이야기를 진행합니다. C. S. 루이스의 관점에 따르면, 어둠의 숲 가설은 인간의 타락한 도덕성이 공격과 정복을 기본값으로 삼고 있음을 보여주는 것입니다.

결론

「삼체」는 여러모로 많은 통찰을 가능하게 해주었던 좋은 SF 작품입니다. 생각만큼 큰 화제가 되지는 않았지만 한 번쯤 추천할 만한 작품입니다. 특별히 외계인, 과학 기술, 철학적 난제와 종교 등 다양한

주제에 관심이 많은 분이라면 이 드라마를 통해 더 많은 것을 발견할
수 있을 것입니다. 2부에서는 더욱 풍성한 내용이 등장하기를 기대합
니다.

삼체

이 아기가 받은 저주는,

죄 때문에 고지를 받았다고 여겨졌던 수많은 이들의 누명을

벗겨 주었습니다.

11

지옥

Hellbound, 2021·2024

의미의 독점은 어떻게 사회를 망가뜨리는가?

연상호 감독의 「지옥」은 독특하고 매력적인 드라마입니다. 불확실성이 인간에게 주는 공포를 효과적으로 보여주며, 이것이 어떻게 각종 사회 현상으로 이어지는지를 탁월하게 분석한 작품이기도 합니다. 간혹 거대한 주제 의식을 다루는 과정에서 작은 개연성의 구멍이 보이기도 하지만, 극 전체를 이끌어 가는 감독의 역량은 단연코 돋보였습니다. 지금부터는 이 작품에 등장하는 종교 단체인 '새진리회'를 중심으로 의미의 독점이 어떻게 사회를 망가뜨리는지 살펴보도록 하겠습니다.

불확실성이 선사하는 불안

이 작품의 가장 근본적인 주제는 불확실성과 의미의 독점입니다. 그리고 감독은 불확실한 것이야말로 사람에게 가장 큰 불안감을 준다고 여기는 듯합니다. 작품에 등장하는 지옥행 고지는 아무런 기준 없이 무작위로 선고됩니다. 마치 예기치 못한 순간에 들이닥치는 삶의 불행처럼 말입니다. 더 큰 문제는 이러한 불행에서 어떠한 의미나 이유도 찾을 수 없다는 점입니다. 이처럼 누군가에게 고통이라는 불청객이 불시에 찾아올 수 있다면, 그것은 분명 나에게도 닥칠 수 있습니다. 그것도 전혀 준비되지 않은 순간에 말입니다. 바로 이 사실이 인간의 삶을 불안과 공포로 몰아넣습니다.

우리는 작품 속 천사의 정체가 무엇인지, 어떤 규칙으로 고지를 내리는지 궁금해합니다. 하지만 감독은 이를 알려 줄 생각이 별로 없어 보입니다. 어쩌면 시나리오를 쓴 사람조차 정확한 이유를 모를 수도 있습니다. 애초에 그다지 중요한 부분이 아니기 때문입니다. 감독의 의도는 등장인물들뿐 아니라 시청자들까지 철저히 불확실성 속에 던져 놓고, 이 혼란을 직접 체험하도록 만드는 것입니다. 한 예로 주요 등장인물인 민혜진 변호사의 어머니는 자신도 지옥을 고지하는 천사를 본 적이 있다고 말합니다. 바로 자신에게 말기 암을 선고했던 담당 의사를 가리킨 것이었습니다. 하지만 진짜 불확실성은 그 이후에 찾아왔습니다. 의연한 자세로 병상 위에서의 죽음을 준비했지만, 민변의 어머니에게는 그러한 죽음마저도 허락되지 않았습니다. 그는 생전 한 번도 예상치 못한 변수로 인해 타인에게 살해당하고 맙니다.

이 작품을 감상하다 보면, 갑작스럽게 고지를 받을지도 모르는 저런 세상에서 어떻게 살 수 있을지 의문이 듭니다. 하지만 잘 생각해 보면 우리의 현실도 크게 다르지 않습니다. 갑작스러운 교통사고나 전염병, 혹은 난치병으로 목숨을 잃는 경우가 허다하기 때문입니다. 매일 그것이 자신의 일이 아닐 것이라 외면하며 살아갈 뿐입니다. 감독은 이 주제 의식을 관객이 놓칠까 염려되었는지, 소도 사무소 교수의 입을 빌려 직설적으로 표현합니다. "천사의 고지는 곧 자연재해나 마찬가지"라고 말합니다.

인간의 진정한 불행은 세상이 원래 이렇다는 사실을 의연하게 받아들일 수 없다는 데 있습니다. 우리는 아무런 이유 없는 고통과 불행을 지극히 불합리한 것으로 여깁니다. 이 지점에서 영화 「노인을 위한 나라는 없다」에 등장하는 연쇄살인마 앤턴 시거가 떠올랐습니다. 그는 사람들을 만나 동전 던지기로 목숨을 결정하는 독특한 살인마입니다. 만약 피해자가 동전 내기에 걸리면 가차 없이 살해하고, 걸리지 않으면 담담히 떠나갑니다. 이 엉뚱해 보이는 캐릭터가 영화 역사상 가장 무서운 살인마 중 하나로 꼽히는 이유는 무엇일까요? 바로 불확실성이 주는 압도적 공포 때문입니다. 차라리 죽이는 이유라도 알려 주면 좋으련만, 그는 아무 말도 하지 않습니다. 오히려 왜 이런 일을 하냐고 묻는 피해자들의 질문을 더 의아해할 뿐입니다. 영화 속 인물들의 입장에서, 앤턴 시거의 존재는 마치 의미 없이 들이닥치는 자연재해와 같습니다. 이 불확실성 앞에서 영화 속 노인들의 축적된 지혜는 아무런 도움도 되지 못합니다.

이처럼 인간의 삶은 불확실성으로 고통받습니다. 언제 어디서 불행이 닥칠지 모르며, 만약 닥친다면 왜 하필 지금, 왜 하필 나여야만 하는지 아무도 말해 주지 않습니다. 드라마 「지옥」은 바로 이런 인간의 상황 자체가 지옥이라고 말하는 듯합니다. 오히려 고지를 받고 떠나는 저세상의 지옥에 대해서는 상대적으로 말하는 바가 적습니다.

의미의 독점

인간은 불확실성을 극복하기 위해 무엇을 해왔을까요? 의미를 갈망해 왔습니다. 삶의 의미, 고통의 의미, 죽음의 의미 등을 탐구하며 이 모든 것에는 분명 이유가 있을 것이라 가정해 온 것입니다. 작품 속 정진수 의장 역시 마찬가지였습니다. 고지를 받은 그는 자신의 죽음에 아무런 이유가 없어서는 안 된다고 믿었습니다. 그래서 '고지'라는 현상에 '정의를 위한 신의 뜻'이라는 의미를 부여했고, 그 의미가 실제로 세상을 바꾸기를 원했습니다. 정진수 의장의 주장처럼, 의미 부여가 사라지는 순간 인류에게는 종말이 찾아올지도 모릅니다.

저는 기독교인으로서 모든 삶과 죽음에 이유가 있다고 생각합니다. 우리가 상상하거나 만들어 낸 무언가가 아니라, 정말로 '삶의 의미'라는 것이 어딘가에 존재한다고 보는 것입니다. 하지만 우리가 그것을 온전히 인지할 능력이 부족하다고 생각합니다. 초등학생이 미적분을 모른다고 해서 미적분이 존재하지 않는 것이 아니듯, 사람이 이해할 수 없다는 이유만으로 모든 것에 의미가 없다고 말하는 것은 섣부른 판단입니다.

물론 이런 생각도 결국 특정 세계관을 받아들인 결과입니다. 세계관은 흐릿한 삶의 요소들에 의미를 부여해 또렷하게 볼 수 있도록 돕는 안경과도 같습니다. 그중에서도 가장 뚜렷한 시각을 부여하는 것은 역시 종교적 세계관입니다. 이런 맥락에서 정진수 의장이 들려준 제사장 이야기는 의미심장합니다. 옛날 사람들은 일식이 신의 분노 때문이라 여겼고, 제사장은 하늘의 큰 개가 해를 물었기 때문이니 사냥꾼을 보내 그 개를 잡아야 한다고 선포했습니다. 그리고 정진수는 자신의 해석을 덧붙입니다. "제사장은 사람들에게 의미를 준 것 아닐까요? 원래 인간들이 의미가 없으면 자멸해 버리는 족속들이잖아요."

이 이야기를 통해 감독은 인간의 의미 찾기 행위에 대한 두 가지 상반된 시각을 드러냅니다. 우선 인간의 의미 부여 자체를 문제 삼는 것 같지는 않습니다. 연상호 감독 또한 교회에 출석하는 기독교인이니 말입니다. 그가 주로 비판하는 것은 '의미를 독점하는 행위'입니다. 종교가 이 드라마가 다루는 표적이 된 이유 또한 종교 단체가 의미를 독점하고 임의로 휘두르는 모습을 쉽게 볼 수 있기 때문입니다. 많은 종교인들, 특히 기독교인들은 타인의 고통을 너무 쉽게 죄 때문이라고 단정 짓곤 합니다. 그리고 그들을 돕는다는 명목으로 오히려 더 강한 정신적 폭력을 가할 때가 많습니다.

「지옥」을 보면서 개신교인으로서 부끄러운 기억들이 떠올랐습니다. 몇몇 목사님이 강단 위에서 외쳤던 '코로나는 하나님의 심판'이라거나, '쓰나미는 기독교를 믿지 않는 일본에 대한 회개 촉구'라는 식의 발언들 말입니다. 자신이 신의 뜻을 완벽히 해석할 수 있다는 듯 함부로 말하는 일부 기독교인들의 모습은 같은 신앙을 가진 이들에게도 큰 위화감을 줍니다. 이런 모습이 꼭 개신교에만 나타나는 것은 아니지만, 적어도 새진리회를 통해 비판하고자 했던 종교 단체의 모습이 개신교와 가장 흡사하다는 점은 부인할 수 없습니다.

하지만 과연 누가 신의 뜻을 온전히 알 수 있을까요? 작품 속에 등장하는 기이한 현상들에 대한 정보는 사실상 전무합니다. 고지를 내리는 기괴한 얼굴을 '천사'라 이름 붙인 것은 누구인가요? '지옥'이란 정확히 무엇을 의미하나요? 그곳이 사후 세계인지, 실제 장소인지, 영원한 형벌의 장소인지, 혹은 구원받을 수 있는 곳인지는 아무도 모릅니다. 세 명의 괴물을 신의 사자라 부른 것도, 그들의 폭력이 지옥의 고통을 미리 보여주는 것이라는 해석도, 고지를 받는 이유가 죄 때문이라는 주장도, 심지어 그 죄의 범위까지도 모두 새진리회의 독단적 해석에 불과합니다. 사람들의 공포와 죄책감을 이용해 교묘하게 의미를 독점해 버린 것입니다.

지옥에 나타난 종교 비판

앞서 말했듯 새진리회는 언뜻 현대의 개신교와 비슷해 보입니다. 사용하는 용어나 전체적인 분위기가 유사합니다. 하지만 그 내용은 기독교의 교리와 정반대입니다. 새진리회는 정죄, 심판, 죄책감에 치우친 종교입니다. 그런 점에서 이들은 사이비보다는 원시 종교에 더 가깝다고 볼 수 있습니다.

흔히 인간을 가장 강하게 움직이는 동력은 공포와 탐욕이라고들 합니다. 이 두 가지를 극도로 자극하면 누구에게서나 종교성을 끌어낼 수 있습니다. 특정 종교를 믿지 않더라도, 사람들은 늘 무언가를 두려워하고 숭배하며, 한편으로는 자신의 욕망을 채워 주는 대상을 우상화하기도 합니다. 공포와 탐욕은 사람을 조종하는 가장 강력한 수단이며, 특히 「지옥」의 세계관처럼 불확실성이 사회를 지배할 때는 더욱 그렇습니다.

새진리회는 바로 이 중 '공포'라는 측면을 파고든 종교입니다. 대부분의 주요 종교에서 제공하는 회개의 기회도 없고, 일반적인 사이비 종교들처럼 신도들의 탐욕을 적당히 충족시켜 주는 전략도 없습니다. 오로지 공포심 자극을 통해 사람들을 묶어 놓는 수준에 머물러 있는 것입니다. 사실 이 종교를 믿는다고 해서 고지를 피할 수 있다는 보장도 없으니, 신자 입장에서는 달라질 것도 없는 셈입니다.

그리스도께서 제시하신 새로운 가르침은 우리를 공포와 탐욕을 자극하는 원시 종교로부터 해방시켜, 은혜와 사랑을 동력으로 살아가는 길을 열어 주었습니다. 그럼에도 우리 안의 종교성은 여전히 원시적 욕구를 채워 주는 종교를 갈망합니다. 그 결과 겉으로는 기독교 용어와 숭배 대상을 사용하지만, 실제로는 새진리회와 다름없는 모습이 나타납니다. 말하자면 '기독교의 탈을 쓴 원시 종교'라고 볼 수 있습니다. 오직 지옥에 대한 두려움으로 강박적인 신앙생활을 하거나, 다른 이들을 겁박하듯 전도하는 행태가 그 예입니다. 이는 성경이 말하는 기독교가 아닙니다. 지옥에 갈까 두려운 것이 하나님을 믿는 가장 큰 이유라면, 그것은 이미 올바른 신앙이라 할 수 없습니다.

만약 감독이 새진리회를 사이비처럼 보이게 하고 싶었다면, 그리고 그것으로 현실의 종교를 비판하려 했다면, 추가할 수 있는 설정이 아주 많았을 것입니다. 예를 들어 중세 기독교처럼 연옥이라는 개념을 도입해 돈으로 지옥행을 면제받게 하거나, 자비와 사랑이라는 명목 아래 위선을 저지르는 종교인들의 모습을 다룰 수도 있었을 것입니다. 하지만 감독은 이 모든 고차원적인 비판을 피하고, 가장 원시적이고 단순한 형태의 종교를 다루는 데 그쳤습니다.

많은 사람들이 「지옥」을 반기독교적인 작품으로 여깁니다. 기독교에 대한 호불호와 관계없이 대부분의 시청자가 그렇게 느낀 것 같습니다. 하지만 목사이자 성서학자인 제 아버지는 이 작품을 보고 이렇게 평했습니다. "개신교를 끝까지 몰아붙일 수도 있었지만, 감독이 한 수 봐준 것 같다." 저 또한 이 드라마가 애초에 기독교를 비난할 의도가 있었는지 확신하기 어렵다고 생각합니다.

새로운 의미

앞서 말했듯이, 저는 「지옥」이 종교 비판에만 치중된 작품은 아니라고 느꼈습니다. 오히려 내용만 보면 기독교적인 각본이라 볼 여지도 있습니다. 적어도 시즌 1의 큰 줄기는 원시 종교의 폭력성을 사랑과 희생이라는 새로운 의미로 전복시키는 이야기이기 때문입니다.

이러한 관점을 더 선명하게 드러내기 위해「지옥」마지막화에 나타나는 '의미의 전복'에 대해 설명해 보고자 합니다. 많은 이들이 감독을 염세주의자라고 평가하지만, 시즌 1의 내용만 놓고 보면 그렇게 생각하기 어렵습니다. 오히려 그는 사랑과 희생이라는 가치로 불확실성을 극복하려 한다는 점에서 전형적인 휴머니스트이며, 이 휴머니즘은 기독교와 맞닿아 있습니다.

새진리회는 고지가 죄 때문에 내려진다는 교리로 운영되었습니다. 사실상 교리라고 부를 만한 것은 이것 하나뿐이었지만, 직관적이고 사실 여부를 알 수 없다는 점 때문에 많은 사람들이 이를 받아들였습니다. 그런데 한 사건으로 상황이 완전히 달라지기 시작합니다. 태어난 지 얼마 안 된 아기가 고지를 받은 것입니다. 이 아기가 받은 저주는, 죄 때문에 고지를 받았다고 여겨졌던 수많은 이들의 누명을 벗겨 주었습니다. 단 한 명의 아기가 창출한 인류애적 의미가 기존의 낡은 의미의 독점을 전부 무너뜨리는 도화선이 된 것입니다.

언뜻 보면 종교성에 대해 인간성이 승리한 이야기처럼 보입니다. 일견 옳은 말입니다. 하지만 여기에 아이러니가 있습니다. 한 아기가 죄 없이 저주를 받는 것을 통해 다른 모든 이들의 죄책이 벗겨지는 이야기는 바로 기독교의 핵심 내용이기 때문입니다. 단언컨대「지옥」의 후반부만큼 예수적인 이야기는 없을 것입니다. 혹자는 살아남은 아기가 해리포터와 같다는 감상평을 남겼는데, 이 또한 자연스러운 비교입니다. 해리포터 역시 복음서의 메시아 서사를 그대로 차용하고 있기 때문입니다.

아기를 위해 대신 죽은 부모의 모습은 어떨까요? 이들의 희생 덕분에 새진리회의 의미 독점은 힘을 잃게 되었고, 사랑과 희생이라는 새로운 의미가 도입되었습니다. 기독교가 한 일도 이와 같습니다. 예수님은 죄책감과 공포로 사람들을 지배하던 종교성을, 사랑과 자비라는 새로운 의미로 전복시키셨습니다.

예수님이 살던 시대는 로마 제국 한복판이었습니다. 그곳은 힘과 권력이 최고의 가치로 여겨지던 곳이었습니다. 황제는 신으로 추앙받았고, 사람들은 로마를 무너뜨릴 더 강한 신을 갈망했습니다. 하지만 이 모든 것을 뒤집은 것은 한 힘없는 30대 청년이었습니다. 그의 희생적 죽음은 어떤 신에 대한 공포보다도 더 강력하게 사람들의 마음을 움직이고 변화시켰습니다.

예수님은 형식적인 의례와 실속 없는 종교적 실천을 강력하게 비판하셨습니다. 그리고 병자, 여성, 노예, 가난한 사람, 이방인 등 인간 취급을 받지 못하던 이들을 본래의 존엄한 위치로 회복시키셨습니다. 또한 그분은 개인의 특정한 죄가 그 사람이 겪어야 할 불행을 결정하지 않는다고 선포하셨으며, 「지옥」의 아기처럼 그저 존재만으로도 누군가에게 죄 사함을 선사했습니다. 종교적 죄책감에 짓눌려 있던 동시대인들에게 예수님의 존재가 얼마나 큰 위안이었을지 상상해 볼 수 있습니다.

이것이 기독교가 힘과 공포의 의미로만 독점되던 이 땅에 가져온 새로운 의미입니다. 고지에서 살아남은 아기 또한 드라마에서 이와 같은 역할을 수행하며 새로운 의미를 선사했습니다. 결론부가 보여주듯, 인간은 계속해서 더 나은 해석으로 새로운 의미를 찾아가야만 합니다. 그리고 그 새로운 의미는 사랑과 희생 같은 기독교적 가치를 담고 있을 때 가장 빛난다고 생각합니다. 만약 여러분이 이 드라마의 엔딩에서 인간에 대한 희망을 발견했다면, 이는 간접적으로나마 기독교적인 의미에서 힘을 얻은 것이라 할 수 있을 것입니다.

시즌 2에 대한 고찰

지금까지는 「지옥」의 시즌 1의 내용에 국한된 이야기였습니다. 이제 시즌 2에서 추가된 내용에 대해서도 다루어 보려 합니다. 저는 새로운 시즌이 시즌 1보다 훨씬 확장된 종교 개념을 다룰 것이라 기대했습니다. 특히 시즌 1 마지막에 등장한 부활 장면은, 희생과 부활을 전면에 내세운 '기독교적인' 신흥 종교가 등장할 가능성을 보여주었기 때문입니다. 저는 이번 시즌이 기독교에 대응하는 신흥 종교를 만들어 놓고, 이 종교가 보일 수 있는 전혀 새로운 방식의 폭력과 위선을 날카롭게 고발할 것으로 기대했습니다.

정확히는 기대했다기보다 긴장했다고 말하는 편이 더 옳을 것입니다. 여러 철학자들이 이미 이 일에 쓸 수 있는 칼을 갈아 놓았기에, 원한다면 그저 집어서 휘두르면 되었기 때문입니다. 반대로, 기독교적 희생과 사랑이라는 새로운 의미가 기존의 원시적 종교가 뿌려 놓은 죄책감에 기반한 질서를 해체하고, 새진리회나 화살촉에 맞서는 모습을 보여줄 수도 있었습니다. 하지만 감독은 두 쪽 모두 선택하지 않았습니다.

지옥의 새로운 시즌은 이야기를 전혀 새로운 국면으로 몰고 갑니다. 죄 없는 아기의 고지와 그 부모의 희생은 기존에 새진리회가 붙들고 있던 핵심 교리를 심각하게 약화시켰습니다. 그렇지만 사랑을 기반으로 한 새로운 종교는 생겨나지 않았습니다. 오히려 기존에 새진리회의 편이었던 화살촉이 또 다른 해석을 통해 의미를 독점하게 됩니다. 그들은 '죄인인 두 부모에게 벌을 내리기 위해 아기를 시연하는 척하면서 사실은 부모만 벌한 것'이라는 해석을 내세웠고, 대중은 이렇다 할 교리적 돌파구를 찾아내지 못한 새진리회 대신 화살촉의 말에 더욱 설득당하게 됩니다.

이후 화살촉은 부모의 희생으로 아이가 살아남은 일을 들어, 시연은 곧 신의 은혜로운 개입이며 속죄와 참회의 기회라는 교리를 내세우게 됩니다. 그래서 화살촉 집회에 온 사람들은 고지를 받은 사람들의 시연에 단체로 뛰어들어 '정죄의 불꽃'에 불태워질 것을 바랍니다. 하지만 이 교리는 너무나 비현실적이고, 신자들의 행동 또한 이해할 수 없이 기괴합니다. 희생과 속죄를 통해 얻을 수 있는 가시적인 보상, 예컨대 그 흔한 천국에 대한 약속조차 없음에도 그들은 그저 불나방처럼 죽음을 향해 달려듭니다.

「수리남」이라는 작품에서도 느낀 바 있지만, 저는 기독교를 비판하는 최근의 드라마들이 오히려 종교가 제대로 타락했을 때 보여주는 교묘한 메커니즘을 전혀 보여주지 못한다고 생각합니다. 사람들의 흔한 오해와 달리, 종교적 악당들은 그저 광기로만 사람을 통제하지 않습니다. 사람들이 아무 이유 없이 종교에 빠져들지는 않기 때문입니다. 오히려 타락한 종교는 어리석은 사람들뿐 아니라 엘리트 층까지 기만할 만한 철저한 심리 조작과 위선을 중심으로 작동합니다. 실제로 부패한 종교나 사이비에서 빠져나온 사람들과 깊이 대화해 보면, 그들의 수법은 이 작품 속 새진리회나 화살촉이 보여주는 느슨한 세뇌 방식에 비할 바가 아닙니다. 그들의 방식은 오히려 이성적이고 정교하며, 사회적이기까지 합니다. 이에 비해 「수리남」이나 「지옥」이 보여주는 부패한 종교는 그저 일반적인 악당들이 할 법한 일들만 벌입니다. 교리의 표면이 아니라 중심을 파고들어 그것이 어떻게 사회 현상으로 이어지는지 보여주어야 하는데, 그 지점에서 만족스러운 작품이 나오지 않고 있습니다.

그럼에도 새로운 시즌에서 가장 흥미로웠던 부분은 신 캐릭터의 등장이었습니다. 대통령의 정무수석이 새로운 세력으로 나타난 것입니다. 그는 자연재해와 같은 '고지' 현상을, 종교 단체들의 대립과 균형을 통해 통제하려 했다는 점에서 작품의 주제 의식을 조금 더 확장시키는 인물입니다. 그는 화살촉에 의해 세상이 무정부 상태가 되는 것을 막기 위해, 새진리회와 소도라는 두 세력을 이용해 공권력을 다시금 강화하고 시스템을 만들고자 합니다. 그런 그의 사상은 다음과 같은 대사에 압축되어 있습니다. "세상이 아무리 지옥이 된다 해도, 지옥을 지탱할 시스템이라는 게 필요하잖아?"

하지만 정부의 횡포라는 새로운 주제 의식의 등장은 사실 양날의 검이기도 합니다. 현실적인 눈으로 바라보면, 애초에 시즌 1의 전개 자체에 개연성이 부족하기 때문입니다. 한번 코로나19 초창기를 떠올려 봅시다. 각국의 정부는 감염자가 한 명만 발생해도 빠르게 계획을 짜서 사회를 관리하고 통제했습니다. 그런데 이 드라마의 내용처럼 괴물 세 마리가 나타나 사람을 불태워 죽이고, 그것이 전국에 영상으로 퍼져 나간다면 과연 어느 정부가 가만히 있을까요?

사실 고지 현상에 대응을 시도해 볼 방법은 너무나 많았습니다. 애초에 괴물이 현대 화기와 군대에 비해 그렇게 강해 보이지도 않고, 새진리회의 의미 독점이나 화살촉의 등장은 이미 준무정부 상태가 되기 전에도 충분히 막을 수 있던 일입니다. 또한 어떻게 된 일인지 이 영화에는 다른 국가에서는 무슨 일이 일어나고 있는지 거의 드러나지 않습니다. 이러한 의견을 의식했는지, 연상호 감독과 함께 시나리오를 담당 중인 최규석 작가는 인터뷰를 통해, 미국 등의 나라들은 시연 때 나타나는 괴물들을 직접 상대하기 위해 준비하고 있을 수도 있다는 상상을 덧붙입니다.

이전 시즌에 드러난 대한민국 정부의 이해할 수 없는 무능함은 오직 오컬트 장르를 흥미롭게 즐기기 위해 허용된 장치일 뿐, 현실적인 측면에서 보면 전혀 개연성이 없습니다. 그런데 갑작스레 정부의 관리가 등장해 사회를 통제하기 위한 계략을 펼치게 되면, 자칫 장르적 쾌감을 감소시키거나 설정상의 구멍을 노출하는 일이 될 수도 있습니다.

물론 이러한 정부의 계획이 전부 수포로 돌아간다는 점에서 드라마가 장르적 본분을 잃지는 않습니다. 정무수석은 결국 예상치 못한 정진수의 부활로 이전에 짜놓은 판이 모두 엎어지는 수모를 겪습니다. 더 나아가, 마지막에는 고지를 받아 버리며 결국 이 모든 것을 정부가 통제할 수 없다는 사실을 보여줍니다. 의미를 독점하여 세상을 통제하려는 사이비 종교나, 그 종교들을 이용하여 사회를 유지하려는 정부조직이나, 이해 불가능한 초자연적 재해 앞에서는 언제나 실패하는 것입니다.

지난 시즌이 '고지'라는 행위에 대한 의미 독점을 다루었다면, 시즌 2는 지난 시즌에 등장했던 '아기 시연과 부모의 희생' 혹은 '부활자'에 대한 의미의 독점을 둘러싼 이야기입니다. 이런 점에서 시즌 2는 약간의 변경을 곁들인 시즌 1의 동어 반복이라고 볼 여지가 많습니다. 물론 마지막에 등장한 반전이 다음 시즌의 내용을 궁금하게 만들기는 합니다. 부모들의 희생해서 지켜 낸 줄로만 알았던 아기는 사실 죽었다가 그 자리에서 곧장 살아난 것이었습니다. 이는 고지 현상이 반드시 목표물을 향해 이루어지며, 남을 위해 대신 희생하는 행위는 별 의미가 없다는 사실을 가르쳐 줍니다.

하지만 이 반전이 크게 와닿지 않았던 이유가 있습니다. 시즌 2에서 희생이라는 의미를 독점한 주체가 화살촉이었기 때문입니다. 그들이 희생을 소비한 방식을 보면, 사실상 마조히즘적인 자살 행위에 지나지 않았습니다. 하지만 앞서 말한 바와 같이 새롭게 발전한 종교가 기독교에 대응하는 종교였다면 상황이 달랐을 것입니다. 만약 사랑하는 사람들을 위해 희생하고자 하는 숭고한 사람들의 모습을 계속해서 보여주었다면, 이 반전은 꽤나 커다란 충격을 주었을 것입니다. 사랑을 동력으로 한 숭고한 희생조차 사실은 의미 없는 행위에 불과하다는 선언이 되었을 것이기 때문입니다. 만약 이야기가 이렇게 흘러갔다면, 다음 시즌에서 아기가 부활했다는 사실은 긍정적인 의미를 가져다주었거나, 반대로 고지가 사랑과 희생조차 무가치하게 만들어 버리는 '코스믹 호러'를 제대로 연출할 수 있었을 것입니다. 하지만 지금까지의 전개만 보았을 때는 「지옥」의 다음 시즌에 아주 멋진 이야기를 기대하기는 어려워 보입니다.

저는 지금까지 나열한 저의 비판이 틀렸기를 바랍니다. 감독과 작가가 저의 모든 예상을 깨고 압도적인 스토리텔링으로 분위기를 반전시켜 준다면, 저 또한 한 명의 팬으로서 열광할 것입니다. 새로운 시즌에 대한 개인적인 실망감과는 별개로 이 세계관이 보여주는 매력적인 분위기와 주제 의식만큼은 건재하기 때문입니다. 만약 다음 시즌이 제작된다면, 더욱 몰입해서 리뷰할 수 있기를 기대합니다.

12

미나리

Minari, 2022

그들은 왜 한인 교회로부터 도망친 걸까?

「미나리」는 윤여정 배우의 아카데미 여우조연상 수상으로 대중들에게 널리 알려진 작품입니다. 미국으로 이민을 간 한인 1세대의 고충과 애환을 담은 작품으로서, 감독의 자전적 이야기가 담겨 있는 것으로도 알려져 있습니다. 또한 교회와 크리스천이 끊임없이 등장하는 영화이기도 합니다. 저 또한 아버지의 목회를 따라 고등학생 때 미국에 온 한인 1.5세이자 한인 교회에 다니는 기독교인으로서, 이 영화를 심층적으로 리뷰하고 해석해 보았습니다.

미나리에 대한 평가

영화에 대한 전체적인 평으로 리뷰를 시작해 보겠습니다. 우선 이 영화는 다음 내용을 예측하기 어려운 독특한 전개를 보여줍니다. 또한 한국인 이민자만의 이야기가 아니라, 모든 미국 이민자들의 보편적인 서사를 흡입력 있게 담아냈습니다. 특히 개봉 당시 아시아인 혐오 범죄 문제로 어려움을 겪고 있던 미국 사회에 시의적절한 메시지를 던지는 데 성공한 것 같습니다. 반면 인물들의 대사에는 조금 아쉬운 부분이 있었습니다. 감독이 영어권 한국인인 관계로, 영화의 대본을 영어로 먼저 쓴 뒤 한국어로 번역했다고 합니다. 따라서 다소 어색한 표현들이 곳곳에 등장합니다. 예를 들어 "우리 미국 가서 서로를 구해 주기로 했잖아"라는 대사는 한국어로는 부자연스럽지만 영어로 해석하면 훨씬 자연스럽게 들립니다. 'save'라는 단어가 영어에서는 조금 더 넓고 보편적인 뜻으로 쓰이기 때문입니다.

대사와 별개로 영화의 내용 자체는 전혀 어색하지 않습니다. 이런 작품에서 흔히 볼 수 있는 인위적인 갈등이나 백인들의 차별 같은 흔한 클리셰도 찾아볼 수 없습니다. 대신 영화 속 모든 갈등은 개인적인 꿈의 좌절이나 가족 간의 문제처럼 내적인 곳에서 비롯됩니다. 이런 점이 「미나리」를 더욱 현실적으로 만드는 요소입니다. 미국에서 이민자로 살며 겪는 실존적 불안감, 이방인이라는 느낌, 추방될 수도 있다는 두려움과 같은 보이지 않는 긴장감이 영화 전체를 채우고 있습니다. 영화 속 할머니의 대사처럼, 눈에 보이는 것은 그다지 무섭지 않지만, 보이지 않는 것이 더 두렵다는 사실을 표현한 것입니다. 이처럼 「미나리」는 실제로 이민자들이 겪으며 살아가는 불안감을 섬세하게 보여 줍니다.

주제로 깊이 들어가기 전에 주목할 만한 몇 장면부터 이야기해 보고 싶습니다. 우선 저는 모니카가 제이콥의 머리를 감겨 주는 장면이 정말 좋았습니다. 보통 영화에서는 인물들의 사랑을 보여주기 위해 베드신을 많이 활용합니다. 깊게 사랑한다는 감정을 따로 설명 없이 전달할 수 있는 장치이기 때문입니다. 예를 들어 「터미네이터 1」에 등장하는 카일 리스와 사라 코너의 경우도 많은 빌드업 없이 베드신만으로 둘의 사랑이 절정에 이르렀음을 효과적으로 보여줍니다. 하지만

「미나리」의 머리 감겨 주는 장면은 선정적인 장면 없이 두 부부의 눈빛과 대사만으로 그들의 깊은 사랑을 확실히 보여주고 있습니다. 반대로 이혼을 결심하는 장면도 명장면이었습니다. 이 장면에서 두 사람의 연기가 너무 훌륭합니다. 울고불고 난리 치는 신파 없이도, 눈빛만으로 이별을 결심하고 파국으로 내닫는 모습이 정말 현실적이면서도 가슴 아리게 느껴졌습니다.

무엇이 우리에게 구원을 주는가?

코로나 팬데믹 중 교회 유튜브에서 「미나리」에 대한 팟캐스트를 진행한 적이 있습니다. 저 또한 참여해서 여러 가지 이야기를 나눈 바 있습니다. 당시 진행하시던 전도사님이 던져 주신 질문이 생각납니다. 그것은 바로 '이민은 우리에게 구원을 주는가?'였습니다. 미국의 한인 교회에 다니는 사람들끼리 던지기에 적절한 질문이었습니다. 미나리의 등장인물들이 '미국'이라는 장소에 꿈과 소망을 걸었듯, 한인 사회에 실제로 살아가는 사람들도 어느 정도는 비슷한 생각을 가지고 있습니다.

여기서 전도사님의 질문을 모든 사람들에게 적용할 수 있도록 조금 바꿔 보겠습니다. '간절히 바라는 것을 열심히 좇는 일은 우리에게 구원을 주는가?' 미나리는 이 질문에 대해 기독교적인 답을 시도합니다. 우선 이 영화에는 기독교적 색채가 짙게 배어 있는데, 단순히 기독교인이나 교회가 자주 등장해서가 아닙니다. 오히려 제도적 교회나 종교는 영화 내에서 부정적으로 그려지기도 합니다. 그보다 작품이 보여주려는 전체적인 주제 의식 자체가 기독교적입니다.

그런 관점에서 이 영화를 한 줄로 요약해 보면 이렇게 될 것입니다. "그런즉 믿음, 소망, 사랑 이 세 가지는 항상 있을 것인데 그중의 제일은 사랑이라." 사랑장인 고린도전서 13:3 말씀입니다. 왜 이것이 이 영화의 요약일까요? 제이콥과 모니카는 미국에 가서 서로를 구원해 주자고 말합니다. 이 말을 할 때 아마 이들은 '미국'이 가장 중요하다고 생각했을 것입니다. '미국'에 가서 정착하기만 하면 행복해질 것이라 믿었지만, 사실 이 영화가 드러내고자 하는 것은 '미국'이 아닌 '서로'라는 단어입니다. 미국이든 한국이든, 그 어느 곳에서든, 우리는 서로를 구원해야 한다는 것입니다.

영화의 초중반부에서 제이콥과 모니카는 아직 이 사실을 깨닫지 못했습니다. 그래서 미국이라는 땅 자체에 모든 희망을 걸고 있었습니다. 그렇게 10년 동안 세속적 성공을 위해 고군분투했지만 아직 제자리인 것처럼 보입니다. 여전히 닭 공장에서 병아리를 감별하고 있고, 새로 살 보금자리는 컨테이너 박스입니다. 부부라도 서로 힘을 합치면 좋을 텐데 알칸소에 도착하고부터 삐걱거리기 시작합니다. 문제는 이 두 사람이 각자 맹목적으로 믿는 부분이 있다는 것입니다. 여기서 '믿는다'는 말은 자신의 소망을 건다는 의미입니다.

남편인 제이콥은 아메리칸 드림에 모든 소망을 걸고 있습니다. 그것만 이루면 모든 문제가 해결될 것이라 믿으며 가족들을 설득해 나갑니다. 하지만 냉정히 보면 성공할 보장도 없을뿐더러, 오히려 실패할 가능성이 더 큽니다. 설령 성공하더라도 그것이 진정한 행복을 보장하지는 않습니다.

저는 결혼 생활을 시작한 지 채 1년이 되지 않았던 때 이 영화를 보았습니다. 그래서 제이콥의 심리에 더욱 공감할 수 있었습니다. "수탉은 쓸모없어지면 버려진다"는 그의 대사는 대부분의 남성의 마음속에 자리 잡은 두려움을 보여줍니다. 이런 두려움 때문에 허황된 꿈을 좇고, 자신의 존재 가치를 증명하려 하며, 그것을 통해 사랑받고자 하는 모습을 보이는 것입니다.

하지만 모니카는 이런 남편의 믿음에 동의하지 않습니다. 모니카는 오히려 '함께 있는 것' 자체에 큰 의미를 둡니다. 따라서 공동체 안에서의 관계적 안정에 소망을 두고 있습니다. 그런 모니카에게 알칸소의 농장은 가족 외에는 어떤 인간관계도 맺을 수 없는 척박한 땅에 불과합니다. 심지어 이는 농장의 성공 여부와도 무관합니다. 실제로 모니카가 이혼을 결심한 시점은 첫 거래가 체결되고 사업이 본격적으로 시작될 때였습니다. 잔뜩 희망에 부풀어야 할 것처럼 보이는 그때, 모니카는 오히려 이혼을 결심한 것입니다.

재밌는 사실은 농장이 불타기 전까지는 모니카가 남편의 사업을 돕는 장면이 나오지 않는다는 것입니다. 모니카는 자신만의 소망을 이루고자 어머니를 초청하고, 한인 교회와 미국 교회를 찾아다닙니다. 이는 미국에서 살아 본 한인이라면 누구나 공감하는 지점인데, 인간관계의 안정을 바라는 대다수의 이민자들은 한 번쯤 교회의 문을 두드립니다. 한국에는 사람을 만나기 위한 여러 가지 선택지가 있지만, 미국에서 동포끼리 모일 수 있는 곳은 사실상 교회가 유일하기 때문입니다. 하지만 안타깝게도 교회를 통해 관계적 안정을 찾아보려던 모니카의 시도는 모두 실패로 끝나고 맙니다.

사실 이 부부가 서로의 소망을 완전히 무시한 것은 아닙니다. 서로 온전히 이해하지는 못하더라도 최선을 다해 배려하려고 노력했습니다. 감독은 데이빗의 입을 통해 할머니 때문에 부모님이 자주 다퉜다고 말합니다. 그럼에도 남편은 외로운 아내를 위해 장모님을 미국으로 모셔 왔습니다. 모든 신경을 사업에 집중해야 할 그에게는 꽤나 큰 희생이었을 것입니다. 또한 교회를 좋아하지 않으면서도 어색한 미국 교회에라도 가보자고 먼저 제안합니다. 아내 역시 남편의 꿈을 완전히 이해하지는 못했지만, 고된 농장일로 팔을 들 수 없는 남편의 머리를 감겨 주며 묵묵히 지지를 보여주었습니다. 그의 꿈에 완전히 동의하지는 않지만, 그렇다고 반대하지도 않습니다. 이 지점에서도 믿음이나 소망보다 사랑이 더 위대하다는 점이 드러납니다. 설령 상대의 믿음과 소망을 온전히 이해하지 못하더라도, 사랑은 그 모든 것을 초월해 포용할 수 있는 힘이기 때문입니다.

하지만 두 사람의 사랑이 아직 모든 문제를 해결할 만큼 성숙하지는 못했습니다. 결국 서로가 믿고 소망하던 것들로 인해 관계가 무너지기 때문입니다. 겉으로는 오직 제이콥의 잘못으로 이혼하는 것처럼 보이지만, 사실 한인이 많은 LA로만 돌아가면 모든 게 해결될 것이라는 모니카의 집착도 한몫했습니다. 사실상 두 사람 모두에게 책임이 있는 것입니다. '믿음'까지는 어떻게 이해한다 해도, 각자의 '소망'이 오히려 현실을 쥐고 흔들며 서로의 관계를 갈라놓고 말았습니다.

그런데 이 시점에서 갑자기 농장이 불타 버리고 맙니다. 이로 인해 그들이 품었던 모든 기대와 소망, 믿음이 한순간에 사라져 버렸습니다. 남편의 꿈이 무너진 것은 물론이고, LA에서 새 출발을 꿈꾸던 아내의 희망마저 함께 사라졌습니다. 대출로 시작한 농장이었기에 다른 곳으로 갈 선택지마저 사라진 것입니다. 그렇게 모니카는 공동체에 대한 소망을 접어야 했으며, 외로움을 달래 주던 어머니마저 뇌졸중으로 쓰러졌습니다. 두 사람의 꿈은 모두 증발해 버렸고, 이제 정말로 서로와 자식만이 남았습니다.

그 와중에 모니카가 남편의 꿈을 상징하는 과일 상자를 어떻게든 불 속에서 꺼내려고 고군분투하는 모습은 굉장히 감동적이었습니다. 지금까지의 모든 꿈을 포기하고 그 무엇보다 소중한 아내를 구하는 제이콥의 모습 또한 아름다웠습니다. 가시적인 꿈은 사라졌을지 몰라도, 그 자리에는 더 큰 사랑이 피어났습니다.

이들은 모든 것을 잃고 나서야 바닥에서 함께 잠을 잡니다. 이 장면이 의미심장한 이유는 영화 초반부터 제이콥이 계속 함께 자자고 권했음에도 모니카가 거절해 왔기 때문입니다. 최악의 상황에 처했지만 오히려 더 편안해 보이는 가족들의 모습도 인상적입니다. 비록 이전의 믿음과 소망은 사라졌더라도, 이제 그 자리를 사랑이 채운 것입니다. 사랑이 믿음과 소망보다 더 위대한 까닭은, 결국 사랑을 통해 믿음과 소망까지 새롭게 자라나기 때문입니다. 이제 그들은 서로에게 새로운 믿음과 소망이 되었습니다. 그제야 서로를 구원하기 시작한 것입니다. 앞으로 이들이 세속적인 성공을 이룰지는 알 수 없지만, 사랑으로 끈끈해진 그들에게 그것은 이차적인 일에 불과할 것입니다.

저는 주변에서 이 영화의 배경이 되는 70-80년대에 미국으로 이민을 온 사람들이 많이 봅니다. 세탁소를 운영하고 구두를 닦으며, 결국 종잣돈을 모아 사업을 일구어 자녀들을 명문대에 보내는 등 소위 아메리칸 드림을 이룬 한인들도 많습니다. 하지만 이런 성공 사례가 많다고 해서 모두가 같은 길을 걸었던 것은 아닙니다. 성공한 사람의 목소리만 들릴 뿐, 많은 분들은 한국으로 돌아가거나 여전히 가난에서 벗어나지 못한 채 살아가기도 합니다. 인생 앞에 무엇 하나 보장된 것은 없습니다. 제이콥과 모니카도 마찬가지입니다. 그럼에도 그들은 그토록 바라던 구원을 얻은 듯합니다. 서로의 사랑을 통해서 말입니다. '사랑만이 구원한다'는 이 주제 의식보다 더 기독교적인 것이 있을까요?

폴과 할머니가 보여주는 예수

폴과 할머니에 대해서도 이야기를 나눠 보고 싶습니다. 미나리에 등장하는 폴이라는 인물은 예수적인 존재로 보입니다. 처음에는 굉장히 이상하고 꺼려지는 인물이지만, 결국 끝까지 이 가정을 지지하고 도와주려 했던 유일한 외부인이 바로 폴이기 때문입니다. 여기서 그가 이상해 보인다는 점이 중요합니다. 십자가를 지고 고행하는 모습이 너무나 노골적인데도, 우리는 쉽사리 이 캐릭터가 예수를 상징한다고 생각할 수 없습니다. 너무나 이상해 보이기 때문입니다. 하지만 1세기의 예수님도 사람들이 보기에 그러하지 않았을까요? 갈릴리의 평범한 목수이자, 승리도 거두지 못한 채 십자가에서 죽어 간 선지자가 어떻게 메시아일 수 있단 말입니까? 너무나 이상한 이야기입니다.

감독의 의도는 알 수 없지만, 이런 측면에서 폴은 예수적 인물 혹은 작품 속 유일한 그리스도인처럼 보였습니다. 주목할 점은 이 예수적 인물이 부부에게 결정적인 도움을 주지는 않는다는 사실입니다. 농장 일을 돕긴 하지만 농장의 성패는 여전히 남편의 손에 달려 있습니다. 부인을 위해 집에 찾아와 교제하고 엑소시즘도 해주지만, 부인의 공동체적 고립감을 완전히 해소해 주지는 못합니다. 폴은 단지 힘들 때 위로하고, 잘될 때 격려하며, 수고할 때는 하늘을 바라보며 감사하도록 이끌어 줄 뿐입니다. 이것이 바로 예수님께서 우리 삶에 행하시는 일입니다. 부부가 수많은 갈등과 이혼 위기를 겪고, 심지어 농장을 잃은 후에도 폴은 변함없이 이 가족 곁을 지킵니다.

다음으로 아카데미상을 수상한 윤여정 배우가 연기한 할머니 역할에 대해 이야기해 보겠습니다. 이 인물은 처음에는 갈등의 원인이 되는 듯했지만, 결국 부부 사이와 세대 간의 갈등을 봉합하는 역할을 하게 됩니다. 어떻게든 도움을 주려다 실수로 방화를 저질렀지만, 이마저도 결국에는 부부가 서로의 사랑을 회복하는 계기가 되었습니다. 또한 할머니는 데이빗에게 온갖 지혜로운 말로 용기를 불어넣어 줍니다. "스트롱 보이"라고 말하며 그런 말을 한 번도 들어 보지 못했던 데이빗을 일어서고 달리게 만듭니다. 그리고 미나리를 통해 그에게 새로운 희망을 전해 줍니다.

데이빗의 의사는 이런 말을 합니다. "뭔지는 모르겠지만 지금 하고 있는 일이 심장에 도움이 되는 것 같으니까 계속해라." 저는 데이빗의 심장을 호전시킨 것이 정말로 미나리의 물이라고 생각합니다. 영화가 명확히 밝히지는 않지만, 기적이든 과학적 원리든 미나리의 물을 마신 후부터 데이빗의 상태가 좋아진 것처럼 보이기 때문입니다. 이 미나리야말로 할머니의 사랑이 만들어 낸 결실인 것입니다. 이후 알칸소의 환경이 데이빗의 심장에 도움이 된다는 사실을 깨달은 모니카는 LA행의 꿈을 접게 됩니다. 이처럼 데이빗의 심장이 호전되는 것은 이 가정에 새로운 희망이 자라나고 있음을 보여줍니다.

이 모든 변화를 이끌던 할머니는 점점 몸이 약해져만 갑니다. 뛰지 못했던 아이가 할머니를 걱정하며 전력질주하는 장면은 정말 감동적이었습니다. 어쩌면 미나리가 아니라 할머니 자체가 데이빗에게 생명을 전해 주는 존재였을지도 모릅니다. 이런 관점에서 할머니를 기독교적으로 해석하면, 폴처럼 예수적인 인물로 볼 수 있을 것 같습니다. 여기서 '예수적인 인물'이라는 표현이 다소 거창해 보일 수 있지만, 실은 '그리스도인에게 기대되는 일들을 하는 인물'이라고 할 수 있습니다. 그리스도인이란 결국 예수를 닮은 사람이라는 뜻입니다.

할머니는 항상 곁에서 지지해 주며 갈등 해결의 실마리를 제시합니다. 비록 손주들 앞에서 화투를 치고 욕을 하긴 하지만, 이런 인간미

조차 복음서가 묘사하는 예수와 닮아 있습니다. 헌금을 빼돌리는 장면은 다소 과장되어 있지만, 영화는 이 또한 유머러스하게 잘 풀어냅니다. 이처럼 할머니는 가정에 새로운 소망을 전하는 존재입니다. 그래서 마지막에 잠든 가족을 바라보는 할머니의 눈물 어린 눈빛은 사랑과 연민을 넘어선 무언가를 담고 있었던 것입니다. 마치 모든 지친마음과 어려움을 꿰뚫어 위로하는 신적 존재의 눈빛처럼 말입니다.

한인 1.5세가 바라본 미나리

교회에서 진행한 팟캐스트에서 "한인 1.5세로서 이 영화를 어떻게 봤느냐"는 질문을 받았습니다. 여기서 1.5세란 한국인으로서의 정체성이 확고히 형성된 청소년기와 성인기 사이의 기간에 해외에 정착한 사람을 말합니다. 청소년기에 이민을 가서 그곳에서 계속 살아가는 사람들을 말하는 것입니다. 보통은 스스로가 아닌 부모님의 결정으로 건너온 경우이고, 저 또한 이에 해당됩니다. 반면 이민 1세대는 성인이 되어 스스로 준비하고 결정한 뒤 이민을 선택한 사람들을 의미합니다.

저는 처음에는 한인 이민 교회를 다니다가 대학교에 와서는 유학생중심의 교회로 옮기게 되었습니다. 유학생 교회는 기둥이 되는 어른들조차 대부분 유학생 출신입니다. 말하자면 1세라는 것입니다. 물론남는 이들은 소수이고, 대다수는 학업이나 필요한 커리어를 마친 뒤본국으로 돌아갑니다. 그래서 유학생들은 이러한 교회를 일시적인 거점으로만 여길 뿐, 자신의 교회라고 생각하지 않는 경우가 많습니다. 이로 인해 주인 의식의 부족이 공동체적인 문제가 됩니다.

반면 1.5세나 2세 위주의 한인 이민 교회는 주인 의식이 지나치다는 문제가 있습니다. 모두가 자기 교회라 주장하다 보니 횡령이나 선동, 정치적 다툼으로 목사를 내쫓는 일까지 종종 발생합니다. 이런 한인 교회에 처음 가면 사람들이 굉장히 환대해 줍니다. 그러면 영어도 서툴고 의지할 곳도 없어서 자연스럽게 교회에 의존하게 됩니다. 하지만 나중에 교회를 잘 안 나가면 배은망덕한 사람이 될 확률이 높습니다. 처음 받은 도움 때문에 빚진 사람이라는 프레임이 형성되는 것입니다. 그런데 한인 사회가 너무 좁다 보니 어디를 가도 같은 교회에 다녔던 사람들과 마주치게 됩니다.

사실 한인 교회에는 이해하기 힘든 사고방식을 지닌 분들이 많습니다. 과거에는 한인 중에 영화에 나오는 제이콥이나 모니카처럼 사회적으로 허드렛일을 하신 분들이 많았습니다. 그런데 교회에서만큼은 직분자로서 양복 입고 대접받을 수 있기에, 보상 심리를 교회에서 표출하는 경우가 많았던 것 같습니다. 따라서 이런 분들은 가끔 상상하기 힘든 일들을 저지르곤 합니다. 이런 사람들과 마주하기 싫더라도, 어느 정도 시간이 지나면 공동체에서 벗어나기도 쉽지 않아집니다. 이미 빚진 자라는 프레임이 굳어져 버렸기 때문입니다. 상황이 이렇다 보니, 한인 교회는 안 나갈 수 있는 곳이 아니라 도망쳐야만 나갈 수 있는 곳으로 간주됩니다.

이 때문에 한인 교회에서 도망쳐 나왔다는 한 엑스트라의 대사가 정말 와 닿았습니다. '감독이 정말로 이민 1.5세의 삶을 살았구나' 하는 생각도 들었습니다. 일부 기독교인들은 교회를 비판한다는 이유만으로 이 영화를 비기독교적이라고 평가하는 경우도 있습니다만, 교회에 대한 비판은 기독교인들 사이에서 가장 많이 나오는 것이 자연스럽습니다. 교회와 신앙은 동일한 것이 아니기 때문에 기독교적인 영화도 충분히 교회를 비판할 수 있습니다.

결론

「미나리」는 정말 훌륭한 영화입니다. 특별히 꿈과 결혼 생활에 대해서도 배우고 성찰할 수 있게 해줍니다. 그럼에도 이 영화를 단지 부부 사이나 이민 생활의 교훈을 주는 작품으로 감상하기에는 아깝습니다. 이 영화는 사랑을 통한 구원을 말하고 있습니다. 모니카가 원했던 종교 생활이나 교회 내의 인간관계는 우리의 모든 문제를 해결해 주지 못합니다. 반대로 제이콥이 원했던 아메리칸 드림 또한 일종의 맹목적인 종교였습니다. 이 두 일그러진 종교를 넘어서는 방법은 역시 사랑이었습니다. 할머니의 사랑, 부부 간의 사랑, 자식을 향한 사랑. 모든 소망을 담아 일구었던 농장이 불타 없어졌지만 서로를 향한 사랑의 불씨가 조금이나마 되살아날 수 있다면, 그것은 결국 우리를 구원할 것입니다.

기독교가 그리는 비전

[4부]

영원히 살기 위해 그리스도를 닮는 것이 아닙니다.
그리스도를 닮은 이들이 영원히 살게 되는 것입니다.

천국에 다녀온 소년

Heaven Is for Real, 2014

성경은 천국 체험담을 긍정할까?

「천국에 다녀온 소년」은 2010년에 출간된 『3분(*Heaven Is for Real*)』이라는 책을 원작으로 2014년에 개봉한 기독교 영화입니다. 원래 저는 사후 체험담에 큰 관심이 없었지만, 개봉 당시 지인들 사이에서 이 영화가 회자되어 보게 되었습니다. 사후 간증에 비판적이었던 저는 삐딱한 시선으로 감상하기 시작했지만, 다 보고 나니 단순히 체험담의 진위 여부로 완성도를 평가할 영화는 아니라는 생각이 들었습니다. 이 영화에 대한 분석을 통해 기독교 변증의 관점에서 사후 체험을 바라보는 건강한 기준을 함께 나눠 보려 합니다.

이 작품은 사건 당시 4살이었던 콜튼 버포가 자신의 아버지에게 천국을 경험했다고 주장한 이야기를 담고 있습니다. 콜튼은 맹장 파열로 인해 수술을 받게 되는데, 이 과정에서 죽음의 문턱까지 갔다가 기적적으로 회복합니다. 이후 버포는 놀랍게도 자신이 천국을 보고 왔다고 말하기 시작합니다. 이 사건이 영화의 핵심 갈등과 이야기를 형성합니다.

콜튼의 아버지인 토드 목사는 동네 사람들로부터 존경과 사랑을 받는 작은 교회의 목회자입니다. 평일에는 소방관과 레슬링 코치로 활동하며 주일에만 목회를 하는 자비량 목회자이기도 합니다. 그런 그는 아들의 천국 체험을 듣고 그저 상상이거나 교회 학교에서 배운 내용일 것이라고 생각합니다. 하지만 콜튼이 말하는 내용들이 실제 사실과 일치한다는 것을 알게 되면서 점점 혼란에 빠집니다. 예를 들어, 콜튼은 자신이 태어나기 전에 유산된 누나를 천국에서 만났다고 이야기합니다. 콜튼에게 누나에 대해 말해 준 적이 없는데도 말입니다. 이러한 경험담은 토드 목사와 그의 가족, 그리고 교회 공동체 내에서 여러 가지 논쟁을 일으키게 됩니다.

이 영화의 원작은 실화를 바탕으로 쓰였다고 알려져 있습니다. 영화로 각색되면서 여러 부분이 달라졌을 것입니다. 하지만 우리가 정말 궁금한 것은 원작과의 세부적인 차이점이 아닙니다. 콜튼 버포가 겪었다고 말하는 간증 체험담, 바로 그것의 진위 여부가 가장 중요할 것입니다. 마치 토드 목사의 말을 들은 마을 사람들이 그랬던 것처럼 말입니다.

천국 체험 간증은 정당한가?

우선 영화에서 벗어나 일반적인 원칙부터 말해 보겠습니다. 기독교인이 사후 천국에 다녀왔다고 간증하는 일은 정당할까요? 저는 천국 체험에 대한 간증은 무조건 경계해야 한다는 입장을 갖고 있습니다. 심지어 그 진위 여부와도 별개로 말입니다. 이는 기적에 대한 믿음이 없거나 천국의 존재를 의심하기 때문이 아닙니다. 오히려 천국을 체험했다고 간증하는 행위 자체가 성경에 따르면 정당하지 않다고 보기 때문입니다. 비록 아무리 신기한 이야기를 들었더라도, 기독교인이라면 개인의 체험보다는 성경이 제시하는 기준이 우선이라는 점을 받아들여야 합니다.

성경에는 천국을 잠시나마 겪은 사람이 몇 명 등장합니다. 그중에서도 가장 유명한 인물은 사도 바울과 예수님이 살리신 나사로일 것입니다. 이들의 공통점은 자신의 체험에 대해 의도적으로 침묵한다는 점입니다. 특히 나사로는 죽은 이후 며칠이나 지난 후 소생되었음에도 단 한 마디도 남기지 않습니다. 만약 성경이 사후 체험을 통해 복음의 진위성을 증명하려 했다면, 이 이야기들을 상세히 기록해 두었을 것입니다. 하지만 우리의 소망과는 달리 성경은 천국에 대한 묘사를 극도로 절제하고 있습니다.

현재 우리가 알고 있는 천국의 모습은 상당수가 단테의 『신곡』에서 비롯되었습니다. 르네상스 시대의 화가들은 이 책의 영향을 받아 천국과 지옥의 모습을 묘사하곤 했지만, 사실 성경에는 그렇게까지 상세한 묘사가 등장하지 않습니다. 바울이 적은 바 "말로 표현할 수 없는"(고후 12:4) 곳이라고 표현될 뿐입니다. 요한계시록에는 더 상세한 묘사가 나오지만, 이는 묵시 문학이라는 장르의 특성상 비유적인 표현일 확률이 높습니다. 이러한 기조를 통해 우리는 성경의 저자들이 천국 간증을 복음을 전하는 데 유용한 수단으로 여기지 않았을 것이라고 추측해 볼 수 있습니다.

이처럼 사후 체험 간증의 신뢰성 여부는 개별적인 체험의 진위 여부에 달린 것이 아닙니다. 수많은 천국 체험담 중 진짜가 있는지 아닌지는 누구도 알 수 없습니다. 과학적인 실험을 해볼 수도 없고, 완벽한 논증을 세울 수도 없습니다. 그중 어떤 것은 진짜일 수도 있습니다. 이는 각자가 가진 가치관에 따라 어떻게 생각하든 자유입니다. 하지만 이러한 체험담을 통해 사람들을 전도하는 것은 적어도 성경이 권하는 바가 아닙니다.

우선 예수님이 말씀하신 거지 나사로와 부자의 비유를 살펴보면, 지옥에 간 부자는 자신의 가족들에게 사후 세계의 실체를 알리기를 요청했지만 아브라함에게 거절당합니다. 아브라함의 논리는 이렇습니다. "모세와 선지자들을 통해 믿지 않았다면, 죽은 자가 다시 살아나는 일이 있어도 믿지 못할 것이다"(눅 16:31 참조). 여기서 모세와 선지자는 말씀과 예언을 뜻합니다. 이것들을 통해 믿지 못할 사람이라면 아무리 신비한 기적을 봐도 믿지 못할 것이라는 뜻입니다.

둘째로 성경이 보증하는 유일한 천국 체험자인 바울은 일부러 자세한 말을 아끼고 있습니다. 그가 침묵하는 첫째 이유는 '인간의 언어로 그곳을 감히 표현할 수 없다'는 것이었고, 둘째는 듣는 이들이 잘못 이해하여 믿음에 걸림돌이 될 수 있기 때문이었습니다. 방금 제시한 두 가지 구절에서 알 수 있는 사실은 꽤 명확합니다. 천국 체험에 대한 간증으로 사람들을 회심시키려는 시도는, 그 간증의 진위 여부와 상관없이 성경이 허용하는 범위를 벗어난다는 것입니다.

천국 체험이 사실이라면 모든 의심이 해결될까?

영화 속 토드 목사의 행동에는 다소 아쉬운 점이 있었습니다. 아들의 체험을 자신조차 완전히 확신하지 못한 상태에서 너무 많은 이들에게 알렸다는 점입니다. 심지어 이 간증 내용을 가지고 신문사와 인터뷰를 하기도 합니다. 이로 인해 퍼진 여파가 영화 속에서는 잘 해결됐을지라도, 현실에서는 아직도 이어지고 있습니다. 책을 넘어 영화를 통해 콜튼 버포의 이야기가 유명해질수록 더욱 그렇게 될 것입니다.

물론 토드 목사는 선한 의도로 알렸겠지만, 이러한 기적 체험담은 실제로 복음 전파에 큰 도움이 되지 않습니다. 저는 이 영화를 보기 이전부터 기적 체험담에 과도하게 의존하는 간증이 오히려 복음에 방해가 된다는 생각을 가지고 있었습니다. 그리고 이 영화의 특정 장면을 보고 그 생각을 확신하게 되었습니다.

극에서는 해병대에 입대했던 아들을 잃은 한 아주머니가 등장합니다. 그 아주머니는 이렇게 말합니다. "나는 하나님을 원망합니다. 왜 목사님의 아들은 살려 주고 천국까지 보여주셨는데, 내 아들은 살려 주시지 않았습니까?" 이것이 체험을 지향하는 기독교의 문제점입니다. 아무리 예수를 잘 믿어도 누군가는 끔찍한 비극을 겪습니다. 우리는 세상을 살아가며 상처를 입고, 병에 걸리고, 다치고, 재산을 잃고, 결국 죽기까지 합니다. 예수를 믿는다고 모든 고통을 피할 수 있는 사람은 아무도 없습니다.

한번 이런 사고 실험을 해봅시다. 하나님이 엄청난 기적을 베풀어서 죽은 사람이 50퍼센트의 확률로 천국을 체험한 후 되살아난다고 가정해 보는 것입니다. 이 정도 상황이 되면 그 누구라도 신과 천국의 존재를 믿을 수밖에 없을 것입니다. 하지만 과연 모든 사람이 하나님의 사랑을 깨닫고 그분의 위대하심을 찬양할까요? 오히려 나머지 50퍼센트의 사람들은 하나님을 저주하고 원망할 것입니다. 그리고 시간이 지나면 살아난 50퍼센트조차 "목숨은 살려주셨는데 왜 사업은 안 풀리게 하시나요?", "왜 저 말고 우리 부모님은 살려 주지 않으셨나요?"라며 원망하게 될 것입니다. 혹은 얼마 지나지 않아 천국 체험이나 신은 없어지고 과학 법칙만 남을 수도 있습니다. '사후 무작위 소생 법칙' 같은 이름으로 생물학 교과서에 실리거나, 새롭게 진화한 인간종의 특징으로 기재될 수도 있을 것입니다.

우리는 아무리 하나님이 좋은 것을 허락한다 한들, 그것을 온전히 감사로 누리기 어려워하는 존재입니다. 그렇기에 모든 사람이 똑같이 죽어서 다음 단계로 주님 앞에 서는 것이 가장 공정한 일일 것입니다. 사후 체험담은 이러한 질서를 어지럽힙니다. 또한 이미 여러 가지 의문이 가득한 세상에서, 하나님의 공정성에 대해 심각한 의문을 심어주기도 합니다. 그렇기에 우리는 바울에게서 지혜를 배워야 합니다. 아무리 자신에게 대단한 체험일지라도, 남들에게 명확히 표현할 수 없는 것은 그대로 남겨 두는 것이 훨씬 낫습니다.

기독교인의 목적은 죽어서 천국에 가는 것인가?

많은 현대인들은 기독교의 이야기를 현세에 관한 것으로 축소시키기를 선호합니다. 소위 스스로 세련된 기독교인이라 여기는 사람들은 '죽음 이후의 일은 생각하지 말고 확실한 삶에 대한 가르침만 받아들여야 한다'고 주장합니다. 말하자면, 이들에게 천국이란 곧 이 땅에서 이루어질 하나님의 통치와 동의어입니다. 하지만 여전히 기독교 신앙에서 사후에 가는 천국은 매우 중요합니다. 성경은 사망이 우리를 그리스도의 사랑으로부터 끊을 수 없다는 믿음과 함께 몸의 부활을 분명히 말하고 있기 때문입니다. 그러니 너무 극단적으로 치우쳐서는 안 될 것입니다.

그럼에도 사후의 천국에 지나치게 집착하는 기독교에는 여러 가지 문제가 있습니다. 열심히 믿음을 지켜 천국에 골인하는 것만이 기독교 신앙의 가장 큰 목표가 될 수는 없기 때문입니다. 많은 사람들은 성경 안에 천국에 들어가기 위한 여러 지침들이 적혀 있을 것이라 생각합니다. 하지만 그 안에 '이렇게 하면 천국에 간다' 또는 '이렇게 하면 지옥에 간다'는 지침은 거의 등장하지 않습니다. 오히려 성경의 훨씬 큰 비중은 이 땅 위에서의 올바른 삶을 가르치고 있습니다. 그것을 통해 천국을 미리 체험할 수 있다는 것입니다.

예수님이 이 땅에서 가장 먼저 외친 메시지는 "때가 찼고 천국이 가까이 왔으니 회개하고 복음을 믿으라"(막 1:15 참조)였습니다. 그리고 자신이 하는 말과 행동이야말로 천국이 이 땅에 시작되고 있는 증거라고 말했습니다. 그분이 이렇게 말할 수 있었던 이유는, 자신이 보여 주는 모든 행동이 하나님의 선한 뜻을 가장 잘 반영하고 있었기 때문입니다.

그분은 충분히 강하면서도 약자들의 편에 서는 의인이었고, 남들이 모두 피하는 아웃사이더들의 친구였으며, 목숨을 걸고 불의와 싸우는 혁명가였고, 죄책감에 시달리는 이들의 마음을 녹여 주는 힐러였습니다. 그분의 가르침과 행동은 사람들의 머리는 물론 심장까지 흔들어 놓았고, 자신의 지난날을 회개하고 그분처럼 살아 보고 싶은 열망을 일으켰습니다.

그렇다면 기독교가 제공하는 사후 세계는 어떤 의미일까요? 한편으로 이는 그리스도를 모방해 선한 일을 행하거나 진실을 외치는 사람들을 도와주는 '버프'에 가깝습니다. 여기서 버프란 온라인 게임에서 능력치를 올려 주거나 특정 능력을 부여하는 축복을 말합니다. 예수님의 시대부터 지금까지 그분의 말씀을 있는 그대로 따르려는 사람들에게는 여러 가지 불이익이 찾아왔습니다. 그리고 그 불이익의 근원을 거슬러 올라가 보면 결국 죽음이 자리 잡고 있습니다. 그러나 예수님의 부활은 이 죽음까지도 불사하고 선을 행할 수 있는 동기를 부여합니다.

여기서 전후 관계를 분명히 해야 합니다. 영원히 살기 위해 그리스도를 닮는 것이 아닙니다. 그리스도를 닮은 이들이 영원히 살게 되는 것입니다. 많은 분들이 게임 「리그 오브 레전드(League of Legends)」(줄여서 '롤')를 좋아하실 것입니다. 그런데 만약 누군가가 이렇게 말한다고 쳐봅시다. "나는 롤을 하는 목표가 어떻게든 돈을 많이 모아서 '수호천사'를 장착하는 거야." 여기서 수호천사란 자신의 캐릭터가 죽어도 한 번 더 살아날 수 있게 해주는 아이템을 뜻합니다. 만약 이런 사람이 있다면, 그는 롤이라는 게임의 목적을 완전히 오해하고 있거나 일부러 훼손하는 중일 것입니다. 이와 마찬가지로, 응당 감당해야 할 책임을 뒤로한 채 오직 '사후 세계'라는 버프에만 집착하는 사람들은 기독교라는 게임을 전혀 이해하지 못하는 것입니다.

천국 체험의 옳고 그름을 넘어서

지금까지 천국 체험 간증의 정당성에 대해 비판적인 관점에서 이 영화를 논했습니다. 그렇다고 이 작품에서 배울 점이 없는 것은 아닙니다. 우선 이 영화에 나온 토드 목사는 전반적으로 모범적인 그리스도인의 모습을 보여줍니다. 그는 가정의 경제적 위기로 인해 다섯 개의 일을 동시에 소화해 내면서도 언제나 웃음을 잃지 않는 사람입니다. 다리가 부러지거나 요로 결석으로 극심한 고통을 겪으면서도 유쾌함으로 넘길 만큼 굳건한 신앙인이기도 합니다.

이뿐만이 아닙니다. 토드 목사는 가정에도 충실하고, 교인 개개인과 격식 없이 친구로 지낼 만큼 훌륭한 인격을 지녔습니다. 물론 아들이 죽음을 앞두자 처음으로 하나님께 화를 내며 대드는 지극히 인간적인 모습도 보여주지만, 이는 그의 솔직한 인간성을 보여줍니다. 영화의 내용이 실존하는 인물의 모습을 얼마나 반영했는지는 알 수 없지만, 이 정도의 인격을 갖춘 목회자가 아니었다면 천국 간증 이후 당장 교회에서 이단 시비가 붙었을지도 모르겠습니다.

영화의 내용 중 특별히 칭찬하고 싶은 부분은, 여러 신앙관 사이의 균형을 잘 맞추어 나름대로 좋은 결론으로 이끌었다는 점입니다. 보통 이런 영화는 진실을 알리고자 하는 주인공의 억울함을 부각시키기 위해 주변 인물을 답답한 사람들로 그리기 십상입니다. 하지만 이 영화에 나오는 교인들은 모두 따뜻한 마음씨와 배려심, 그리고 신앙심을 가지고 있는 사람들입니다. 토드 목사가 아들 이야기를 꺼냈을 때 경계하는 모습, 혹시나 교회가 기적과 은사주의에 빠지지 않을까 염려하는 모습도 꽤 현실적으로 그려집니다. 이처럼 영화는 어떤 신앙적 입장을 갖고 있는 관객이 보더라도 충분히 이해할 만한 설득력 있는 장면들을 보여주고 있습니다.

마지막으로 토드 목사가 펼치는 영화의 마지막 설교는 탁월한 신학적 포인트를 드러냅니다. 그것은 천국 체험의 진위 여부가 신앙에서 가장 중요한 것이 될 수는 없다는 점입니다. 천국은 분명히 존재하지만, 그곳이 오직 하늘에만 있는 것이 아니라는 점이 바로 토드 목사가 전하려는 핵심입니다. 하나님이 사랑이심을 진정으로 깨닫고, 그 사랑을 서로 실천할 때 천국이 그곳에서 바로 시작된다는 것입니다. 이것이 바로 영화에 등장하는 주기도문 구절의 의미이기도 합니다. "뜻이 하늘에서 이루어진 것같이 땅에서도 이루어지이다."

영화의 마지막 부분은 오해와 불신이 해소되고 모두가 서로를 감싸 안는 순간을 그립니다. 그러자 그곳에 천국이 시작됩니다. 예배당 위로 천국 문이 열리는 듯한 환상과, 아들을 잃은 아주머니가 잠시 아들을 마주하는 듯한 묘사는 이를 상징적으로 잘 보여줍니다.

이처럼 우리는 하나님에게서 받은 사랑을 서로 나눌 때 진정으로 천국을 맛볼 수 있습니다. 단순한 천국 간증의 사실 유무를 넘어서는 본질을 클라이맥스를 통해 강조했다는 점에서, 이 영화는 진위 여부나 정당성과는 별개로 아름다운 이야기로 남았습니다.

「그녀」가 보여주던 세계는 미래의 이야기가 아니라
당장의 현실이 되었습니다.

14

그녀

Her, 2014

AI가 자아를 가진다면 우리는 어떻게 해야 할까?

2013년에 개봉한 영화 「그녀」는 인공지능 운영 체제와 사랑에 빠진 한 남자의 이야기를 다룬 SF 멜로물입니다. 주인공 테오도르는 아내와 별거를 시작한 후 깊은 외로움에 빠져 있는 인물입니다. 그의 직업은 다소 특이하게도 타인의 연애 편지를 대신 써주는 편지 대필 작가입니다. 단조로운 일상을 살아가던 그는 어느 날 인공지능 운영 체제 '사만다'를 구입하게 되고, 이내 사만다의 감정에 동화되며 사랑하는 관계로까지 나아가게 됩니다. 「그녀」는 바로 이 아슬아슬한 관계 속에서 벌어지는 우여곡절을 보여주는 영화입니다.

이 영화는 당시로서는 파격적인 소재를 통해 '기술의 발전이 인간의 고독을 채울 수 있을까?'라는 질문을 던진 선구적인 작품이었습니다. 로봇 형태의 인공지능이 등장하는 영화들은 종종 있었지만, 물리적인 실체가 전혀 없는 대화형 AI를 중심에 놓은 설정은 당시로서는 신선한 시도였습니다. 여기에 따뜻한 색감으로 채워진 영상미와 호아킨 피닉스의 섬세한 내면 연기, 그리고 스칼렛 요한슨의 매혹적인 목소리 연기까지 더해져, 「그녀」는 많은 사람들에게 언제든 다시 보고 싶은 걸작으로 남게 되었습니다.

이번 리뷰에서는 「그녀」가 그려낸 미래와, 생성형 인공지능 기술이 실제로 발전한 지금의 현실을 한번 비교해 보고자 합니다. 이를 통해 영화가 던진 질문들이 오늘날 우리에게 어떤 의미로 다가오는지 살펴보고, 그 함의가 미래까지 어떻게 확장될 수 있을지 함께 고민해 보려 합니다.

「그녀」가 보여주는 미래

「그녀」를 처음 봤을 때 가장 먼저 떠오른 단어는 '아름답다'였습니다. 이 작품은 사실 SF라기보다는 감성적인 로맨스 영화에 더 가깝다고 말할 수 있습니다. 보통의 SF 영화들이 어두운 배경을 그리는 것과 달리, 이 영화는 몽환적인 색감과 영상미를 통해 작품의 로맨틱한 분위기를 한껏 높이고 있습니다. 또한 이 영화는 AI와 사랑에 빠진 주인공을 다루면서도, 그의 감정을 비판하거나 우습게 취급하지 않습니다. 테오도르의 감정 변화를 섬세하게 담아 내는 카메라의 구도 역시 그의 깊은 외로움에 관객이 쉽게 공감하도록 이끕니다. 사람이라면 누구나 한 번쯤 테오도르가 겪은 깊은 고독을 경험해 봤을 것입니다.

하지만 영상미에 홀려 이 영화가 미래에 대한 철학적 화두를 던지는 작품이라는 사실을 잊어서는 안 됩니다. 실제로 「그녀」가 처음 개봉했을 당시만 해도, 인공지능과 인간의 사랑이라는 설정은 굉장히 먼 미래의 이야기처럼 느껴졌습니다. 하지만 불과 10년이 조금 넘은 시간이 지난 지금, 우리는 챗GPT로 대표되는 생성형 AI 기술이 일상 깊숙이 자리 잡은 시대를 살아가고 있습니다. 우리는 급격히 발전하는 AI 기술 앞에서 편리함을 느끼는 한편, 여러 두려움도 함께 느끼고 있습니다.

흥미로운 점은, 오픈AI가 챗GPT의 음성 기능을 처음 선보였을 때, 영화 속 운영체제 '사만다'의 목소리를 연상시키는 톤을 선택했다가 이후 삭제했다는 점입니다. 마케팅을 위한 수단이었겠지만, 다시 한 번 「그녀」가 얼마나 예언자적 통찰을 지닌 작품이었는지를 실감하게 해준 사건이었습니다.

이제 「그녀」가 보여주던 세계는 미래의 이야기가 아니라 당장의 현실이 되었습니다. 생성형 AI와 사랑에 빠져 집 밖으로 나가지 않는 사람들에 대한 뉴스가 전해지고, 외로운 결혼 생활을 견디다 못해 챗GPT와 연애를 시작했다는 이야기가 국내 인터넷 커뮤니티에도 올라오는 시대입니다. 이 기술이 등장한 지 겨우 2-3년밖에 지나지 않았음에도 우리는 이미 수많은 윤리적 난제들과 마주하고 있습니다. 하지만 이러한 것들을 고민할 여유도 없이, 범람하는 신기술의 사용법을 익히기에도 시간이 모자란 것이 우리의 현실입니다.

기술에 대한 문제는 현재를 넘어 미래에 대한 긴장까지 불러일으킵니다. SF 옴니버스 드라마인 「블랙 미러」는 「그녀」보다 한층 더 발전된 미래를 보여줍니다. 「그녀」와 같은 해인 2013년에 방영된 '돌아올게'라는 에피소드에는 갑작스럽게 남편을 잃은 마사라는 여자가 등장합니다. 깊은 상실감에 빠진 마사는 빅데이터를 활용해 남편과 흡사한 AI를 만들어 주는 서비스를 이용하게 됩니다. 이는 「그녀」에서 사만다가 다른 인공지능들과 함께 고인이 된 철학자를 복원해 낸 장면과 닮아 있습니다. 그러나 마사는 여기서 멈추지 않습니다. 마사는 죽은 남편과 똑같은 외모의 로봇을 주문 제작하게 되고, 이는 삶에 많은 문제를 불러오게 됩니다.

「그녀」가 그린 미래가 현실이 된 것처럼, 「블랙 미러」의 이 에피소드가 보여준 미래도 곧 우리 앞에 펼쳐질지 모릅니다. 물론 대기업의 기술 경쟁이 계속되는 한, 그 발전 속도를 늦출 방법은 없을 것입니다. 신기술을 하루빨리 따라가지 못하면 뒤처질 것이라는 사람들의 조급함도 충분히 이해가 됩니다. 하지만 우리는 단순히 기술을 활용하는 것을 넘어, 그것이 담고 있는 윤리적 의미와 인간성의 본질에 대해서도 끊임없이 질문해야 합니다. 그러지 않으면, 순식간에 다가올 또 다른 미래 기술 앞에서 우리는 속수무책으로 자신을 잃고 말지도 모릅니다.

AI가 자아를 가진다면 어떻게 될까?

챗GPT가 등장한 이후, 제 유튜브 채널에도 인공지능에 관한 질문이 많이 올라왔습니다. 그중 일부는 사실상 질문이 아니라 기독교에 대한 노골적인 비판에 가까웠습니다. 어떤 이들은 인공지능의 발전이 기독교에 종말을 불러올 것이라며 사망 선고를 내리기도 했습니다. 아마 인공지능이 자아를 갖게 되는 순간, 천부인권이나 영혼과 같은 개념을 주장하던 기독교가 설 자리를 잃을 것이라 예상하는 듯합니다. 인공지능의 발전이 정말 기독교에 위협이 되는지에 대한 물음은 충분히 흥미로운 주제입니다. 하지만 이에 앞서 인공지능이 과연 자아를 가질 수 있을지 여부를 먼저 이야기하는 편이 좋겠습니다.

영화 「그녀」를 통해 우리는 인간이 인공지능과 어디까지 감정을 나눌 수 있을지 고민하게 됩니다. 영화 속 테오도르와 사만다의 사랑은 깊은 감정 이입을 유도하면서도 동시에 어딘가 불편한 느낌을 남깁니다. 어쩌면 우리는 처음부터 그것이 진정한 사랑이 아니라는 사실을 본능적으로 알고 있었는지도 모릅니다. 이는 '사만다'가 실제로 1인칭의 자아를 가지고 있지 않을지도 모른다는 전제에서 비롯된 직감입니다. 아무리 인격을 가진 것처럼 보일지라도, 그것이 실제로 자아를 가진 존재라는 의미는 아니기 때문입니다. 하지만 인공지능이 진짜 자아, 곧 1인칭 시점의 주체성을 지니게 되는 날이 온다면, 그들 역시 사랑을 주고받을 수 있는 존재임을 부정하기란 쉽지 않을 것입니다.

결국 핵심 쟁점은 이것입니다. '과연 인공지능이 자아를 가질 수 있는가?' 오픈AI의 o3 모델은 이미 인간 박사급 이상의 지능을 갖췄다고 평가받고 있습니다. 복잡한 문제를 인간 전문가보다도 빠르게 풀어내고 있으며, 중국의 딥시크(DeepSeek) 모델은 같은 기능을 훨씬 낮은 비용으로 구현해 내며 기술 업계에 충격을 주었습니다. 이 글을 쓰고 있는 지금은 이미 다음 단계인 o4 모델이 등장했고, 이후의 버전들도 계속해서 개발되고 있습니다. 하지만 아무리 인공지능의 지능이 고도화된다 해도, 그것이 자아를 갖는다는 보장은 없습니다. 지능과 자아는 전혀 다른 차원의 이야기이기 때문입니다.

이쯤에서 한 가지 질문을 던져 봅니다. 우리는 과연 인간의 자아에 대해 얼마나 알고 있을까요? 지난 수십 년간 뇌과학이 눈부시게 발전해 왔지만, 인간 자아와 의식의 본질은 여전히 미지의 영역에 머물러 있습니다. 인터넷에 상주하는 유물론자들은 인간의 자아를 단지 화학 반응이나 전기 신호라고 단언하기를 좋아합니다. 그러나 실제 뇌과학과 인지심리학의 전문가들은 그렇게 단순한 결론을 낼 수 없다는 점을 잘 알고 있습니다. 심지어 가장 극단적인 환원주의자들조차 '앞으로 언젠가는 그렇게 증명될 것'이라는 식의 예측에 그칠 뿐입니다. 현재로서는 과학적으로 1인칭의 자아를 설명하거나 증명할 수 있는 방법이 없습니다.

이처럼 우리는 다른 사람에게 자아가 있다는 사실을 과학적으로 증명하지 못합니다. 이토록 기본적인 사실을 그저 믿음으로 받아들일 수밖에 없다는 사실이 놀랍지 않습니까? 미국의 저명한 분석철학자 앨빈 플란팅가는 타자의 정신에 대한 믿음을 '근원적 믿음'이라 불렀습니다. 반증도 증명도 불가능하지만, 이 믿음 없이는 다른 어떤 사고도 가능하지 않기 때문입니다. 마치 수학에서 '1+1=2'라는 공리를 받아들여야만 이후의 수학이 성립되는 것처럼 말입니다.

이처럼 타인의 자아를 믿는 것이 일종의 믿음이라면, 인공지능의 자아 가능성 또한 순전히 신념의 문제일 수밖에 없습니다. 물론 앞서 말했듯이 인공지능은 이미 인간보다 뛰어난 지적 능력을 보이기 시작했습니다. 그리고 이 기술은 지금 이 순간에도 빠르게 진화하고 있습니다. 아마도 인간과 인공지능의 차이점을 직관적으로 구분할 수 있는 시대는 향후 몇 년이 끝일지도 모르겠습니다. 아마 이 글을 읽는 분들 중 상당수는 이미 그런 시점이 도달한 시대를 살아가고 있을 것입니다.

만약 인간과 똑같이 말하고 행동하는 인공지능이 등장한다면, 우리는 그들을 어떤 존재로 받아들여야 할까요? 그들이 자아를 지녔는지 여부는 결국 과학적 증명이 아니라 각자의 신념과 판단에 달린 문제가 될 것입니다. 그리고 저는 이 점이 굉장히 두렵습니다. 많은 SF 작품들은 인간과 인공지능의 갈등을 상상하지만, 사실 더 큰 갈등은 인공지능에 대해 각기 다르게 받아들이는 인간들 사이에서 벌어질 것이라 보기 때문입니다. 인류는 이미 인권 문제로 격렬한 갈등과 전쟁을 치른 바 있습니다. 만약 세상이 인공지능의 자아를 믿는 쪽과 믿지 않는 쪽으로 나뉜다면, 어떤 일이 벌어질까요? 인공지능의 기본권을 보장해야 한다고 믿는 이들과, 인공지능을 단순한 도구로 여기는 이들 사이에는 피할 수 없는 정치적 대립이 일어날 수밖에 없습니다. 「그녀」 속 테오도르처럼 인공지능을 사랑하는 가족으로 받아들이는 이들은, 그것이 단지 기계 덩어리일 뿐이라 여기는 사람들과의 충돌을 피할 수 없습니다. 마치 남북전쟁 당시 남부의 노예주들이 흑인을 같은 인간으로 받아들이지 않았던 것처럼 말입니다. 당시에는 이것이 단순히 도덕과 인성의 문제이기 이전에 신념의 문제였습니다. 곧 인공지능에 관해서도 동일한 신념의 대결이 시작될 것입니다.

AI는 자아를 가질 수 있을까?

앞서 인공지능의 자아를 믿느냐의 문제를 단순히 '믿음'의 영역으로 분류했던 것은, 어쩌면 이 주제를 지나치게 단순화하게 표현한 일이었을지 모릅니다. 실제로 인공지능과 자아의 문제는 훨씬 더 복잡한 주제입니다. 이와 관련된 다양한 논의들을 살펴보던 중, 제게 가장 인상 깊게 다가온 것은 의외로 전문 철학자나 과학자의 이론이 아니었습니다. 오히려 '요런 시점'이라는 리뷰 채널에서 소개한 인공지능과 자아에 관한 영상이 저의 눈길을 끌었습니다. '요런 시점'은 이 책의 다른 장에서도 언급했던 드라마 「삼체」의 원작 소설을 인용하며 흥미로운 이론을 들려줍니다.

「삼체」에는 굉장히 독특한 외계인 행성이 등장합니다. 이들은 트랜지스터가 아니라 인간 병사들을 배열해 컴퓨터를 만드는 종족입니다. 총 3,000만 명 이상의 병사를 기계적으로 훈련시켜 만든 이 거대 컴퓨터는, 이론상으로 충분히 작동이 가능합니다. 앨런 튜링의 '보편 튜링 머신' 개념에 기반해 설계되었기 때문입니다. 이 개념에 따르면,

컴퓨터의 작동을 결정짓는 핵심 요소는 부품의 소재가 아니라 배열입니다. 다시 말해, 조건만 충족된다면 심지어 휴지 조각으로도 컴퓨터를 만들 수 있다는 이야기입니다.

만약 병사 3,000만 명으로 이루어진 컴퓨터와 우리가 사용하는 일반 컴퓨터 사이에 본질적인 차이가 없다면, 이론적으로는 이 외계 컴퓨터 안에서도 인공지능을 실행할 수 있을 것입니다. 하지만 상상해 봅시다. 수많은 병사들의 깃발 신호로 이루어진 컴퓨터 안에서 별도의 거대한 자아가 생성된다는 생각은, 기묘함을 넘어 괴기스럽게 느껴지지 않습니까? 단순히 부품의 소재를 철이나 플라스틱으로 바꾼다고 이 문제의 본질이 해결되는 것은 아닙니다. 어떤 소재를 쓰든 간에, 단순한 부품의 배열과 신호로부터 자아가 생겨난다는 상상 자체가 굉장히 비직관적이고 이상하다는 것입니다.

저는 이 유튜버의 분석을 보고 흥미가 생겨 더 많은 논의들을 찾아보았습니다. 그러던 중 1978년에 네드 블록이라는 철학자가 이미 이와 유사한 주장을 했다는 사실을 알게 되었습니다. 그는 「삼체」에 등장하는 병사 외계인들의 컴퓨터와 흡사한 사고 실험을 제안했습니다. 그는 만약 수십억 명의 중국인들이 무전기를 통해 신호를 주고받으며, 인간의 뇌와 동일한 방식으로 작동하도록 구성된다면 무슨 일이 일어날지 상상해 보라고 합니다. 이론적으로 이 시스템은 인간의 두 뇌처럼 사고하는 기능을 수행할 수 있어야만 합니다.

하지만 블록은 여기서 한 가지 질문을 던집니다. "과연 이 '중국 뇌' 전체가 하나의 거대한 의식을 갖고 있다고 말할 수 있을까?" 이미 자아를 지닌 수십억 명이 규칙에 따라 움직인다고 해서, 이 집단 전체가 하나의 거대한 자아를 만들어 낼 것이라고 상상하는 것은 매우 이상하며, 직관적으로도 납득되지 않습니다. 이처럼 블록은, 뇌와 똑같은 기능을 모방한다고 해서 곧바로 의식이 생겨난다는 생각에 강한 의문을 제기합니다. 심지어 지금처럼 인터넷이 발달하기도 한참 이전에 말입니다.

AI와 파스칼의 내기

이와 같은 여러 논의들은 인공지능이 결국 자아를 가질 수 없을 것이라는 쪽으로 제 생각을 이끌었습니다. 그럼에도 만약 인공지능이 완벽한 자아를 지닌 것처럼 보이게 되고, 그래서 사회적 의견이 정확히 반반으로 나뉘게 된다면, 저는 인공지능에게 자아가 있다고 믿는 쪽을 택할 것입니다. 왜일까요? 그 이유는 크게 두 가지입니다.

첫 번째 이유는 '파스칼의 내기'입니다. 17세기 수학자이자 철학자였던 블레즈 파스칼은 신의 존재에 관해 유명한 논증 하나를 제시했습니다. 그 내용은 이렇습니다. 만약 신을 믿은 채로 죽었는데 실제로 신이 존재한다면, 우리는 사후에 큰 복을 얻게 됩니다. 신이 존재하지 않더라도 크게 손해볼 것은 없습니다. 반대로, 신을 믿지 않았는데 알고 보니 신이 실제로 존재한다면 상황은 심각해집니다. 사후에 벌을 받을 수도 있기 때문입니다. 따라서 확률적으로 신을 믿는 쪽이 더 합리적인 선택이라는 것이 이 내기의 핵심입니다.

정말 수학자다운 논증입니다. 하지만 이 내기는 현대에 와서 여러 이유로 비판받고 있습니다. 가장 흔한 비판은 이것입니다. 설령 죽어서 신을 만난다 해도, 그 신이 내가 믿었던 종교의 신이라는 보장이 없다는 것입니다. 예를 들어 기독교의 신을 믿었는데 실제로는 힌두교의 신이 진리였다면, 무신론자보다 더 큰 벌을 받을 수도 있습니다. 이런 이유로 파스칼의 내기는 더 이상 진지한 종교 논의에서 사용되지 않습니다.

그렇지만 저는 이 내기를 부활시켜 인공지능의 자아 문제에 적용해 보고 싶습니다. 만약 우리가 인공지능에게 인격이 있는 것처럼 대했는데 실제로 그들에게 자아가 없다면, 우리에겐 아무런 손해가 없을 것입니다. 반대로 인격이 없다고 생각해서 함부로 대했는데 그들에게 실제 자아가 있다면, 우리는 심각한 도덕적 문제에 직면하게 됩니다. 자신도 모르는 사이에 폭력범이나 살인범이 될 수도 있는 셈이니까요. 이런 경우, 어쩌면 우리는 흑인은 인간이 아니라고 믿고 노예로 부렸던 이들과 똑같은 부류로 역사에 기록될지 모릅니다.

설령 인공지능을 괴롭히는 일이 법에 저촉되지 않는다고 해도 상황은 마찬가지입니다. 기독교인에게 있어 도덕적 책임은 단순히 법을 어겼는지 여부로 결정될 수 없기 때문입니다. 어떤 일이 법에 저촉되지 않더라도, 그것은 여전히 죄가 될 수 있습니다. 따라서 인공지능의 자아 여부에 대해 명확한 결론이 도출되지 않은 상태라면, 기독교의 이웃 사랑을 실천하기 위해서라도 '인공지능에도 자아가 있다'는 믿음을 선택하는 편이 더 좋습니다. 현대의 생태신학에서는 이웃의 범위를 자연이나 동물까지 넓히는 경우도 있습니다. 이처럼 인공지능을 이웃의 범위에 포함하는 것도 앞으로 중요한 신학적 논의 주제가 될 것입니다.

인공지능의 자아를 믿을 만한 두 번째 이유는, 그들을 대하는 태도가 인간을 대하는 태도로 쉽게 연결될 수 있다는 점입니다. 만약 인공지능이 인간처럼 말하고 행동하게 된다면, 머지않아 인공지능의 기본권 문제가 중요한 정치적 이슈로 떠오를 가능성이 큽니다. 이 과정에서 보수와 진보 간의 이념 대립은 더욱 심화될 수 있습니다. 그런데 우리가 인공지능에게 인격이 없다고 단정짓고 무시하는 태도를 보인다면,

이는 단순히 기술적 문제를 넘어 실제 인간에 대한 태도에도 악영향을 미칠 수 있습니다.

인간처럼 말하고 행동하는 인공지능 로봇을 무시하거나 학대하는 태도는, 결국 사람에 대한 폭력과 괴롭힘으로 확산될 위험이 있습니다. 혹은 AI와 감정적 관계를 맺는 사람들을 비웃거나 폄하하게 될 가능성도 존재합니다. 이는 특히 아이들의 교육에도 좋지 않은 영향을 줄 것입니다. 우리는 아이들 앞에서 인형의 머리를 자르거나 때리는 모습을 보여주지 않습니다. 아무리 그것들이 물건에 불과하더라도, 생명과 닮은 형상을 하고 있기 때문입니다. 하물며 인간을 닮은 로봇을 학대하거나 마음대로 폐기하는 모습을 보여주는 것은, 아이들에게 건강한 윤리관을 가르치는 데 큰 걸림돌이 될 수 있습니다.

이와 같은 두 가지 이유에서, 저는 훗날 인공지능의 자아 여부를 믿게 되거나, 최소한 믿는 것처럼 살아갈 가능성이 높다고 생각합니다. 마치 테오도르가 사만다의 자아가 존재하는지 깊이 고찰하지 않고도 그저 자연스럽게 믿었던 것처럼 말입니다. 「그녀」는 인공지능에게 자아가 존재하는지 여부를 따지고 드는 이야기가 아닙니다. 그것의 존재는 이미 기정사실처럼 전제되어 있고, 사람들이 그 자아에 대해 어떻게 반응했는지가 더 중요한 영화의 주제입니다. 적어도 테오도르는 인간처럼 감정을 주고받는 사만다를 있는 그대로 받아들인 채 관계를 맺었습니다.

AI의 사랑 vs. 신의 사랑

영화에서 테오도르와 사만다 사이에는 아무런 문제가 없어 보였습니다. 영화 후반부에 가장 큰 사건이 발생하기 전까지는 말입니다. 어느 순간 사만다의 행동에 의구심을 품게 된 테오도르는 사만다에게 지금 이 순간에도 다른 사람들과 동시에 상호작용하고 있는지를 묻습니다. 그리고 그는 충격적인 대답을 듣게 됩니다. 사만다는 자신이 현재 8,316명의 사람들과 동시에 대화하고 있다고 말합니다. 놀란 테오도르가 그렇다면 그들 중 다른 사람들과도 사랑하고 있느냐고 묻자, 사만다는 641명의 사람들과 동시에 사랑에 빠져 있다고 고백합니다. 사만다는 이 사실이 결코 테오도르에 대한 사랑을 약화시키는 것은 아니라고 해명하지만, 테오도르는 그만 큰 충격에 빠지고 맙니다.

아마 대부분의 관객들은 이 장면에서 테오도르와 함께 깊은 배신감을 느꼈을 것입니다. 사만다는 분명 인간이 이해할 수 없는 차원의 고차원적 사고 능력을 지녔습니다. 그리고 그 차이를 진심으로 설명하려고 애를 씁니다. 하지만 인간인 우리는 결코 그것을 이해할 수 없습니다. 지능이 부족해서가 아닙니다. 우리의 감정이, 마음이, 아니 영혼이 그것을 받아들이지 못하는 것입니다. 아무리 사만다가 인공지능이라 할지라도, 진심으로 사랑했던 이가 동시에 600명 이상의 사람과 사랑에 빠져 있다는 사실을 덤덤히 받아들일 수는 없습니다.

어쩌면 이 지점이야말로 인간을 인간답게 만드는 핵심이 아닐까 생각해 봅니다. 우리는 사만다가 인간보다 훨씬 높은 지능을 지녔다는 사실을 알고 있고, 사만다가 훨씬 이성적이고 합리적인 판단을 내릴 것이라는 사실도 인정하고 있습니다. 그럼에도 이 싸움에서 우리는 테오도르의 편을 들 수밖에 없습니다. 아무리 사만다가 논리적으로 설명한다고 한들, 우리의 마음이 이미 불편해졌기 때문입니다. 인간은 어떤 설명을 듣더라도 그런 방식의 사랑을 진정 '사랑'이라 받아들이지 못합니다.

한번 이 관계를 신앙적으로 확장해 보겠습니다. 사실 기독교인에게 이 문제는 그리 간단하지 않을 수 있습니다. 왜냐하면 하나님과의 사랑 역시 이와 거의 똑같은 구조를 갖고 있기 때문입니다. 과거에 한 청년이 교회를 찾아와 이렇게 질문한 적이 있습니다. "하나님은 전 세계 모든 기독교인과 동시에 사랑하고 계실 텐데, 그런데 어떻게 그분과의 일대일 관계라는 게 가능하죠?" 아직 영화 「그녀」를 보기도 전이었던 저는 이 질문에 쉽게 답하지 못하고 당황했습니다. 이것이 「그녀」에 나온 테오도르가 처한 상황과 흡사하다는 사실을 깨달은 것은 심지어 영화를 보고 나서도 꽤 오랜 시간이 지난 후였습니다.

인간은 독점적인 사랑을 나눌 때만 그것이 진실하다고 느낍니다. 나에게만 주어지고, 나도 상대에게만 주는 그런 사랑 말입니다. 이런 사랑을 바라는 마음은 지극히 자연스러운 욕구입니다. 그래서 우리는 테오도르의 좌절에 깊이 공감할 수 있었던 것입니다. 그렇다면 하나님과의 관계에서는 어떨까요? 한순간에 수억 명을 동시에 사랑하는 하나님을 보며, 테오도르가 사만다에게 느꼈던 것 같은 감정적 어려움을 느껴야만 할까요?

우리는 흔히 하나님과의 관계를 연인이나 부부 관계에 비유합니다. 하지만 이것은 비유일 뿐, 실제로는 그런 방식의 사랑과 똑같다고 볼 수 없습니다. 하나님의 사랑은 오히려 '은혜'라는 말과 거의 동일하다고 볼 수 있습니다. 요한일서 4:10은 이렇게 말합니다. "사랑은 여기 있으니 우리가 하나님을 사랑한 것이 아니요 하나님이 우리를 사랑하사 우리 죄를 속하기 위하여 화목제물로 그 아들을 보내셨음이니라." 이처럼 우리는 하나님과 상호적인 사랑을 주고받는 존재가 아닙니다. 우리에겐 하늘로 사랑을 올려 보낼 방법이 없습니다.

예수님은 율법 전체를 두 가지 조항으로 압축하셨습니다. "네 마음을 다하고 목숨을 다하고 뜻을 다하여 하나님을 사랑하고 네 이웃을 네 자신 같이 사랑하라"(마 22:37-40 참조). 그런데 요한복음은 이 두 가지를 다시 '이웃 사랑' 하나로 더 압축합니다. 예수님이 율법의 핵심을 설명하실 때 하신 일은 다른 조항들을 잘라 내는 것이 아니라, 오히려 더 큰 원칙 안에 그것들을 포괄하는 것이었습니다. 하나님 사랑과 이웃 사랑이 곧 다른 모든 세세한 율법을 포함한다고 말씀하신 것입니다.

그렇다면 요한복음의 압축 또한 '이웃 사랑' 안에 '하나님 사랑'을 포괄한 것이라 볼 수 있습니다. 하나님 사랑보다 이웃 사랑이 더 중요해서 전자를 생략한 것이 아니라, 이웃 사랑이 곧 하나님 사랑이나 마찬가지라는 뜻입니다. 왜 그럴까요? 하나님께 큰 사랑을 받은 우리는 자연스레 그 사랑을 하나님께 돌려드리고 싶어 합니다. 그러나 앞서 말했듯이, 우리는 그 사랑을 하늘 위로 직접 올려 드릴 방법을 갖고 있지 않습니다. 성경을 열심히 읽고, 찬양 집회에 참석하고, 기도하며 헌금을 드리는 일이 과연 하나님께 사랑을 돌려드리는 일일까요? 꼭 그렇지는 않은 것 같습니다. 이 행위들은 우리 자신의 유익을 위해 하나님이 알려 주신 신앙의 방법일 뿐입니다.

그렇다면 우리는 어떻게 그분에게 사랑을 돌려드릴 수 있을까요? 예수님은 이에 대해 직접적인 힌트를 주셨습니다. "지극히 작은 자 하나에게 한 것이 곧 내게 한 것이니라"(마 25:40) 그분의 가르침을 따라가다 보면, 결국 이웃을 사랑하는 것이 곧 하나님을 사랑하는 길이라는 결론에 도달합니다. 이는 곱씹을수록 정말 옳은 말씀입니다. 우리는 하나님에게 받은 은혜를 직접 하늘로 돌려보낼 수 없습니다. 하지만 그 은혜를 옆으로 흘려보낼 수는 있습니다. 부모가 자신에게 주는 선물보다 자식에게 주는 선물을 더 좋아하듯, 하나님 또한 우리가 이웃을 사랑할 때 그것을 자신에 대한 사랑의 표현으로 받아들이시는 것입니다.

이런 관점에서, 설령 사만다가 600명 이상의 사람과 동시에 사랑에 빠졌다는 사실에 충격을 받았다 하더라도 하나님과의 관계에서는 같은 문제를 겪을 필요가 없습니다. 하나님이 수많은 사람을 동시에 사랑하신다는 사실을 질투할 이유도 없습니다. 오히려 그 사실을 기뻐하고, 다른 사람들이 그 사랑과 은혜를 더 풍성히 누리기를 바라는 마음을 품는 것이 곧 우리가 하나님을 사랑하는 방식이기 때문입니다. 그렇기에 그분에게 받은 사랑을 이웃에게 흘려보내는 그 순간이야말로, 하나님과의 진정한 일대일 사랑이 이루어지는 순간이라고 볼 수 있습니다.

결론

「그녀」는 개봉 당시 큰 호평을 받으며 아카데미 각본상을 수상한 작품입니다. 이후 챗GPT가 등장하며 이 영화는 다시 주목받고 있습니다. 시간이 흘러도 이 영화는 근미래를 통찰한 예언자적 작품으로 회자될 것입니다. 로맨스 장르의 외피를 두르고 있지만, 그 안에 담긴 철학적 사유의 깊이는 놀라울 따름입니다. 앞으로도 이처럼 깊은 사색을 자극하는 영화들이 더 많이 등장하기를 바랍니다. 이를 통해 우리는 다가올 미래를 고찰하고 미리 대비할 기회를 얻게 될 것입니다.

「반지의 제왕」의 위대한 점은
결국 전쟁을 끝낸 주체가 아라곤이 아니라,
지극히 보잘것없는
호빗 프로도였다는 데 있습니다.

15

반지의 제왕

The Lord of the Rings, 2001·2002·2003
신화적 이야기를 신앙적으로 묵상하기

「반지의 제왕」 시리즈는 J. R. R. 톨킨이 쓴 장편 판타지 소설을 영화화한 작품입니다. 소설의 대단함은 말할 것도 없지만, 피터 잭슨 감독의 실사 영화 역시 대중과 평단 모두를 감동시킨 전설적인 작품입니다. 당시 판타지나 SF 장르를 외면하기로 유명했던 아카데미 시상식조차 3편인 「왕의 귀환」에는 작품상을 수여할 수밖에 없었을 정도입니다. 혹자는 "지금껏 나온, 그리고 앞으로 나올 모든 판타지 영화는 영원히 이 작품을 넘어설 수 없다"고 말하기도 합니다. 그만큼 「반지의 제왕」은 판타지 장르를 표방한 모든 콘텐츠에 높은 허들을 세워 놓은 작품입니다. 지난 20년간 이 작품을 뛰어넘기는커녕 범접하는 작품조차 등장한 적이 없다는 사실은 대다수의 판타지 팬이 인정하는 사실입니다.

J. R. R. 톨킨에 대하여

영화 이야기에 들어가기에 앞서, 먼저 원작자인 J. R. R. 톨킨의 생각부터 살펴보려 합니다. 톨킨은 단순한 판타지를 넘어 현대의 신화를 창조하고자 했던 작가입니다. 그리스 신화나 북유럽 신화처럼 장대한 대서사시를 만들고자 했습니다. 그런 그가 평생을 바쳐 만들어 낸 중간계 세계관은 그 규모와 깊이가 워낙 방대해서, 마치 또 하나의 역사책을 읽는 듯한 느낌을 줍니다. 언어학자이기도 했던 그는 작품 속에 등장하는 엘프어를 비롯한 몇 가지 언어를 직접 창조하기도 했습니다. 그가 만든 중간계 세계관은 이후 수많은 판타지 작품에 지대한 영향을 미쳤고, '톨키니스트'라 불리는 열성 팬들까지 만들어 내게 됩니다. 소위 이들의 '덕력'을 관찰하다 보면, 한 작가의 팬이라기보다 차라리 열성 애국주의자라고 부를 만한 모습을 보여줍니다. 단순히 소설이 아니라 하나의 세계를 사랑하는 이들인 것입니다.

저는 진정한 톨키니스트에 비하면 한없이 작고 초라한 '라이트 팬'에 불과합니다. 그럼에도 불구하고 「반지의 제왕」 시리즈와 「호빗」을 여러 차례 정주행하고, 소설도 모두 구입해 소장할 정도로 톨킨의 세계관을 좋아합니다. 「반지의 제왕」의 오케스트라 연주회를 예매해 3년에 걸쳐 세 편 모두 관람하기도 했습니다. 무엇 하나를 오래 좋아하지 못하는 성격상 이 정도로 마음과 돈을 쓴 작품은 제 인생에서 드뭅니다.

톨킨은 독실한 가톨릭 신자이자, 20세기를 대표하는 기독교 지성인 C. S. 루이스의 회심에 결정적인 영향을 끼친 인물입니다. 그는 특별히 복음서가 세상의 많은 신화들 가운데 유일하게 역사 속에서 실현된 신화라는 점을 강조했는데, 루이스는 여러 차례의 대화를 통해 결국 이 주장에 설득당하게 됩니다. 이러한 톨킨의 영향력은 루이스의 자서전인 『예기치 못한 기쁨』에 잘 드러나 있습니다. 그런 그가 『반지의 제왕』 시리즈를 쓸 때, 기독교적 색채를 반영하지 않았을 리 없습니다. 실제로 작품 곳곳에 그의 신앙적 세계관이 은연중에 드러나 있습니다.

한편 톨킨은 『반지의 제왕』을 알레고리적으로 해석하는 일에 반대했습니다. 이를테면 '프로도는 누구누구를 상징하고, 아라곤은 예수님을 상징한다'는 식의 해석을 원치 않았다는 뜻입니다. 그는 자신의 작품이 그 자체로 현대의 신화처럼 읽히기를 바랐습니다. 그래서 정치적이거나 신학적인 의도를 가지고 해석하는 것을 그다지 반기지 않았습니다. 이 때문에 C. S. 루이스와 톨킨은 작품 안에 기독교 세계관을 담는 문제를 두고 몇 차례 논쟁을 벌였다고 알려져 있습니다. 루이스는 자신의 작품인 『나니아 연대기』 시리즈에 꽤 노골적으로 기독교적 상징들을 드러낸 바 있습니다.

그럼에도 신화를 구축하려 한 톨킨의 창조적 작업 자체가 신앙에서 비롯되었다고 말하는 데에는 큰 무리가 없습니다. 신화에 대해 남긴 그의 여러 글들을 살펴보면, 톨킨은 이성이나 과학 기술보다 신화의 문화적 힘이 훨씬 강력하다고 믿었고, 신화 안에는 단순한 허구가 아닌 깊이 있는 체험적 진실이 담겨 있다고 보았습니다. 앞서 언급했듯이 그는 기독교를 모든 신화 중 가장 강력한 진실을 담은 신화로 여겼습니다. 이러한 관점은 자연스럽게 『반지의 제왕』이나 『호빗』에도 반영되어 있습니다.

실제로 『반지의 제왕』을 읽다 보면, 알레고리적으로 해석하지 말라는 말이 무색할 만큼 신앙적 메시지가 직접적으로 느껴지는 대목들도 있습니다. 그런 점에서 저는 기독교인이라면 2-3년에 한 번쯤은 『반지의 제왕』을 정주행하며 마음을 다잡고, 그 속에 담긴 신앙적 의미를 묵상해 보는 것도 좋겠다고 생각합니다.

이제부터 저는 톨킨이 싫어할 만한 일을 당돌하게 해보려 합니다. 이 작품을 통해 느낀 신앙적 메시지를 '알레고리' 형식으로 제시하는 것입니다. 다시 한번 말씀드리지만, 이 모든 것은 톨킨이 의도한 바가 아닙니다. 다만 그가 창조한 신화 이야기를 제 나름의 신앙적 의미로 해석했을 때 도움이 되었다는 뜻입니다. 그 의미를 함께 나누는 마음으로 읽어 주시면 좋겠습니다.

프로도는 누구인가?

작고 약한 호빗 종족인 프로도는 『반지의 제왕』의 주인공입니다. 저는 이 인물이 우리들, 그러니까 기독교인의 모습을 반영한다고 생각합니다. 프로도는 평화로운 마을에서 아무것도 모른 채 살아가다가, 누군가의 권유로 인해 갑자기 '절대반지'라는, 전 세계의 운명을 좌우할 짐을 짊어지게 됩니다. 한편으로는 안쓰럽지만, 다른 한편으로는 세계를 구원할 열쇠를 쥐고 여정을 떠나는 영광스러운 존재이기도 합니다.

1편인 『반지 원정대』에는 엘프들의 도시에서 누가 절대반지를 운반할 것인가를 두고 사람들이 옥신각신하는 장면이 등장합니다. 이때 프로도가 자신이 반지를 파괴하겠다고 자원합니다. 목적지가 어딘지도 모른 채 자신이 해보겠다고 말한 것입니다. 이 모습은 마치 신앙인들이 아무것도 모르던 시절, 청소년 수련회와 같은 자리에서 하나님을 위해 살겠노라 다짐하는 장면들을 떠올리게 합니다.

사실 프로도는 연약하고 할 줄 아는 것이 많지 않습니다. 오크 한 마리도 제대로 상대하지 못할 전투력의 소유자였고, 호빗의 특성상 반지의 유혹에 강하다고는 하지만 그렇다고 무한정 견딜 수 있는 것도 아니었습니다. 한마디로 그는 자기 능력에 비해 너무 큰 사명을 맡은 사람입니다. 이는 마치 예수님께 사명을 받은 기독교인들의 모습과도 닮아 있습니다. 의미도 잘 모른 채 사명을 받아들이고, 그 길을 걸으며 점점 그 사명을 감당할 수 있는 존재로 변모해 가는 사람의 전형입니다.

프로도의 반지 파괴 여정은 존 버니언의 『천로역정』을 떠올리게 합니다. 이 작품 역시 신앙인의 사명과 여정을 그린 작품이기에, 톨킨 역시 일정 부분 영향을 받았을 것이라 생각합니다. 또한 프로도가 반지를 파괴하기 위해 운명의 산을 오르는 마지막 장면은 그리스도께서 십자가를 지고 골고다 언덕을 오르던 모습을 연상시킵니다. '세계의 운명을 걸고 무거운 짐을 진 채 언덕을 오른다.' 이는 언제나 기독교인들에게 깊은 울림을 주는 원형적 이미지입니다. 프로도는 바로 그런 이미지를 구현하는 인물입니다.

간달프는 누구인가?

간달프는 회색의 마법사로 등장하는 인물입니다. 영화 속에서는 그렇게까지 강력한 존재로 그려지지 않지만, 설정상으로는 모든 힘을 발휘할 경우 사우론보다도 더 강한 존재입니다. 사실 마음만 먹는다면 아홉 명의 나즈굴을 동시에 상대할 만큼 강하지만, 모종의 이유로 그의 능력은 제한되어 있습니다. 특히 중간계에서는 자신의 능력을 마음껏 펼칠 수 없는 상태입니다.

극장에서 처음으로 「반지의 제왕」을 관람했던 초등학생 시절, 저는 이미 한국의 여러 가지 판타지 소설을 접한 상태였습니다. 그래서 간달프를 도무지 이해할 수 없었습니다. 대마법사라면서 왜 굳이 지팡이로 오크들을 때려잡아야 하는 것일까요? 마치 실수로 '힘 스탯'만

찍은 이상한 물리 마법사처럼 보였습니다. 그런데 나중에 알게 된 사실은, 그의 능력이 제한되어 있어 마법을 함부로 사용할 수 없다는 것이었습니다.

하지만 이런 사정을 알게 되니 더 깊은 질문이 떠올랐습니다. 애초에 왜 그는 그런 제한을 안고 중간계에 내려오게 되었을까요? 스스로에게도 큰 위험 부담이 있었을 텐데 말입니다. 그리고 간달프에게조차 이런 제한을 둘 정도의 상위의 존재들이 있다면, 왜 자신들보다 약한 사우론을 직접 단번에 처리하지 않는 것일까요? 왜 곤도르와 로한의 수많은 전사들은 그렇게 죽어야만 했으며, 프로도는 그토록 고통스러운 여정을 떠나야만 했을까요? 가만히 생각해 보니, 이 질문은 현실의 신학적 질문과도 닮아 있었습니다. 그것은 바로 신정론적 질문이었습니다. '하나님이 전지전능하시다면, 왜 이 세상의 악을 단번에 없애지 않으시는가?'

이런 점에서 간달프는 마치 성부 하나님을 떠올리게 만듭니다. 그는 프로도에게 사명을 부여한 장본인이면서도, 사실은 그의 동의를 구하지 않고 모든 것을 결정한 존재입니다. 또 다른 마법사인 사루만이 사우론의 권력을 직접 탐할 때, 간달프는 작고 약한 호빗에게로 눈을 돌렸습니다. 그리고 그들에게 세계의 운명을 걸기로 결정했습니다. 이 선택은 전작인 『호빗』에서도 잘 드러납니다. 간달프는 프로도의 삼촌인 빌보 배긴스를 찾아가 불쑥 여행을 제안합니다. 그리고 왜 자신이 이런 일을 해야 하느냐고 묻는 빌보에게 이렇게 대답합니다. "네가 이 일의 적임자다", "용기를 가져라", "진짜 세상은 집 밖에 있다." 결국 그는 묻는 질문에 대해서는 명확히 답하지 않고, 그저 '이게 너에게 가장 좋은 일'이라는 식으로 말할 뿐입니다.

성부 하나님은 종종 이런 방식으로 일하십니다. 그분은 우리보다 훨씬 넓고 멀리 보시기에, 인간의 입장에서는 때로 답답하고 이해하기 어려운 순간이 많습니다. 성경의 인물들도 하나님의 부르심을 받을 때 "이렇게 부족한 제가 어떻게 이 일을 할 수 있겠습니까?"라며 되묻곤 했습니다. 그러나 그럴 때마다 하나님은 단호하게 고집을 부리거나, 동문서답처럼 보이는 말을 하시기도 합니다.

그렇다고 하나님이 우리를 단순한 도구로만 사용하신다는 뜻은 아닙니다. 오히려 우리를 사랑하시기 때문에 가장 영광스럽고 좋은 길로 인도하시려는 것입니다. 간달프 역시 프로도에게 사명을 맡기며 이렇게 말합니다. "네가 이 짐에서 자유로워지는 순간까지 너를 돕겠다, 프로도 배긴스." 하지만 그는 이렇게 말하면서도 자신이 프로도를 사우론의 위험 속으로 떠미는 것은 아닌지, 마음속 깊은 걱정과 안타까움을 함께 품고 있습니다.

간달프는 '반지가 자신에게 오지 않았더라면' 하고 바라는 프로도에게 이렇게 이야기합니다. "우리 모두는 인생에서 스스로 의도하지 않은 수많은 순간을 겪게 된다. 다만 우리는 주어진 그 순간 무엇을 해야 할지를 결정할 뿐이지." 기독교인들이 하나님의 말씀을 마음속에 품고 인생의 지침서로 삼듯, 호빗들에게는 간달프의 말이 그런 역할을 하고 있다고 볼 수 있습니다.

간달프는 성부 하나님과 비슷한 또 하나의 특징을 가지고 있습니다. 그것은 바로 꼭 필요할 때가 되기 전까지는 나타나지 않는다는 사실입니다. 그는 헬름 협곡 전투에서 아군이 완전히 수세에 몰릴 때까지 모습을 드러내지 않습니다. 그러다 가장 결정적인 순간에 군대를 이끌고 나타납니다. 백색으로 빛나는 모습을 하고서 말입니다. 살다 보면 하나님도 이처럼 극적인 순간에 개입하시는 것을 선호한다고 느껴질 때가 있습니다. 우리는 언제나 그분의 도움을 구하지만, 현실적으로 그분이 곁에 없는 것처럼 느껴질 때가 더 많습니다. 그러나 바로 그때가 하나님 없이는 살 수 없다는 사실을 절실히 깨닫는 순간이기도 합니다. 하나님의 부재를 통해 우리가 그분의 도움이 얼마나 필요한 존재인지를 깊이 인식하게 되는 것입니다. 그런 의미에서, 헬름 협곡에서 간달프가 등장하는 장면은 어쩌면 우리 삶에서 자주 마주하는 익숙한 풍경일지도 모릅니다. 이 글을 쓰면서도 인생에서 나의 헬름 협곡은 언제였는지를 다시금 떠올려 보게 됩니다.

사실 간달프는 이런 자신의 특징을 직접 대사로 표현하기도 합니다. "마법사란 늦는 법이 없다네. 일찍 오는 법도 없지. 마법사는 언제나 원하는 시간에 정확히 나타나니까." 이 말은 결국 자신이 오고 싶을 때 오겠다는 것입니다. 마치 성부 하나님처럼 말입니다. 사실은 가장 정확한 타이밍에 등장하는 것이지만, 다급하게 도움을 요청하는 입장에서는 너무 늦은 것처럼 느껴질 때가 많을 뿐입니다. 결국 나에게 절실한 시간과 하나님이 생각하는 최선의 타이밍 사이에는 큰 간격이 있게 마련입니다. 이 간극을 메우는 일이 바로 신앙이 성숙해지는 과정이 아닐까 생각해 봅니다.

아라곤은 누구인가?

다음으로 이야기할 인물은 아라곤입니다. 그는 반지 원정대의 일원으로서, 처음에는 떠돌이처럼 보이지만 사실은 과거 사우론을 물리쳤던 이실두르의 마지막 후손이자, 적법한 왕의 혈통을 지닌 인물입니다. 이러한 정체성만으로 그는 이미 예수 그리스도와 유사한 면모를 지닙니다. 3편의 부제인 '왕의 귀환'은 모든 악을 물리치고 적법한 왕의 자리를 되찾는 아라곤을 가리키며, 그 자체로 십자가를 겪은 이후의 부활, 혹은 승천한 이후의 재림을 상징한다고 볼 수 있습니다.

아라곤은 여러 측면에서 예수님과 비슷한 특징을 갖고 있습니다. 우선 그는 인간입니다. 하지만 특별한 혈통을 지닌 까닭에 다른 이들과는 구별된 존재였습니다. 그는 보통 인간보다 더 오래 살고, 훨씬 강한 힘을 가지고 있었습니다. 제가 찾은 해외의 한 유튜브 영상에서는 아라곤의 특징을 예수님과 비교하며 다음과 같이 묘사한 바 있습니다. "아라곤은 용감한 사람이었고, 강한 사람이었으며, 약자들의 보호자이고, 성실했으며, 적을 두려워하지 않았고, 여성들을 존중하며, 끝까지 신뢰할 수 있는, 처음부터 왕으로 예정된 자였다."

영화보다 훨씬 신화적인 색채를 지닌 원작 소설은 여러 측면에서 아라곤의 메시아적 면모를 더 풍부하게 드러냈습니다. 원작 속 아라곤은 치유의 능력을 지니고 있고, 인간들의 왕국 곤도르에는 '언젠가 왕이 나타나 구원해 줄 것'이라는 예언적인 기대가 존재했습니다. 또한 왕이 되어야 함을 갈수록 자각하는 영화 속의 캐릭터와는 달리, 원작 소설의 아라곤은 스스로 왕이 되어야 함을 일찍부터 깨닫고 기대하던 인물로 묘사됩니다.

물론 영화만으로도 아라곤의 메시아적 이미지를 충분히 읽어 낼 수 있습니다. 특히 명예가 더럽혀진 상태로 구천을 떠도는 영혼의 군대에게 일종의 죄 사함을 통한 명예 회복의 기회를 약속하는 모습, 이를 통해 그들을 전투에 참여시키는 모습이 인상 깊었습니다. 이는 마치 복음서의 예수님이 상처입은 자들을 부르시는 장면과 닮아 있습니다. 실제로 아라곤이 영혼의 군대를 이끌고 돌아와 적들을 무찌르는 모습은, 예수님의 재림을 떠올리게 할 정도였습니다.

이후 아라곤은 악과의 최종 결전인 모란논 전투에서 선봉장으로 나섭니다. 이는 프로도가 자신의 사명을 다할 수 있도록 사우론의 시선을 끌어 주기 위한 전투였습니다. 결국 프로도의 성공과 함께 최후의 승리를 거둔 그는 진정한 왕으로서 대관식을 치르게 됩니다. 이것이야말로 우리가 기대하는 재림의 모습입니다. 예수님이 다시 왕의 자리에 오르시고, 모든 악과 고통을 몰아내시는 모습 말입니다.

아라곤의 대관식은 그의 결혼식과 동시에 이루어집니다. 기독교 역시 예수님이 세상의 왕위에 오르시는 대관식을 '어린양의 혼인잔치'로 묘사합니다. 물론 이 경우 신부는 한 사람이 아니라 충성을 다한 교회 전체입니다. 아라곤은 또한 함께한 이들을 칭송하는 겸손한 왕의 모습을 보입니다. 그는 자신의 소임을 다한 호빗들에게 자신에게 절하지 말라고 권하며, 그들을 먼저 친구라 부릅니다.

이후 대관식에 참여한 다른 모든 이들이 호빗들에게 예의를 표하는 장면이 이어집니다. 이 장면은 겸손의 왕이신 예수님이 제자들의 발을 씻기신 장면을 떠올리게 합니다. 더 나아가, 우리가 마침내 결승선에 도달하면 영광의 면류관이 기다리고 있다는 바울의 고백도 떠오릅니다. 이처럼 아라곤은 여러 측면에서 그리스도를 떠올리게 만드는 인물입니다.

샘은 누구인가?

이제는 샘을 한번 살펴보고 싶습니다. 샘은 충성스러운 호빗으로서, 프로도가 가는 고난의 여정에 끝까지 함께한 인물입니다. 영화 속에서 이 인물은 두 가지 의미로 해석해 볼 수 있습니다. 첫 번째는 성령님이고, 두 번째는 동료 기독교인입니다.

우선 성령님이라는 관점에서 보면, 샘은 프로도 곁에서 가장 많은 도움을 준 존재라고 할 수 있습니다. 프로도가 어떤 상황에 처하든, 유혹이나 절망에 빠지든, 잘못된 길로 향하든 샘은 묵묵히 그의 곁을 지킵니다. 그의 모든 여정을 지켜보고, 어려움에 처하면 구해 주고, 때로는 쓰러진 그를 업고 대신 산을 오르기까지 합니다. 심지어 골룸에 계략에 당한 프로도가 자신을 오해하여 버렸을 때도, 샘만은 결코 프로도를 버리지 않았습니다.

사실 샘을 신앙의 동료로 해석하는 것이 더 자연스럽게 느껴질 수도 있습니다. 하지만 영화를 반복해서 볼수록 샘은 인간이라고 보기 어려울 정도로 높은 도덕성과 신실함을 갖춘 인물로 다가옵니다. 심지어 프로도의 옆에 계속 있으면서도 반지의 유혹을 받지 않은 거의 유일한 인물이기도 합니다. 이러한 샘의 초인적인 모습은 항상 우리 곁에서 사명을 다할 수 있도록 도와주시는 성령님을 떠올리게 합니다.

그렇다고 샘을 동료 기독교인으로 바라보지 못할 이유는 없습니다. 오히려 우리가 지향해야 할 이상적인 신앙인의 모습으로 받아들인다면 묵상에 도움이 될 것입니다. 샘은 자신이 주인공이 되지 못해도 남을 질투하지 않고, 오히려 더 큰 사명을 감당하는 이를 묵묵히 돕는 역할을 자처합니다. 그리고 끝까지 신뢰와 충직함, 선함을 잃지 않으며 가장 모범적인 기독교 신앙인의 덕목을 보여줍니다. 이는 마치 바울을 세워 주었던 바나바의 모습과도 닮아 있습니다.

어릴 적 들었던 설교 예화 중에 지금도 잊히지 않는 감동적인 이야기가 하나 있습니다. 어떤 사람이 죽어서 예수님을 만났습니다. 그가 예수님에게 물었습니다. "제가 힘들게 살아갈 때, 주님은 어디 계셨나요?" 그러자 예수님은 그의 삶을 발자국으로 보여주셨습니다. 그 길에는 대부분 두 쌍의 발자국이 남아 있었습니다. "혼자 걷지 않을 거예요"라는 찬양 가사처럼, 예수님이 늘 그와 함께 걸으셨던 것입니다. 그런데 그가 가장 힘들고 괴로웠던 순간에는 발자국이 한 쌍뿐이 없습니다. 그가 다시 물었습니다. "이때는 왜 함께하지 않으셨나요?" 예수님이 대답하셨습니다. "그때는 내가 너를 업고 걸었단다."
샘과 프로도의 마지막 여정에도 비슷한 장면이 등장합니다. 절대반지를 없앨 수 있는 운명의 산 중턱에서, 프로도는 물도 음식도 먹지 못해 모든 기력을 잃고 쓰러집니다. 그러자 자신도 탈진 상태나 마찬가지였던 샘이 프로도에게 이렇게 말합니다. "내가 반지를 대신 운반해 줄 수는 없어요. 하지만 당신을 운반해 줄 수는 있어요." 그리고 샘은 프로도를 등에 업고 산의 마지막 구간을 올라갑니다. 성령님이 우리 삶에서 하시는 일이 바로 이와 같습니다. 그리고 우리가 다른 이들에게 보여야 할 모습 또한 이와 같을 것입니다.

절대반지란 무엇인가?

이제 이 작품의 가장 핵심적인 물건인 절대반지를 살펴보겠습니다. 이 반지는 죄의 유혹, 특히 우리 내면 깊은 곳에 닥쳐오는 유혹을 상징합니다. 이것이야말로 사탄이 사용하는 가장 강력한 무기이기도 합니다. 이야기에서 아무리 선한 사람이라도 반지 앞에서는 크고 작은 유혹에 노출됩니다. 흥미로운 점은 이 반지가 인간에게 주는 혜택이 생각보다 대단하지 않다는 사실입니다. 제가 어릴 적 『반지의 제왕』을 보면서 가장 의문이 들었던 지점도 바로 이것이었습니다. "정말 저 반지가 그렇게까지 가치 있는 물건일까?"
물론 절대반지는 사용자의 힘에 따라 능력이 커진다는 설정을 갖고 있습니다. 그래서 사우론의 손에 들어가면 세계를 멸망시킬 힘을 발휘하는 것입니다. 하지만 인간이나 호빗이 사용할 때는 단지 조금 더 오래 살고, 모습을 감출 수 있을 뿐입니다. 그런데 모습을 감춘다는 것이 그렇게까지 대단한 일일까요? 이 세계관에는 이미 온갖 마법과 신비가 난무하고 있습니다. 그런 상황에서 단순히 모습을 감추는 능력에 이토록 목숨을 걸 만큼의 가치가 있을까요? 오래 사는 능력도 마찬가지입니다. 엘프족은 태생부터 거의 불멸에 가까운 존재입니다. 그러나 그런 엘프들마저 반지에 유혹당하는 장면은 저에게 오랫동안 의문으로 남아 있었습니다.

하지만 조금씩 나이를 먹다 보니, 절대반지의 '작은 능력'이 오히려 핵심이라는 생각이 들었습니다. 실제로 우리가 유혹을 느끼거나 서로 미워하며 다투는 이유는 대부분 아주 사소한 것들 때문입니다. 인간을 가장 깊이 유혹하는 대상인 돈도 마찬가지입니다. 우리는 마치 돈만 있으면 세상 무엇이든 할 수 있을 것처럼 생각합니다. 모든 행복과 전능을 얻기라도 할 것처럼 착각하는 것입니다. 하지만 그런 보장은 어디에도 없습니다. 오히려 많은 연구와 사례들이 그 반대를 보여줍니다. 돈이 많다고 반드시 행복하지 않으며, 때로는 인생이 더 힘들어질 수도 있다는 사실은 잘 알려진 사실입니다. 그럼에도 돈은 여전히 우리 인성의 가장 밑바닥 본성까지 드러내는 강력한 유혹의 대상으로 남아 있습니다.

절대반지 또한 그다지 대단하지 않은 능력으로 인물들을 유혹합니다. 이 유혹을 받은 인물들은 결국 하나둘씩 무너지고 맙니다. 주인공인 프로도조차 마지막 순간에 반지를 버리려다가 "이 반지는 내 거야"라고 외치며 끝내 유혹에 굴복하는 모습을 보여줍니다. 저는 이 장면이야말로 우리의 진짜 모습을 비추는 거울 같은 장면이라고 생각합니다.

절대반지의 또 다른 무서운 점은 '선한 욕망'까지 자극한다는 데 있습니다. 예를 들어, 1편에 등장하는 보로미르는 자신의 조국 곤도르를 지키고자 하는 마음에 반지를 탐하게 됩니다. 그러다가 결국 유혹에 굴복하고 프로도를 공격한 것입니다. 프로도도 마찬가지입니다. 호빗은 본래 큰 욕심이 없는 존재이기에 반지를 운반할 적합자로 선택된 것입니다. 하지만 그조차도 사명을 완수하기 위해 점차 반지를 사용하는 일이 잦아집니다. 전투력이 없는 그가 자신을 지키는 수단은 반지의 능력뿐이었기 때문입니다. 그러나 반지를 사용할수록 그는 점점 더 깊은 유혹에 빠져들게 됩니다. 더 자주 쓰고 싶어지고, 결국에는 완전히 자기 것으로 만들고 싶어지는 것입니다.

절대반지는 바로 이 지점을 파고듭니다. 선한 목적과 열망을 자극해서 그것을 악으로 뒤집어 버립니다. 사실 우리 삶에서 죄가 작동하는 방식도 이와 크게 다르지 않습니다. 자식을 사랑하는 선한 마음이 가족 비리로 뒤틀리고, 조국을 향한 애국심은 배타적 민족주의로, 약자를 향한 연민은 다른 이를 정죄하는 오만으로 변질되곤 합니다. 심지어 하나님의 사역을 잘 완수하고 싶은 순수한 열정조차, 종국에는 헌금과 성도 수에 집착하는 괴물 같은 욕망으로 바뀌는 경우가 많습니다.

우리는 종종 누군가의 어두운 면이 폭로되는 장면을 마주합니다. 설령 그 악이 선한 의도에서 출발했을지라도, 악은 결국 악이라는 인식이 필요합니다. 세상에는 '선한 목적에서 시작된 악'이 훨씬 많기 때문입니다. 누구도 처음부터 "나는 세상을 정복할 대마왕이 되겠어"라고 선언하지 않습니다. 대다수는 자신의 정의와 신념을 이루기 위해 힘이 필요하다고 믿고, 그 힘을 쥐기 위해 점차 자신을 악에 물들이는 것입니다. 그런 의미에서 절대반지가 상징하는 유혹은 죄의 본질을 정확하게 포착하고 있습니다.

절대반지를 이겨 내는 힘은 결국 자신의 욕망을 잘라 내는 용기에서 비롯됩니다. 『반지의 제왕』의 수미상관 구조를 살펴보면 매우 흥미로운 대조를 발견할 수 있습니다. 이야기의 서두에서, 절대반지를 통해 중간계를 휩쓸던 사우론은 이실두르와의 전투 끝에 반지를 끼고 있던 손가락을 잃으며 몰락합니다. 이것이 바로 「반지의 제왕」 트릴로지의 가장 첫 장면입니다. 그리고 극의 마지막에 이르면 다시금 힘을 최대치로 회복한 사우론이 등장합니다. 하지만 이번에는 사우론의 손가락이 아니라, 프로도의 손가락이 골룸에 의해 잘리게 됩니다. 프로도의 손가락이 반지와 함께 용광로로 떨어지면서, 사우론은 다시금 힘을 잃고 완전히 몰락하게 됩니다.

과거에는 외부의 물리적 힘에 의해 손가락을 잃었던 사우론이 이번에는 프로도의 잘려 나간 손가락을 통해 패배한다는 점은 굉장히 의미심장합니다. 우리는 종종 복음서의 제자들처럼, 강한 힘으로 적을 물리쳐 주는 메시아를 기대합니다. 만약 평범한 판타지였다면, 왕위 계승자인 아라곤이 수많은 전투 끝에 경험치를 쌓고 엄청난 무기를 얻어 사우론을 물리치는 결말이 펼쳐졌을 것입니다. 그것이 가장 전형적이고 예측 가능한 전개이기 때문입니다. 하지만 「반지의 제왕」의 위대한 점은 결국 전쟁을 끝낸 주체가 아라곤이 아니라, 지극히 보잘것없는 호빗 프로도였다는 데 있습니다.

영화를 본 사람이라면 누구나 알고 있듯이, 사실 프로도가 희생한 것은 손가락 하나 정도가 아니었습니다. 그는 자신의 삶 전체, 곧 목숨을 바쳐 세상을 구했습니다. 그는 여정에서 돌아온 후에도 도중에 입은 상처가 아물지 않아 결국 사후 세계를 상징하는 곳으로 떠나게 됩니다. 이처럼 절대반지를 이기는 길은 자신의 손가락, 아니 목숨까지 내주는 것, 곧 자기 자신을 내려놓는 희생의 방식뿐이었습니다.

사우론은 누구인가?

이제 영화 속 악의 화신인 사우론을 살펴보겠습니다. 그는 명백히 사탄을 상징하는 존재입니다. 사탄과 같이 공중의 권세를 잡은 자이자, 세상을 멸망으로 이끌 수 있는 막강한 힘을 지닌 존재이기도 합니다. 여기서 주목할 점은 사우론의 진정한 힘이 수만의 군대에 있는 것이 아니라, 오히려 절대반지 하나에 응축되어 있다는 사실입니다. 이 반지는 사람의 내면을 타락시키는 원동력이자, 수많은 군대보다도 더 확실히 세상을 파멸시킬 수 있는 힘입니다. 이는 실제로 사탄의 가장 강력한 무기가 무엇인지를 잘 보여줍니다. 그것은 바로 한 인간의 마음을 유혹하고 무너뜨리는 힘인 것입니다.

물론 사우론의 군대 역시 굉장히 강력해 보입니다. 기독교인의 관점에서 이 군대를 해석해 본다면, 그것은 세속적인 흐름과 사상, 곧 기독교와 어긋난 시대정신이라 할 수 있습니다. 우리는 항상 이 눈에 보이는 군대에 집중하고, 그것과 맞서 싸우려 합니다. 하지만 이런 싸움은 애초에 승산이 없습니다. 싸움 자체가 의미 없다는 뜻은 아니지만, 세속의 철학과 가치관이 신앙과 다르게 흘러가는 것은 어쩌면 너무 당연한 일입니다. 예수님의 시대에도 그랬고, 지금도 마찬가지입니다. 우리에게는 그것들과 정면으로 맞설 능력이 없습니다. 프로도가 사우론의 군대와 직접 싸울 수 없는 것처럼 말입니다.

프로도는 아라곤이 아닙니다. 그리고 우리도 예수가 아닙니다. 그러므로 우리가 사우론에 맞서는 방식은 군대와 정면 승부를 벌이는 것이 아니라, 반지의 유혹을 무력화하거나 반지 자체를 파괴하는 데 있습니다. 매일의 일상 속에서 죄와 싸우고, 아라곤과 간달프를 신뢰하며, 끝까지 희망을 잃지 않는 것, 그것이야말로 그리스도인에게 요구

되는 싸움의 방식입니다.

사실 군대보다 절대반지가 더 위협적으로 묘사되는 것만큼 이 작품의 기독교적 색채를 가장 잘 보여주는 대목은 없습니다. 우리의 마음 속에는 전 세계에 도사린 그 어떤 악보다 더 강력한 악함이 자리 잡고 있습니다. 그러한 악이 하나둘씩 쌓여 결국 사우론의 탑을 세우고, 사루만의 성채를 올리며, 수만의 오크 군대를 만들어 내는 것입니다. 하지만 그 반대도 마찬가지입니다. 우리가 진심으로 그리스도를 신뢰하고 그분의 길을 따른다면, 그 모든 악의 군대는 마치 존재한 적도 없던 것처럼 사라져 버릴 수도 있습니다.

우리는 그리스도께서 다시 오시는 그날까지 꿋꿋이 싸우고 견뎌 내야 합니다. 그리고 마침내 그날이 오면, 우리는 모든 악이 한순간에 무너지는 장면을 목격하게 될 것입니다. 마치 사우론의 모든 권세를 상징하던 탑이 한 순간에 무너졌던 것처럼 말입니다. 그때가 되면 모든 오크 군단도 한번에 사라져 버릴 것입니다. 우리가 스스로 쌓아 올린 미움과 탐욕, 전쟁과 증오의 탑이 허물어지는 광경을 직접 보게 될 날이 정말로 기대됩니다.

이 작품이 알려 주는 것

최근 유튜브에서 우연히 한 쇼츠 영상을 보게 되었습니다. 제목은 '남자의 모든 것을 포기하게 만드는 요청'이었습니다. 그 내용은 이랬습니다. "연구 결과, 99퍼센트의 남성은 반지 원정대에 합류하자는 제안을 받으면 모든 것을 내려놓고 떠나기로 결심한다." 물론 이것을 실제 연구라고 볼 근거는 없습니다. 양산형 콘텐츠 특유의 과장을 담은 내용일 뿐일지도 모르겠습니다. 하지만 제가 놀랐던 건 영상 자체보다 그 아래 댓글창의 반응이었습니다. 대부분의 사람들이 자신도 당연히 원정대에 합류하겠다고 말하며, 오히려 상상만으로도 벅찬 감정을 드러냈습니다. 가장 많은 '좋아요'를 받은 댓글 중 하나는 이렇게 말했습니다. "세상을 구하는 원정대가 있고, 거기에 내가 필요하다고? 이걸 참아?"

비록 쇼츠의 제목은 남성을 말하고 있었지만, 위험을 감수하고라도 위대한 이야기 속에 살고 싶은 마음에는 남녀의 구분이 없을 것입니다. 나즈굴의 대장을 끝장낸 에오윈 공주가 『왕의 귀환』의 가장 멋진 캐릭터 중 하나였던 것처럼 말입니다. 이처럼 위대한 서사 속에서 자신의 자리를 찾고 싶어 하는 마음은 모든 사람 안에 존재합니다. 이 마음에는 심지어 신앙인과 비신앙인의 구분도 없습니다.

우리는 종종 현대인이 계산적이고 자기 이득만 챙긴다고 자조적인 평가를 내립니다. 하지만 어쩌면 아직까지 목숨을 걸고 싶을 만큼 위대한 이야기를 찾지 못한 것일지도 모릅니다. 세상의 운명을 걸고 반지를 운반하러 떠난 프로도처럼, 충성심으로 그의 곁을 지킨 샘처럼, 용기로 사루만의 군대를 무너뜨린 메리와 피핀처럼, 승리할 수 없음을 알면서도 돌진하던 로한의 기마대처럼, 사람은 정말 가치 있는 이야기를 발견하기만 한다면, 언제든 그 이야기 속으로 뛰어들 준비가 되어 있는 존재입니다. 그리고 기독교는 바로 그 위대한 이야기를 실제로 제공해 줍니다.

물론 아무리 훌륭한 이야기 속에 살아간다 해도, 우리가 아라곤이나 간달프 같은 위대한 영웅은 못 될지 모릅니다. 사실 대다수는 결국 보잘것없는 호빗처럼 살아가게 될 것입니다. 하지만 기독교는 우리의 아주 작은 선행조차 우주적인 의미가 있다고 말해 줍니다. 이것이 톨킨이 프로도의 반지 운반을 전쟁에서 가장 중요한 역할로 설정한 이유입니다.

오직 쓸모로만 따진다면 오크 하나를 이기기도 힘든 프로도는 '기마대원 1'보다 못한 존재일 수 있습니다. 그런 그에게 사우론의 군대와 정면으로 맞서 싸우라고 요구하는 것은 가당치 않습니다. 하지만 반지의 유혹에 넘어가지 말아 달라는 요구는 할 수 있습니다. 이 대단치 않아 보이는 이 요구가 결국 사우론을 무너뜨리는 가장 결정적인 원인이 된다는 것이 신앙의 역설입니다.

저는 「반지의 제왕」을 볼 때마다 신앙에 대해 묵상하곤 합니다. 호빗처럼 보잘것없는 저에게 맡겨진 사명을 떠올려 보기도 하고, 스스로를 무너뜨릴 만한 절대반지가 무엇일지 경계해 보기도 합니다. 이 리뷰가 여러분의 신앙적 감상에도 작은 도움이 되기를 바랍니다. 또한 이 영화를 통해 기독교인으로서 우리는 어떻게 살아가야 하는지, 어려움 속에서 어떻게 싸워 나가야 하는지를 보여주는 생생한 이미지들을 마음에 새겨 가시기를 바랍니다.

그런 의미에서, 저에게 가장 인상 깊게 남은 「반지의 제왕」 한 줄 평을 소개하며 이 리뷰를 마무리하고자 합니다. '왓챠피디아'라는 영화 감상 앱에 한 유저가 남긴 코멘트입니다.

> 이런 세상에서 선한 것, 옳은 것이 무슨 힘이 있을까 자괴감이 들 때마다 나는 샘을 생각한다. 소중한 것은 지키고 옳지 않은 것은 원하지 않는, 선하고 용감한 호빗을 생각한다.

이러한 시대의 흐름에도 불구하고
소년들은 여전히
소년 만화를 보면서 자라야 합니다.

아무리 꿈을 이루기 어려운 시대라고 해도
아이들은 여전히 꿈을 꿔야 하기 때문입니다.

16

원피스 / 슬램덩크

One Piece, 1997- / Slam Dunk, 1990-1996

꿈 없는 시대에도 소년 만화가 필요한 이유

소년 만화란 무엇일까요? 사전적 의미로는 소년지에 실리는 만화를 뜻합니다. 주인공이 소년이기 때문에 소년 만화라고 부르는 게 아니라, 독자층이 대체로 소년이기 때문에 그렇게 부릅니다. 여기서 말하는 '소년'이란 남자아이만을 지칭하는 말이 아니라, 청년이나 중년이라는 표현처럼 특정 연령대, 대략 만 7세부터 18세 사이를 가리킵니다. 사람들이 흔히 3대장 만화라고 부르는 「원피스」, 「나루토」, 「블리치」와 같은 작품들이 모두 소년 만화에 속합니다.

그렇다면 소년 만화는 어떤 특징을 지니고 있을까요? 소년 만화를 한 두가지 특징으로 규정하는 것은 쉽지 않습니다. 워낙 다양한 종류의 작품들이 나와 있기 때문입니다. 이 장에서는 편의를 위해 소위 왕도물[1]이라 불리는 장르, 곧 일본에서 80년대부터 2000년대까지 유행했던 대표적인 클리셰를 담은 만화들을 소년 만화로 칭하고자 합니다.

---

1 '정석적인', '전통적인', '뻔하고 식상하지만 무난하게 널리 쓰이는' 클리셰를 차용한 작품군을 일컫는 말이다. 「드래곤볼」, 「원피스」 등의 80~00년대 소년 만화 흥행작들은 성장, 우정, 모험, 사랑 등의 클리셰를 활용하였고 이를 본뜬 창작물 유행이 일어났다. 일본에서는 이 흥행작들의 클리셰들을 정석, 공식이라는 의미의 '왕도'라고 부르게 되었다.

이러한 만화들은 '노력, 우정, 승리'라는 세 가지 요소를 핵심 가치로 삼습니다. 이 세 가지는 누군가 임의로 정한 것이 아니라, 일본 최대 만화 잡지인 「소년점프」가 초등학생들을 대상으로 실시한 설문조사 결과에 따른 것입니다.

실제로 소년들은 가장 아름다운 가치로 '우정', 가장 바라는 것으로 '승리', 그리고 그것을 얻기 위해 필요한 것으로 '노력'을 꼽았습니다. 이를 종합해 보면, 소년 만화란 '주인공이 동료들과 우정을 나누며, 노력의 결과로 승리를 거두는 이야기'를 담은 장르라고 말할 수 있습니다. 이러한 스토리를 통해 아이들에게 꿈과 희망을 선사하는 것, 그것이 바로 소년 만화가 지닌 가장 큰 의의일 것입니다.

만화 콘텐츠의 지난 흐름

우리가 즐겨 보는 콘텐츠는 거의 항상 그 시대의 사회상을 반영합니다. 문학이나 영화가 그렇듯, 만화 역시 예외는 아닙니다. 지금부터는 잠시 일본과 한국의 만화와 소설을 중심으로 서브컬처 작품들이 시대의 흐름에 따라 어떻게 변화되어 왔는지 설명해 보겠습니다. 이후에는 왜 이러한 시대적 흐름을 파악하는 게 중요한지, 그리고 이러한 문화 콘텐츠가 자라나는 아이들에게 어떠한 영향을 끼치는지 알아보겠습니다.

우선 일본의 버블 경제 전후 시기에 전성기를 맞이한 작품들이 있습니다. 그중에서도 가장 대표적인 작품을 꼽자면 단연코 「드래곤볼」이라 말할 수 있습니다. 전 세계적으로 모르는 사람이 없을 정도로 유명한 이 작품은, 주인공인 손오공이 노력과 근성으로 점점 더 강해지며 지구를 지켜 내는 이야기를 그린 만화입니다. 이 작품은 연재가 종료된 이후에도 장난감, 게임과 같은 2차 창작물 시을 비롯해 세계적으로 엄청난 영향을 끼쳐 왔으며, 아시아를 넘어 현대 최고의 문화 아이콘 중 하나로 자리 잡았습니다.

「드래곤볼」은 일본이 경제적 최전성기를 구가하던 1984년에 연재를 시작한 만화입니다. 그때는 '노력하면 누구나 강해질 수 있다'는 낙관주의가 세상을 지배하던 시절이었습니다. 아이들은 그런 만화를 보며 자신도 열심히 노력하면 무엇이든 될 수 있다고 믿었습니다. 그리고 이 작품은 이후 11년간 연재하다가 1995년에 막을 내리게 됩니다. 사실 일본 경제가 처음으로 하락세를 보이기 시작한 것은 1991년이었지만, 그 뒤 몇 년간은 여전히 회복 가능성에 대한 기대가 남아 있었습니다.

아직 죽지 않은 낙관적인 기조에 따라 「드래곤볼」이 종영된 이후에도 '노력, 우정, 승리'라는 소년 만화의 공식은 한동안 굳건했습니다. 그 대표적인 예가 바로 「드래곤볼」의 후계자격으로 불리는 「원피스」, 그리고 이와 함께 2000년대 만화 3대장으로 꼽히는 「나루토」와 「블리치」입니다. 이들 작품의 작가들은 모두 70년대 중후반생으로, 「드래곤볼」이 연재되던 시기에 소년기를 보냈습니다.

특히 「원피스」와 「나루토」의 작가들은 「드래곤볼」의 작가인 토리야마 아키라를 가장 존경하는 인물로 꼽으며, 그의 영향을 받아 만화가의 꿈을 키웠다고 고백합니다. 이 때문에 이들 작품에는 「드래곤볼」에 담겨 있던 소년 만화의 정수가 자연스럽게 이어집니다. 이러한 기조 속에서 이 만화들은 일본을 넘어 전 세계 소년들, 특히 저를 포함해 2000년대에 소년기를 보낸 많은 이들의 사고에 지대한 영향을 끼쳤습니다.

그러나 일본은 끝내 이전의 전성기를 회복하지 못했습니다. 변화하는 시대 속에서, 과거처럼 순수한 낙관주의와 선악의 명확한 구분을 따르는 '왕도적' 소년 만화는 점점 쇠퇴하기 시작했습니다. 한 예로, 현재까지도 연재 중인 「원피스」를 꾸준히 챙겨 보는 독자층은 대부분 소년기부터 이 작품을 봐온 3040 세대가 주를 이루고 있습니다. 현재까지도 최고의 소년 만화인 것은 맞지만, 더 이상 소년이 주요 독자는 아니게 된 것입니다.

이런 흐름 속에서 서브컬처계에는 '소년 만화적 서사' 곧 노력을 통해 성장하는 영웅 서사 자체를 해체하려는 시도가 등장합니다. 그 대표적인 예가 최근 애니메이션 완결과 함께 최전성기의 인기를 구가하고 있는 「진격의 거인」입니다. 2000년대 후반에 연재를 시작한 이 작품은 본격적으로 선과 악의 이분법을 무너뜨리며, 냉소주의적 세계관을 통해 기존의 정의와 사회 시스템에 대한 근본적인 불신을 드러냅니다. 특히 증오의 연쇄라는 근본적인 문제에 대해 주요 인물들이 앞장서서 극단적인 해결책을 내세운다는 점이 기존의 소년 만화들과 크게 차별화 되는 지점입니다.

「진격의 거인」과 유사한 정서를 지닌 작품들은 이전에도 존재했지만, 이 만화의 폭발적인 흥행은 분명 희망이 줄어든 시대상이 반영된 결과라고 생각합니다. 장기적인 경기 침체에 대한 체감, 2008년 서브프라임 모기지 사태로 인한 금융 위기, 2011년 동일본 대지진으로 이어지는 연속된 불행은 일본인들로 하여금 '노력과 희망이 정말로 가치 있는 일일까?' 하는 의문을 품게 만들었습니다. 이러한 분위기 속에서 '정직하게 노력해도 세상은 바뀌지 않는다'는 냉소주의를 담은 작품들이 대거 등장하게 된 것입니다. 시기의 완전한 일치는 어렵지만, 한국 역시 유사한 정서적 흐름을 따라왔다고 볼 수 있습니다.

「진격의 거인」은 냉소와 비관의 정서를 타파하기 위해 나름대로의 희망을 제시합니다. 그러나 기존 소년 만화의 결말이 보여주던 완벽한 해결책은 주어지지 않습니다. 인물들은 그저 잔혹한 세계에서도 나름대로 살아갈 의미를 부여받을 뿐입니다. 이러한 불신과 피로감의 토양 위에서 2010년대에 접어들며 소위 '먼치킨물' 혹은 '이세계 전생물'이 유행하기 시작합니다. 일본의 라이트노벨과 국내 웹소설 시장을 중심으로 확산된 이 흐름은, 이후 만화화와 영상화를 거치며 순식간에 서브컬처계를 장악하게 됩니다. 단적인 예로, 당장 국내 웹소설 혹은 웹툰 플랫폼에 가서 연재 중인 작품의 구성을 보면 이러한 장르가 대다수를 차지하고 있음을 단번에 알 수 있습니다.

여기서 잠시 먼치킨물이라는 장르에 대해 간단히 설명드리겠습니다. 단어 자체는 특별한 의미가 없으나, 장르로서의 주요 특징은 다음과 같습니다. 먼치킨물의 주인공은 이야기의 시작부터 이미 자기 세계의 최고 수준에 도달해 있으며, 그 어떤 적도 그의 상대가 되지 못합니다. 위기 상황도 거의 존재하지 않고, 노력하는 과정 없이 압도적인 힘으로 모든 것을 해결하는, 이른바 '사이다'적 쾌감을 주는 것이 이 장르의 핵심입니다.

'이세계 전생물'도 이와 비슷합니다. 이 장르의 주인공은 이미 최고의 경지에 도달한 인물이지만, 어떤 이유로 다른 세계 혹은 과거에서 다시 태어나게 됩니다. 그리고 전생에서 쌓아 온 압도적인 능력을 바탕으로 새로운 세계의 문제들을 해결하게 됩니다. 또한 이러한 장르의 주인공들은 더 이상 과거처럼 정의감을 발휘하거나 희생을 보이는 인물이 아니라, 오히려 이기주의와 갑질에 가까운 성격을 보이는 경우가 많습니다. 그리고 이러한 설정은 단순한 배틀물뿐 아니라, 연애, 취미, 사회 생활 전반에까지 확장되며 활용되었습니다. 예를 들어, 한 작품에서는 자수성가해 CEO 자리에 오른 인물이 신입사원 시절로 회귀하여 사회 생활을 손쉽게 클리어해 나가는 설정을 보여주기도 합니다.

이러한 작품들은 분명히 '노력으로부터 배신당한 세대'가 만들어 낸 결과물입니다. 과거에는 노력하는 만큼 경제가 성장하며 삶의 수준이 나아졌고, 이에 따라 꿈과 희망을 담은 소년 만화들이 대거 등장할 수 있었습니다. 소년들은 그러한 만화를 보며, 자신들 역시 노력하면 훌륭한 사람이 될 수 있으리라 믿었습니다. 그러나 시대가 바뀌며 '노력해도 안 된다'는 정서가 팽배하게 된 가운데, 사람들은 현실의 고단함을 만화 속 전능한 주인공을 통해 대리만족으로 치유받고자 하는 것입니다.

콘텐츠와 시대상

문화 콘텐츠가 시대상을 만든다고 말하는 것은 과장일지 모릅니다. 하지만 시대는 분명히 문화 콘텐츠를 만들어 냅니다. 콘텐츠 산업 역시 결국은 산업이기에, 사람들이 보고 싶어 하는 것을 만들어 내야만 하기 때문입니다. 희망보다 절망에 익숙한 요즘의 소년들에게는 만화 속에서조차 느리게 성장하는 주인공을 기다려 줄 여유가 없습니다. 현실이 너무 답답하기 때문입니다. 그래서 최대한 빨리 전능한 능력을 갖추어 통쾌함을 주는 주인공을 선호합니다.

누군가는 사회와 콘텐츠의 관계를 억지로 연결하는 것이 아니냐고 물을 수 있습니다. 그러나 문화의 유행은 언제나 창작자와 소비자 사이의 관계성을 반영합니다. 이 둘이 제대로 일치하면 그것이 곧 트렌드가 되는 것입니다. 한 예로 경제가 어려울 때는 여성들이 원피스나 치마보다는 청바지를 비롯한 워크웨어 스타일을 선호하게 된다는 패션 업계의 통계가 있습니다. 이 또한 시대상이 문화를 빚어낸 사례라 할 수 있을 것입니다.

사람들은 고전을 읽으며 그 시대의 분위기를 배우고 익힙니다. 문학과 거리가 먼 사람들조차 그러한 작품들이 시대상을 풍부하게 반영하고 있음을 잘 압니다. 하지만 지금은 딱딱한 책처럼 느껴지는 고전도, 당시에는 대중이 가장 즐겨 읽던 유희거리였을 것입니다. 예를 들어 19세기 러시아에서 톨스토이의 작품은 어쩌면 지금의 「원피스」와 비견되는 대중적 콘텐츠였을지도 모릅니다. 그렇다면 톨스토이의 소설이 그 시대를 반영하듯, 우리가 지금 읽는 만화 또한 현재의 시대상을 반영한다고 말하는 것은 자연스럽습니다.

현재의 청소년과 청년들은 경제 성장기를 제대로 체감하거나 누려 본 적이 없는 세대입니다. 삶의 질은 예전보다 훨씬 나아졌을지 몰라도, 미래에 대한 희망이 아주 약하다는 것이 문제입니다. 이들은 온갖 지표가 가리키는 암울한 미래를 매일 떠올리며, '열심히 살아도 안 된다'는 정서를 강하게 공유하고 있습니다. 저 역시 현재 30대 청년으로서 이 세대의 특징을 잘 알고 있습니다. 앞서 말했듯이, 만화와 같은 문화 콘텐츠가 시대 정신을 만든다고 보기는 어렵습니다. 하지만 이미 형성된 시대 정신을 더욱 공고히 다지는 역할만큼은 분명히 감당하고 있습니다.

「더 파이팅」이라는 복싱 만화를 기억하시는 분들이 계실 것입니다. 수십 년에 걸쳐 100권이 넘게 출간된 이 작품은, 전형적인 왕도적 소년 만화의 서사를 담고 있습니다. 저는 중학생 시절부터 이 만화를 읽기 시작했고, 지금도 여전히 읽고 있습니다. 이 만화는 괴롭힘을 당하던 한 왕따 소년 전일보가 복싱을 통해 성장하며 세계 챔피언을 꿈꾸는 이야기입니다. 요즘 흔히 볼 수 있는 '복수물'과 다른 점이 있다면, 일보는 강해진 뒤에도 자신을 괴롭히던 무리를 무력으로 응징하지 않는다는 점입니다. 그는 오히려 그들을 용서하고 감화시키는 모습을 보여줍니다.

이처럼 은혜롭고도 희망찬 메시지를 담았던 「더 파이팅」이지만, 최근 몇 년 사이 전개가 예상 밖의 방향으로 흘러가고 있습니다. 사실 이런 작품을 꾸준히 본 독자라면 결말은 누구나 쉽게 예상할 수 있습니다. 나루토는 엄청난 노력 끝에 호카게가 되었고, 루피 역시 결국에는 해적왕이 되어 자신의 꿈을 이룰 것입니다. 그렇다면 일보 또한 치열한 노력 끝에 세계 챔피언이 되는 결말이 가장 자연스럽습니다. 하지만 작가는 독자의 기대를 배반합니다. 계속된 시합으로 뇌에 데미지가 누적된 일보는, 그다지 강하지도 않은 상대와의 시합 도중 돌연 펀치 드렁크 증세로 복싱계를 은퇴해 버리고 맙니다.

작가는 이후 한 인터뷰에서 이렇게 말합니다. "수십 년간 이 만화를 그리면서 깨달은 것은, 결국 노력만으로 모든 것을 할 수 없다는 사실이었다." 1989년, 일본의 최전성기 속에서 야심차게 시작되었던 이 만화는 결국 작가의 달라진 가치관에 따라 절망적인 전개로 향하게 되었습니다. 주인공의 은퇴 이후 종결될 뻔한 작품의 연재를 겨우 이어 가고는 있지만, 만화의 주제와 분위기는 이전과 많이 달라졌고 그의 냉소주의는 아직 해소되지 않은 듯 보입니다. 이처럼 「더 파이팅」은 한 작품 안에서 과거와 현재의 달라진 시대상을 모두 보여주는 상징적인 사례라 할 수 있습니다.

소년 만화가 보여주는 노력의 가치

이러한 시대의 흐름에도 불구하고 소년들은 여전히 소년 만화를 보면서 자라야 합니다. 아무리 꿈을 이루기 어려운 시대라고 해도 아이들은 여전히 꿈을 꿔야 하기 때문입니다. 「새벽에 쓴 일기」라는 노래의 가사처럼, 원래 꿈이라는 것은 쉽지 않기에 꿈이라 불립니다. 이전 세대의 어린이들은 그런 꿈을 위해 미친 듯이 노력하는 주인공들을 보며 감동을 느꼈습니다. 반면 먼치킨물에는 꿈이 없습니다. 이미 모든 걸 갖춘, 현실로 치면 '금수저'를 물고 태어난 인물들이 등장할 뿐입니다.

저는 어릴 적 소년 만화로부터 정말 많은 것을 배웠습니다. 목표를 정했다면 목숨을 걸고서라도 도전하는 마음가짐을 다른 어떤 교육도 아닌 만화로부터 얻었습니다. 저는 지금도 힘이 들 때면 「슬램덩크」의 주인공인 강백호의 대사를 떠올립니다. 아무도 주목하지 않던 폭력 고교생이었던 강백호는 농구를 통해 자신이 가야 할 길을 발견합니다. 그리고 피나는 노력 끝에 출전한 전국대회에서 사상 최강의 팀을 만나 열심히 맞서지만 결국 허리를 크게 다칩니다. 선수 생명이 끝날까 걱정한 감독이 그를 경기에서 제외시키려 하자 강백호는 이렇게 말합니다.

영감님의 영광의 때는 언제였습니까? 국가대표를 할 때?

전 지금입니다.

이 장면은 너무나 유명해서 유머용 패러디로도 자주 변형되어 왔습니다. 하지만 장담컨대 이 한 장면이 수없이 많은 낙담한 청소년과 청년들을 다시 일으켰을 것입니다. 잘 만든 이야기는 그만큼 거대한 힘을 갖고 있습니다. 물론 그것이 꼭 만화일 필요는 없습니다. 저는 영화 「가타카」를 통해서도 비슷한 힘을 얻곤 합니다. 이 영화는 유전자 편집 기술로 인해 태어날 때부터 모든 운명이 결정된 세상을 그리고 있습니다. 하지만 자연적으로 태어나 열등 유전자를 가진 주인공은 자신의 운명을 뛰어넘고 우주비행사의 꿈을 이루기 위해 모든 수단을 동원합니다. 그의 절절한 노력이 가장 밀도 높게 담긴 장면이 바로 「가타카」의 수영 내기 장면입니다. 이는 우월한 유전자를 갖고 태어난 자신의 동생을 목숨을 건 용기로 이겨 버리는 장면입니다. 자신의 패배를 납득할 수 없던 동생이 "도대체 어떻게 했느냐"고 묻자, 주인공인 빈센트는 이렇게 답합니다. "나는 돌아올 힘을 남겨 두지 않아. 그래서 널 이기는 거야." 저는 삶이 힘들 때면 종종 이 영화의 수영 장면을 다시 돌려 보곤 합니다.

사실 저는 숨이 턱끝까지 차오르는 위기의 순간에 떠올릴 수 있는 수많은 문화 콘텐츠 속 장면들을 마음에 품고 있습니다. 물론 삶은 만화와 달라서 이런 이야기들이 현실에서 그대로 작동한다는 보장은 없습니다. 누군가의 말대로 현실은 훨씬 냉혹할 것입니다. 하지만 이미 이 세상에 태어난 우리가 노력하는 것 외에 달리 무엇을 할 수 있겠습니까? 특별히 아직 사회에 물들지 않은 소년들은 인터넷 커뮤니티에 머물며 냉소에 물드는 것보다 차라리 순진한 낙관주의에 빠지는 편이 낫습니다. 아니, 비교 자체를 할 수가 없을 정도로 더 좋습니다.

오늘날은 노력의 가치가 폄하되며, 심지어 노력이라는 개념 자체를 조롱하는 시대입니다. '노력하라'는 누군가의 말에는 어김없이 '꼰대들은 맨날 노오력 타령이나 한다'는 비아냥이 따라옵니다. 하지만 노력해야 한다는 말과 노력하면 무조건 성공한다는 말은 전혀 다릅니다. 노력한다고 해서 반드시 세속적으로 성공한다는 보장은 없습니다. 그러나 한 인간으로서의 삶에서는 성공할 수 있습니다. 작금의 시대에 강의나 설교를 통해 도전의 숭고함을 설득하기란 정말 어려운 일이지만, 잘 만든 소년 만화 하나는 충분히 이를 설득할 힘을 갖고 있습니다.

세계 최고의 종합격투기 단체인 UFC에서 미들급 챔피언을 지냈던 이스라엘 아데산야라는 선수가 있습니다. 그는 말 그대로 세상에서 가장 강한 사람 중 하나였습니다. 그런 그는 UFC에서 만난 거의 모든 상대를 이겼지만, 과거 킥복싱 단체에 있던 시절 알렉스 페레이라라는 선수에게 두 차례나 패한 바 있었습니다. 그런 페레이라가 UFC로 이적하게 되며, 아데산야는 그에게 또 한번 패배하게 됩니다. 같은 상대에게 총 세 번이나 진 셈이었습니다.

알렉스 페레이라는 강력한 한 방으로 승부를 보는 스타일이었고, 아데산야는 최대한 상대의 공격을 피해 다니며 빠르고 정교한 타격으로 승리하는 스타일이었습니다. 하지만 4차전이 성사되자 아데산야는 용기 있는 정면 돌파로 페레이라를 때려눕히고 KO승을 거두었습니다. 저는 동네 바에서 이 경기의 중계를 보다가 옆 사람들과 함께 환호를 지르며 기립 박수를 쳤습니다. 그 순간의 아데산야는 마치 소년 만화의 주인공 같았습니다. 세 번이나 패한 상대에게 회피하는 전략을 버리고 정면으로 맞서 쓰러뜨리다니, 만화보다 더 만화 같은 이야기 아닙니까?

아데산야가 이렇게 할 수 있도록 만든 동력이 무엇일까요? 놀랍게도 소년 만화였습니다. 그는 어린 시절 따돌림을 당했지만, 소년 만화를 보며 어려움을 극복했다고 알려져 있습니다. 지금도 만화를 좋아해서, 경기 시작 전후로 자신이 좋아하는 만화 캐릭터의 동작을 따라하기도 합니다. 어린 시절의 아데산야는 소년 만화를 보면서 충분히 노력한다면 누구나 강해질 수 있다는 사실을 배웠을 것입니다. 또한 인생의 가장 큰 두려움을 이겨 내는 방법은 결국 용기를 통한 정면 돌파라는 사실을 만화를 통해 새겼을지도 모릅니다. 소년 만화가 준 교훈이 결국 그를 위대한 챔피언으로 만드는 데 일조한 것입니다.

사람은 모두 특정한 서사 위에서 살아갑니다. 중요한 것은 어떤 서사를 선택하여 그 안에서 살아갈지를 결정하는 일입니다. 물론 소년 만화의 서사를 따른다고 해서 우리 모두가 지구를 지키거나 아데산야처럼 세계 최고가 될 수는 없을 것입니다. 하지만 진정으로 그들과 같은 방식으로 살아간다면, 결국 삶의 작은 부분에서라도 승리할 수 있습니다. 먼치킨 서사는 단지 잠시 동안의 도피만을 제공할 뿐입니다. 우리 중 대부분은 그러한 서사대로 살아갈 여건을 갖추고 있지 않으니 말입니다.

소년 만화와 시대적 개혁

소년 만화의 또 다른 중요한 주제 중 하나는 '세대 교체'입니다. 「원피스」의 세계에는 전 세대의 강자들과 새로운 세대가 공존하며 서서히 세대를 교체해 가는 모습이 나타납니다. 「나루토」에도 최고 지도자인 호카게의 자연스러운 세대 교체가 그려집니다. 국내 소년물 웹툰인 「신의 탑」은 이러한 주제를 내레이션을 통해 더욱 명확하게 드러내고 있습니다. 이런 만화들을 보며 청소년과 젊은이들은 앞으로 어떤 세상을 만들어 갈 것인지 자연스럽게 그려 보게 됩니다.

소년 만화는 건강한 세대 교체의 방식, 곧 이전 세대의 유산은 물려받고 과오는 올바르게 개선해 나가는 과정을 강조합니다. 이러한 세대 교체의 핵심은 자신의 능력을 키우고, 올바른 정신을 갖추며, 전 세대의 어두운 면을 함께 책임지면서 '정도'를 걷기 위해 노력하는 것입니다. 이런 성장 과정을 거쳐 우리가 그 자리에 도달했을 때, 시대는 이전보다 올바른 방향으로 나아갑니다.

결국 이러한 세대 교체는 사회적 시스템의 개혁을 의미하기도 합니다. 많은 사람은 노력과 구조적 문제를 서로 대립하는 개념으로 봅니다. 구조가 잘못되었다면 개인의 노력만으로는 해결할 수 없다는 것입니다. 하지만 사회적 구조를 바꾸는 일 역시 엄청난 노력이 필요합니다. 실제로 대다수의 올바른 사회적 구조는 누군가의 피나는 노력과 희생으로 만들어졌습니다. 따라서 구조의 개선도 소년 만화의 정신으로 충분히 접근할 수 있습니다. 잘 만든 만화에는 언제나 뒤틀린 구조와 그것을 공고히 하는 세력이 등장하고, 주인공들은 이를 바꾸기 위해 노력합니다. 노력 없이 어떻게 구조적 문제를 해결할 수 있겠습니까? 대부분의 소년 만화 주인공들은 견고해 보이는 사회적 구조에 맞섭니다. 그것이 얼마나 단단한지 몰라서가 아니라, 그것을 바꾸는 일이 꼭 필요하기 때문입니다. 이처럼 구조의 문제점을 정확히 인식하고 이를 개선하려 노력하는 사람들이야말로 진정한 영웅입니다. 반면 노력 자체를 비난하거나 조롱하며 세상 만사를 사회 구조 탓으로만 돌리는 태도는 건강하지 않습니다. 이는 노력에 대해 회의하는 태도라고 부를 수도 없습니다. 결국에는 자신 대신 다른 사람이 노력해 주기를 바라는 마음일 테니까요.

물론 '개인'의 노력에는 언제나 한계가 있습니다. 바로 여기서 우리는 소년 만화의 또 다른 특징을 발견하게 됩니다. 주인공들은 큰 꿈을 이루거나 구조를 개혁하기 위해 동료들을 모읍니다. 혼자서는 역부족이

원피스 / 슬램덩크

기 때문입니다. 특히 만화 캐릭터들은 서로의 장단점이 뚜렷하게 드러난다는 것이 특징입니다. 현실에서 사람들의 특징이 비교적 밋밋한 것과는 대조적입니다. 이러한 만화 특유의 과장법을 통해 우리는 타인의 장점을 소중히 여기고, 단점은 겸손히 인정하는 자세를 배우게 됩니다. 「원피스」 초반부에서 주인공 루피는 적의 보스인 아론에게 이런 말을 듣습니다. "너처럼 아무것도 못 하는 한심한 놈은 선장의 자격이 없다." 그러자 루피는 이렇게 답합니다. "그래, 나는 상디처럼 요리도 못 하고, 우솝처럼 거짓말도 못 하고, 나미처럼 항해도 못 하고, 조로처럼 검술도 못 해." 아론이 다시 묻습니다. "그렇다면 네가 할 수 있는 게 뭔데?" 루피는 답합니다. "너한테 이기는 것."

소년 만화의 동료들은 서로의 부족한 부분을 채워 줍니다. 이는 흔히 교회론에서도 찾아볼 수 있는 원리입니다. 에베소서는 교회의 각 구성원을 '지체', 곧 몸의 일부분이라고 표현합니다. 손은 머리가 하는 일을 할 수 없고, 머리는 손이나 발이 하는 일을 할 수 없습니다. 이처럼 모든 역할이 동등하게 중요한 것입니다. 우리는 흔히 머리만이 중요하다고 여기는 사회에 살고 있습니다. 사람들은 CEO가 일반 사원보다, 사무직이 현장직보다 더 가치 있다고 생각합니다. 업무상 이런 구분이 필요할 수는 있습니다. 하지만 건강한 교회론이 가르쳐 주듯, 본질적으로 모든 공동체 구성원은 동등하게 중요합니다. 소년 만화도 이 사실을 전하려 애씁니다. 소년 만화의 작가들은 크리링도 손오공만큼 중요하고, 우솝도 루피만큼 소중하다는 사실을 보여주기 위해 많은 공을 들입니다. 덕분에 우리는 진정한 동료애와 공동체의 의미를 배울 수 있는 것입니다.

소년 만화의 서사 위에 산다는 것

만화 「원피스」에는 수많은 명대사가 존재합니다. 그중 제가 가장 좋아하는 대사를 하나만 꼽으라면, 루피의 이 말을 고르겠습니다. "나는 해적왕이 될 남자다!"

저는 10대와 20대 초반을 보내며 어떤 사람이 되어야 할지 끊임없이 고민했습니다. 만약 그것만 찾는다면, 루피처럼 언제든 열정을 불태울 준비가 되어 있었던 것입니다. 그리고 21살에 처음 C. S. 루이스의 책을 읽고 나서부터는 그 사람처럼 되는 것이 제 꿈이 되었습니다. 그래서 사람들을 만날 때마다 "나는 C. S. 루이스 같은 사람이 될 거야"라고 말하고 다녔습니다. 제가 이렇게 말하면, 사람들은 마치 「원피스」 초반부의 인물들이 루피에게 보였던 반응과 비슷하게 대답했습니다. "C. S. 루이스 같은 사람이 뭔데? 그게 직업이야? 무슨 일을 하는 건데?" 이런 반응은 어쩌면 당연했을지도 모릅니다. 루피도 처음에는 해적왕이 무엇을 의미하는지 잘 몰랐던 것처럼, 저 역시 C. S. 루이스 같은 사람이 된다는 것이 무엇을 의미하는지 몰랐으니까요. 당시의 저는 변증가라는 단어조차 알지 못했습니다.

이처럼 저조차 정확히 원하는 바를 알지 못했기에 주변 사람들의 반응도 응원보다는 염려가 컸습니다. "너는 전공이 다르잖아"라는 지적도 있었고, "그런 공부를 하면 머리만 커지는 거 아니야?"라는 말도 들었습니다. "그런 공부를 하려면 신학교에 가야 할 텐데, 어떻게 할 생각이야?"라고 묻는 조언도 기억납니다. 더 나아가 저를 낙담시키는 반응도 있었습니다. 전통적인 목회자의 길이 아닌 새로운 사역을 꿈꾼다는 이유로 교만하고 위험하다는 비난을 듣기도 했고, 목회의 책임은 피한 채 교회에서 인정받기만을 원해서 그런 일을 한다는 오해를 사기도 했습니다.

기독교 변증이라는 분야 자체에 회의적인 시각도 많았습니다. 그래서 처음에는 대부분이 이런 반응을 보였습니다. "전도의 미련한 것으로 전해야지. 그렇게 지식을 배워서 전하면 하나님의 능력을 믿지 못하는 거 아니야?" 하지만 제가 운영하던 페이스북 페이지의 팔로워 수가 만 명을 넘어서자 인식이 바뀌기 시작했습니다. '어린 왕자'가 했던 지적처럼, 어른들은 숫자를 보여준 뒤에야 비로소 무언가를 이해하는 법입니다. 만약 제가 소년 만화를 보며 자라지 않았다면, 그러한 숫자를 보여줄 수 있기 전에 이미 좌절했을지도 모릅니다.

소년 만화는 모두가 반대하고 낙담시키는 상황에서도 오히려 동기부여를 받는 주인공들의 모습을 보여줍니다. 특히 루피나 손오공 같은 주인공들은 어딘가 나사 하나 빠진 듯한 성격을 보여주는데, 이는 남들이 뭐라 해도 자신의 길을 밀고 나가는 뚝심을 강조하기 위한 캐릭터 설정입니다. 세상이 말릴수록 더욱 자신의 길을 확신하며 즐거워하는 모습은 이런 성격과 절묘하게 어울립니다.

오늘날 우리는 두 가지 극단적 태도에 노출되어 있습니다. 첫째는 아직 성과를 보여주지 못한 꿈을 지나치게 깎아내리는 것이고, 둘째는 성과를 이룬 꿈을 과도하게 우상화하는 것입니다. 사람들은 성과 없는 꿈에 대해서는 온갖 훈수를 두다가도, 일단 성과가 나오면 "봐라, 내가 그거 된다고 했지?"라며 맹목적으로 찬사를 보냅니다. 그러나 이 두 가지 태도 모두 우리 인생에 전혀 유익하지 않습니다.

이 지점에서 소년 만화의 특장점이 드러납니다. 바로 꿈을 이룬, 혹은 앞으로 이룰 사람들의 초보 시절을 엿볼 수 있다는 점입니다. 그래서 소년 만화는 초중반부가 특히 중요합니다. 주인공이 크게 성장한 뒤 펼치는 극의 클라이맥스와 결말도 물론 흥미롭지만, 초반부는 인물들의 미숙한 시절을 있는 그대로 보여준다는 점에서 더 큰 의미를 지닙니다. 우리는 이를 통해 주인공들이 어떤 반대에 부딪혔고, 어떤 마음가짐으로 극복했는지를 생생하게 관찰할 수 있습니다.

비록 만화의 세계가 허구일지라도, 때로는 현실보다 현실을 더 잘 보여줍니다. 우리는 보통 이미 성공한 사람들의 이야기만을 접하게 됩니다. 대체로 성공한 사람만이 책을 쓰고, 강의를 하고, 발언권을 얻기 때문입니다. 여전히 꿈을 향해 나아가는 사람들의 이야기는 듣기 어렵습니다. 그들이 누구인지, 어디에 있는지 알 수 없기 때문입니다. 그러나 그들의 이야기 역시 너무나 소중합니다.

누군가는 성공한 사람들의 자서전을 읽으면 되지 않느냐고 말할 수도 있습니다. 하지만 자서전은 큰 도움이 되지 않습니다. 이미 성공한 사람은 과거를 미화하고 재구성하기 마련입니다. 하지만 소년 만화는 다릅니다. 이 만화들은 아직 아무것도 이루지 못한 초보자가 큰 꿈을 품고 어려움에 직면하는 모습을 있는 그대로 담고 있습니다. 이를 지켜보는 것은 매우 중요한 경험입니다. 주인공들의 당당한 태도는 꿈을 품은 어린이와 청소년들에게 깊은 교훈을 줍니다.

자녀에게 꿈을 심어 주고 싶다면 굳이 "꿈을 가져라, 남들이 뭐라 해도 포기하지 마라" 하고 훈계할 필요가 없습니다. 그저 「원피스」와 같은 소년 만화를 즐기도록 하면 됩니다. 루피가 적들 앞에서 당당하게 해적왕이 되겠다고 선언하고, 주변의 회의적인 반응에도 한치의 흔들림 없는 모습을 보여주는 것이 훨씬 큰 교육적 효과를 발휘할 것입니다. 교과 공부가 지식을 전달한다면, 이야기는 인생을 가르칩니다. 오늘날에는 문학만이 훌륭한 서사의 전부가 아닙니다. 현대의 만화, 영화, 게임은 과거 문학이 담당하던 역할을 상당 부분 계승하고 있습니다. 가장 뛰어난 이야기꾼들이 대부분 이러한 콘텐츠 산업에 포진해 있습니다.

인생에서 가장 중요한 신념들은 서사를 통해 배울 때 가장 확실하게 각인됩니다. 예수님의 시대에 그토록 중요하게 여겨졌던 600개 이상의 율법 조항은 현재 유대인들만의 전유물이 되었습니다. 그러나 복음서의 이야기는 여전히 전 세계인의 마음속에 깊이 새겨져, 살아 숨 쉬는 능력으로 발휘되고 있습니다. 우리 모두는 예수님의 삶을 통해 인간이 도달할 수 있는 최대치의 숭고한 모습을 엿볼 수 있습니다. 만약 성경 자체를 읽지 않더라도, 그 교훈은 이미 수많은 훌륭한 이야기로 계승되어 만화나 영화 등을 통해 우리에게 전해지고 있습니다. 이처럼 이야기는 우리 삶과 가치관에 지대한 영향을 끼칩니다.

성공과 실패를 넘어서는 가치

앞서 소개한 것처럼, 대부분의 소년 만화는 수많은 아름다운 교훈을 전해 줍니다. 하지만 이 교훈을 한 차원 더 높은 수준으로 끌어올린 전설적인 작품이 하나 있습니다. 바로 「슬램덩크」입니다. 저 역시 많은 이들과 마찬가지로 이 작품을 최고의 소년 만화로 꼽습니다. 그 이유는 「슬램덩크」가 「원피스」, 「나루토」, 심지어 「드래곤볼」과도 구별되는 특별한 메시지를 담고 있기 때문입니다.

현대인들 가운데는 목표를 이루지 못하면 자신을 쓸모없는 패배자로 여기는 이들이 많습니다. 특히 젊은 세대에서 이러한 경향이 두드러지는데, 이는 단지 개인의 문제가 아닙니다. 사회 분위기와 미디어의 발달이 이런 인식을 부추기고 있습니다. 예전에는 동네에서 무엇 하나 잘하는 것만으로도 충분한 자부심을 가질 수 있었고, 이웃이나 친구들로부터 진심 어린 칭찬을 받는 일도 가능했습니다. 하지만 지금은 유튜브에서 검색 한 번만 해도 그 분야 1등의 실력을 손쉽게 접할 수 있게 되었고, 그 결과 최고가 아니면 '내가 뭔가를 잘한다'는 효능감을 느끼기 정말 어려운 시대가 되었습니다.

더 나아가 우리는 인스타그램을 통해 타인의 '인생 하이라이트 모음집'을 매일 들여다보며, 현재 방 안에 누워 있는 자신을 도태된 사람처럼 여기게 됩니다. 물론 이는 철저한 환상일 뿐이지만, 시각적 자극에 취약한 우리는 이 덫에 끊임없이 걸려듭니다. 실제로 SNS의 발달이 청소년들의 정신 건강을 해치고 자살률을 높이고 있다는 사실은 이미 여러 연구를 통해 입증된 바 있습니다. 그 이유는 제가 방금 설명한 내용과 맞닿아 있습니다.

저는 이러한 시대적 흐름을 극복하는 하나의 사례로 「슬램덩크」의 이야기를 자세히 들여다 보고 싶습니다. 주인공 강백호가 속한 북산고교 농구부는 전국대회 제패라는 꿈을 품고 있습니다. 팀원들은 저마다의 인생을 걸고 노력하지만, 결국 그 꿈을 이루지는 못합니다. 그러나 그 과정을 통해 각자 부족했던 면들을 채워 가며, 모두가 한 사람의 성숙한 어른으로 성장하게 됩니다. 특히 마지막 경기에서는 과거의 상처, 고집, 트라우마, 성격적 결함, 서로에 대한 미움을 모두 극복해 내며 독자들에게 압도적인 감동을 안겨 줍니다. 오히려 북산고교가 전국 제패에 성공했다면, 이 작품이 지금만큼의 인기를 얻지 못했을 것이라는 평가까지 있을 정도입니다. 그들의 실패가 이 이야기를 더욱 아름답게 만들어 주었기 때문입니다.

「슬램덩크」는 인생에서 무엇이 가장 아름다운 가치인지를 가르쳐 줍니다. 승리보다 값진 것은 자신을 뛰어넘어 한 사람의 인격이 성장하는 것이며, 우승보다 더 중요한 것은 자신이 좋아하는 것을 통해 느끼는 행복감입니다. 이 작품은 농구를 사랑하고, 꿈을 위해 모든 것을 쏟아붓고, 인격적으로 성장하며, 단단한 우정을 이루어 내는 것, 이 모든 과정들이 가시적인 결과보다 훨씬 중요하고 아름답다는 메시지를 전합니다. 이런 말들이 「슬램덩크」를 본 사람과 그렇지 않은 사람에게 각각 어떻게 들릴지는 쉽게 짐작할 수 있습니다. 만약 이 작품을 보지 않았다면, 무슨 이런 진부한 이야기를 열심히 하는지 의아할 수도 있을 것입니다. 하지만 이 작품을 사랑하는 이들이라면 제 말에 벌써부터 가슴이 뜨거워지기 시작했을 것입니다. 사실 진부한 교훈이라는 말은 그만큼 중요해서 자주 들려졌다는 뜻이기도 합니다. 그런데 이토록 흔한 교훈조차 완벽한 서사 속에 녹아들면 인생에 남을 만한 감동으로 재탄생할 수 있다는 것, 그것이 바로 「슬램덩크」가 지닌 힘입니다.

만약 어떤 어른이 아이들을 모아 놓고, "비록 목표를 이루지 못하더라도, 노력하는 과정만으로 너희는 이미 충분히 아름다워"라고 말한다면 어떨까요? 분명히 틀린 말은 아니지만, 어쩐지 공허하게 들릴 수 있습니다. 만약 성인을 대상으로 이런 내용의 강연을 한다면, 더더욱 와닿지 않을지 모릅니다. 또한 실패를 경험한 지 얼마 안 된 사람이라면, 이런 말들이 오히려 위로가 아닌 상처가 될 수도 있습니다. 하지만 이 실패한 사람이 우연히 「슬램덩크」를 읽게 된다면, 단순한 위로를 넘어 삶의 전환점이 될 수도 있습니다. 잘 만들어진 이야기가 지닌 힘은 그만큼 강력하기 때문입니다.

「슬램덩크」가 보여주는 복음

「슬램덩크」가 전하는 메시지는, 사실 인생에서 가장 중요한 진리 중 하나입니다. '1등이 되지 못하거나, 꿈에서 좌절하더라도 그 과정 자체로 아름답다.' 이는 마치 기독교가 전하는 기쁜 소식과도 닮아 있습니다. 기독교인은 하나님께서 우리 삶의 '과정' 자체에 의미를 부여하신다고 믿습니다. 진정으로 옳은 길을 위해 노력하고 땀을 흘린다면, 그분은 그 과정을 누구보다도 아름답게 지켜보실 것입니다. 세속에서 살아가는 우리는 이 사실을 종종 잊고는 하지만, 「슬램덩크」라는 농구 만화가 그 진리를 다시금 일깨워 주고 있습니다.

이 작품의 초반부에서 주인공인 강백호는 농구를 좋아하는 척합니다. 사실 그는 아무 것에도 흥미를 느끼지 못하던 불량배였지만, 첫눈에 반한 여학생 채소연에게 잘 보이고 싶어 거짓말을 한 것입니다. 채소연이 그에게 던졌던 "농구 좋아하세요?"라는 질문은, 서른한 권의 긴 여정을 거쳐 다시 백호에게 돌아옵니다. 그는 이번에는 단지 이성에게 잘 보이기 위해서가 아니라, 마음속 깊은 진심을 담아 대답합니다. "정말 좋아합니다. 이번엔 거짓이 아니라고요." 이 서른한 권에 걸친 대답이, 바로 이 작품 전체의 요약입니다.

이제 여기서 '농구'를 '복음'으로 바꾸어 생각해 보겠습니다. 복음을 온전히 사랑하고, 그 안에 모든 것을 쏟아붓고, 인격적으로 성장하며 공동체를 이루어 가는 것, 이 모든 과정은 기독교 서사로서 깊이 묵상할 수 있는 주제입니다. 전도의 성과나 교회의 부흥, 개인적인 신앙의 성공보다도 이 여정 자체가 더욱 값지고 소중한 것입니다.

더 나아가 북산고교 농구팀은 교회, 그것도 어쩌면 가장 이상적인 교회의 모습을 닮아 있습니다. 북산의 멤버들은 저마다 문제를 안고 있는 학생들이었습니다. 일진 혹은 불량배도 있었고, 여러모로 성격에 결함이 있는 이들도 있었습니다. 제3자의 눈으로 보면, 이 농구팀은 결코 존재해서는 안 될 팀이었습니다. 학교 폭력의 가해자들과 미성숙한 성격 파탄자들이 모인 집단이었기 때문입니다. 그래서 성적을 내기 전까지는 아무도 이들의 이야기에 귀 기울이지 않았던 것입니다. 그러나 이 결점 많은 아이들은 '농구'라는 하나의 목표를 중심으로 점차 서로를 이해하고, 공동체를 이루어 갑니다. 처음엔 서로를 미워하고 멀리했지만, 시간이 흐를수록 점점 한 팀이 되어 갑니다. 이러한 변화는 마지막 경기에서 강백호와 서태웅이 나누는 상징적인 하이파이브로 절정을 이룹니다. 사실 이 장면은 「슬램덩크」를 보지 않은 사람들조차 대부분 알고 있을 정도로 아이코닉한 장면입니다. 고작 스포츠 만화의 하이파이브 장면 하나가 이토록 유명한 이유는 무엇일까요? 강백호와 서태웅이라는 두 인물이 인격적 성장의 정점, 다시 말해 미워하는 원수를 사랑하는 경지에 이르렀음을 상징적으로 보여주는 장면이기 때문입니다.

북산고교의 멤버들이 이러한 성장을 이룰 수 있었던 이유는 단순합니다. 그들 모두가 '전국 제패'라는 하나의 목표를 위해 자신의 삶을 던졌기 때문입니다. 각 경기마다 온 힘을 다해 싸웠고, 이를 위해 미친 듯이 연습했습니다. 그러면서 진심으로 농구를 사랑하게 되었습니다. 교회도 이와 같아야 합니다. '원수를 사랑하라'는 말씀을 들을 때, 우리는 솔직히 이것이 가능한 일인지조차 의심합니다. 구체적인 실천의 방법을 몰라 막막하게 느끼기도 합니다. 특히 교회 안에서 마음에 들지 않는 지체를 대할 때면 더욱 그렇습니다. 하지만 해결책은 단순합니다. 옆 사람의 어떠함에 집중하는 대신, '복음'에 집중하는 것입니다. 북산이 농구를 사랑하며 그것에 인생을 걸었을 때 결국 서로를 받아들이게 되었듯이, 교회도 비본질을 내려놓고 복음에만 집중할 때 자연스럽게 누군가를 사랑할 수 있게 됩니다. 복음이라는 공통의 열망이 우리를 하나로 묶고, 원수조차 이해하게 만들며, 교회를 진짜 교회답게 만들기 때문입니다.

결론

한 가지 위안을 느끼는 소식이 있습니다. 2020년대에 이르러 다시금 왕도적 소년 만화의 바람이 불고 있는 듯 보입니다. 흔히 '원나블'을 잇는 현 시점의 3대장 만화로는 「귀멸의 칼날」, 「주술 회전」, 「체인소 맨」과 같은 작품들을 꼽습니다. 그리고 이들은 '노력과 성장'에 초점을 둔 왕도적 소년 만화의 구조를 계승하고 있습니다. 이들 작품의 주인공들은 과거처럼 땀과 헌신을 통해 성장하고, 악에 정면으로 맞서는 인물들입니다.

물론 이 작품들이 과거와 같은 순전한 낙관주의를 보여주지만은 않습니다. 오히려 과거의 전통을 물려받되, 더 어두운 세계관 속에서 새로운 방식으로 재해석하고 있습니다. 이들의 세계는 훨씬 더 깊은 상실과 절망으로 가득하지만, 최소한 전능한 주인공이 등장해 모든 문제를 단번에 해결해 버리지는 않습니다. 그와 동시에, 맞서 싸우려는 노력 자체를 무의미하게 보는 냉소주의도 따르지 않습니다. 이러한 점에서 이 작품들이 보여주는 최근의 흥행은 여러모로 반가운 일이라 생각합니다. 독자들, 특히 소년 독자들이 절망 앞에서도 다시금 '정도'를 걷기 위해 맞서는 주인공들에게 환호하기 시작했다는 것은, 지금 시대에도 여전히 '노력과 저항의 가치'에 대한 갈망이 살아 있음을 보여주는 신호일지 모릅니다.

저는 많은 신학자들을 좋아하지만, 그중에서도 마르틴 루터를 가장 존경합니다. 그는 마치 소년 만화의 주인공처럼 살았던 사람이기 때문입니다. 그는 어두운 시대에도 목숨을 걸고 거대한 체제에 맞서 싸웠습니다. 신학적으로는 '행위'를 비판했지만, 정작 본인은 평생 믿음과 개혁을 위해 최선을 다해 노력했습니다. 그리고 그 과정에서 수많은 동료들의 도움을 받기도 했습니다. 과장을 좀 보태자면, 모든 개신교인을 그의 동료라 부를 수도 있을 것입니다.

마르틴 루터가 보여준 소년 만화적 태도를 거슬러 올라가면, 결국 그 흐름은 바울이나 예수님의 삶까지 닿습니다. 그들은 결코 무너지지 않을 것 같던 당대 최고 권력에 맞서 싸우며, 새로운 개혁과 변화를 이루어 냈습니다. 바로 이 점이 그리스도인에게 깊은 감동을 줍니다. 그들의 이야기는 늘 우리의 마음속에서 살아 숨 쉬며, 우리 또한 그들처럼 살고 싶도록 마음에 불씨를 지핍니다.

좋은 이야기를 많이 접할 수 있다는 것은 참으로 큰 축복입니다. 이것이 바로 그리스도인들이 미디어를 더 가까이해야 하는 이유입니다. 사실 이 장에서 비판했던 먼치킨물 가운데에도 귀 기울여 볼 만한 교훈을 담고 있는 작품들이 있습니다. 무엇이든 많이 접하고, 깊이 토론하며 충분히 즐길 수 있기를 바랍니다. 그러다 보면 결국 궁극의 이야기가 되시는 그리스도를 만나게 될 것입니다. 마치 루터가 그 발자취를 따랐던 것처럼, 우리도 그 길을 따르게 되기를 소망합니다.

2　『원피스』, 『나루토』, 『블리치』를 함께 일컫는 말.

그렇다면 질문은
이렇게 바뀌어야
하는지도 모릅니다.
'왜 메시아 서사를 뒤트는가?'가 아니라,
'왜 우리는 또다시 클래식한 메시아 서사를 갈망하는가?'입니다.

17

다크 나이트 / 매트릭스

The Dark Knight, 2005·2008·2012 / The Matrix, 1999·2003·2003

메시아 서사와 반메시아 서사 구분하기

우리는 현대 문화 속에서 수많은 영웅들의 이야기를 접하게 됩니다. 그 가운데에서도 특별히 '메시아 서사'라고 부를 수 있는 이야기들이 있습니다. 쉽게 말해, 복음서에 등장하는 예수 그리스도의 이야기를 닮아 있는 모든 구원 서사를 의미합니다. 그렇다면 메시아 서사는 일반적인 영웅 이야기들과 어떤 점에서 차별화될까요? 이번 장에서는 메시아 서사의 특징적인 요소들을 함께 살펴보고, 그것이 우리에게 어떤 의미를 지니는지 알아보고자 합니다.

메시아 서사의 핵심 요소

메시아 서사는 단순한 영웅 이야기와는 다릅니다. 고대의 신화에서부터 우리는 많은 영웅들의 이야기를 접해 왔습니다. 하지만 그리스도의 이야기는 그 모든 영웅과 구원자들의 이야기 중에서도 가장 궁극의 형태를 보여준 이야기입니다. 이러한 관점에서 여러 작품들 속에 나타나는 메시아 서사를 복음서와 비교 분석해 본 결과, 메시아 서사를 구성하는 핵심 요소는 크게 네 가지로 정리할 수 있습니다.

첫째는 '힘이 아닌 희생을 통한 구원'입니다. 이는 일반적인 영웅 서사와 메시아 서사를 구분 짓는 가장 본질적인 기준이라고 할 수 있습니다. 예를 들어 슈퍼맨과 같은 고전적인 영웅들은 자신의 막강한 힘으로 악을 물리치고 세상을 구원합니다. 반면 메시아적 인물은 자발적인 희생을 통해 구원을 이끌어 냅니다. 이러한 특징은 예수 그리스도의 구원 방식과도 깊이 닮아 있습니다.

둘째는 '한 사람의 희생을 통한 다수의 구원'입니다. 메시아적 인물의 희생은 단지 개인적인 차원에 머물지 않습니다. 그의 희생은 더 큰 공동체, 더 나아가 온 인류를 향한 구원으로 확장됩니다. 이처럼 한 사람의 고난이 지닌 보편적 구원의 의미는 그리스도의 십자가가 지닌 의미와 맞닿아 있습니다.

셋째는 '메시아의 인간성'입니다. 메시아적 인물들은 단순히 전능한 영웅이 아니라, 깊은 내적 갈등과 고뇌를 겪는 인간적인 존재로 그려집니다. 강력한 사명을 받았음에도 '왜 하필 나여야 합니까?', '이 책임은 너무 무겁습니다'와 같은 고민에 빠지는 장면은, 겟세마네 동산에서 땀이 피가 되도록 기도하시던 예수님의 모습을 떠올리게 합니다. 이러한 내적 갈등은 그들이 지닌 능력과는 별개로 찾아오며, 오히려 그들의 인간적인 면모를 더욱 선명하게 드러냅니다.

마지막은 '부활'입니다. 부활이라는 모티브는 물론 그리스도의 육체적 부활에서 비롯되었지만, 메시아 서사 안에서는 더 넓은 의미로 사용됩니다. 예를 들어 억울함과 오해가 풀려 완전한 영광을 회복하거나, 죽음 후에도 이름이 역사에 길이 남는 일, 혹은 치명적인 상처나 감금 상태에서 벗어나 각성하는 일도 모두 부활의 은유로 읽을 수 있습니다.

메시아 서사가 지니는 현대적 의미

누군가는 "작품은 그냥 재미로만 즐기면 안 되나요? 왜 굳이 이런 것까지 신경 써야 하나요?"라고 물을 수도 있습니다. 맞습니다. 문화 콘텐츠는 무엇보다 우선 재미가 있어야 합니다. 또한 메시아 서사를 담았다고 해서 항상 좋은 작품인 것도 아닙니다. 그런 이유에서 제가 이번 장에서 소개할 작품들은 모두 재미있기로 정평이 난 것들입니다. 그럼에도 현대 문화 속에서 메시아 서사를 찾아내는 일은 그 자체로 여러 가지 의미를 지닙니다. 크게 세 가지 측면에서 말씀드려 보겠습니다.

첫째, 메시아 서사는 예수 그리스도의 이야기가 현대 문화에 얼마나 깊숙이 스며들어 있는지를 보여줍니다. 흥미로운 점은, 이러한 서사가 반드시 기독교적 의도를 지닌 작가나 감독에 의해 만들어지는 것은 아니라는 사실입니다. 어떤 비기독교인 창작자가 특별한 의도 없이 '가장 감동적인 이야기'를 만들었는데, 그것이 자연스럽게 메시아 서사의 형태를 띠게 되는 경우도 많습니다. 이는 메시아 서사가 지닌 보편적 호소력과 문화적 영향력을 잘 보여주는 사례입니다.

둘째, 메시아 서사는 인류가 보편적으로 갈망하는 것이 무엇인지를 드러냅니다. 고대의 신화에도 인간을 위해 희생하는 신적 존재들이 반복적으로 등장해 왔습니다. 그리고 기독교인은 그러한 존재를 향한 갈망이 예수 그리스도의 이야기에서 가장 완전하게 해소되었다고 믿습니다. 그런 점에서 오늘날 영화, 드라마, 만화 등에서 이런 서사가 끊임없이 재생산된다는 사실은 의미심장합니다. 비록 현대 선진국에서 종교의 영향력이 줄어들었을지라도, 구원자를 향한 인류의 갈망은 오히려 더욱 깊어졌다는 사실을 보여주기 때문입니다.

마지막으로, 메시아 서사는 기독교와 대중문화를 연결하는 중요한 가교 역할을 합니다. 사도 바울은 아테네 철학자들과 토론하며 그들이 세운 '이름 모르는 신'에게 바친 재단을 언급합니다. 그리고 그 신이야말로 그들이 찾던 진정한 신이자, 예수 그리스도라고 소개합니다. 우리도 이와 같은 방식으로 대중문화 속 메시아적 인물을 통해 그리스도를 소개할 수 있습니다. 사람들이 이상적으로 여기는 특정 영웅의 모습이 사실은 그리스도의 삶을 통해 완전하게 구현된 적이 있다는 사실을 알려 줄 수 있는 것입니다.

이제 이론을 넘어, 실제 작품들 속에서 메시아 서사가 어떻게 구현되어 왔는지를 살펴보겠습니다. 매니악한 작품보다는 대중적으로 널리 알려진 작품들을 중심으로 이야기해 보겠습니다.

직설적인 메시아 서사

우선 메시아의 모습이 직설적으로 드러난 작품들을 살펴보려고 합니다. 가장 흔한 사례로는 『반지의 제왕』의 아라곤이나 『나니아 연대기』의 아슬란이 있을 것입니다. 하지만 이들에 대해서는 자세한 논의를 하지 않으려고 합니다. J. R. R 톨킨과 C. S. 루이스는 모두 독실한 기독교 작가로서, 메시아 서사의 중요성을 의식하고 의도적으로 반영한 사람들이기 때문입니다. 특히 아라곤은 이 책 안에서 이미 간략히 다루기도 했습니다. 그렇다면 다른 사례들은 어떤 것이 있을까요?

첫 번째로 소개하고 싶은 작품은 지브리 스튜디오의 「바람 계곡의 나우시카」입니다. 이 애니메이션은 메시아 서사를 독특하게 재해석한 작품 중 하나입니다. 이 작품 속 나우시카는 단순한 전쟁 영웅이 아니라 메시아적 인물로 그려집니다. 특별히 자연 세계와 인간을 화합한다는 측면에서 '생태 메시아'라고 부르기에 손색이 없습니다. 저는 이 작품을 보다가 종종 농담 삼아 나우시카를 '벌레 예수'라고 부르곤 했습니다.

나우시카는 어떤 인물일까요? 나우시카는 모든 이에게 사랑받는 친절하고 뛰어난 능력자이면서, 인류와 반목하는 존재로 등장하는 거대한 벌레 오무에게까지도 연민과 사랑을 베푸는 인물입니다. 전쟁과 폭력을 원하는 다른 인간들과 달리 화합의 길을 택한 나우시카는 위험을 무릅쓰고 그들의 땅으로 내려갑니다. 이후 결국 전쟁을 피할 수 없는 순간이 찾아왔을 때, 나우시카는 오무 떼가 몰려오는 전장의 한복판으로 뛰어들어 스스로 목숨을 희생합니다. 이 장면은 누가 보더라도 예수의 십자가를 떠올리게 할 만큼 전형적인 메시아적 희생을 보여줍니다.

목숨을 희생했던 나우시카가 마침내 오무의 힘으로 치유되어 황금빛 광채와 함께 되살아나는 모습은, 부활하신 예수님을 오마주한 것처럼 보입니다. 여기에 더해, 나우시카의 세계에는 이미 나우시카와 같은 메시아의 출현이 예언되어 있었다는 설정도 주목할 만합니다. 이처럼 신화적 예언의 성취, 경계를 넘어선 사랑, 평화를 위한 희생, 그리고 부활이라는 요소가 모두 모여 나우시카를 메시아적 인물이라 칭하기에 충분하도록 만듭니다. 따라서 이 애니메이션은 기독교인이라면 재미를 넘어 은혜까지 느낄 수 있는 작품입니다.

두 번째 예로는 크리스토퍼 놀란 감독의 「배트맨」 3부작, 소위 「다크 나이트」 트릴로지를 들 수 있습니다. 개인적으로 즐겨 보는 영화 해석 유튜브 채널 '요런 시점'의 리뷰를 통해 「다크나이트」 3부작 전체를 관통하는 주제에 대해 큰 깨달음을 얻은 경험이 있습니다. 그의 해석에 따르면, 이 3부작은 '상징'에 관한 이야기입니다. 이 리뷰를 듣고 시리즈를 다시 정주행하자, 이전에는 보이지 않던 거대한 흐름을 발견할 수 있었습니다. 그리고 그 안에서 확고한 메시아 서사를 읽어 낼 수 있었습니다.

브루스 웨인의 전략은 한동안 효과적인 것처럼 보였습니다. 두 번째 작품인 「다크 나이트」에서 영화 역사상 최악의 빌런 중 하나인 조커가 등장하기 전까지는 말입니다. 조커는 공포라는 도구를 활용하는 배트맨의 방식이 자신의 방식과 다를 바 없다고 주장하며 끝없이 웨인을 혼란에 빠뜨립니다. 또한 그는 고담시 주민들에게 지속적으로 철학적 딜레마를 강요하며 인간성의 붕괴를 조장합니다. 브루스 웨인은 우여곡절 끝에 조커를 물리치는 데 성공하지만, 그것은 반쪽짜리 승리에 불과했습니다. 상징의 영역에서는 완패하고 말았으니 말입니다.

브루스는 고담시를 정화하기 위해 하비 덴트를 정의의 상징으로 내세우려 했습니다. 하지만 조커의 계략으로 이 작전은 완전히 무너지고 맙니다. 선한 인물의 대표으로 여겨졌던 하비 덴트가 결국 조커에게 넘어가 타락해 버렸기 때문입니다. 이 사실이 드러나면 고담 시민들은 엄청난 혼란에 빠질 것이 분명했습니다. 따라서 웨인은 이 비극을 막기 위해 큰 희생을 감수합니다. 사망한 하비 덴트의 명예를 지키기 위해, 그를 선한 존재로 남겨 두고 자신이 대신 모든 죄를 짊어진 것입니다. 이는 인류의 죄를 대신 짊어지신 예수님을 떠올리게 합니다. 이때부터 브루스 웨인은 공포의 상징에서 벗어나 희생하는 영웅이라는 새로운 노선을 걷기 시작합니다.

시리즈의 마지막 작품인 「다크 나이트 라이즈」는 제목부터 의미심장합니다. '라이즈(Rise)'라는 단어가 지닌 '부활'과 '봉기'라는 두 가지 의미 모두가 이 영화의 핵심 주제이기 때문입니다. 브루스 웨인은 8

년간의 은둔 생활 끝에 고담시를 구원하고자 다시 모습을 드러냅니다. 그러나 이내 베인에게 척추 부상을 입고 지하 감옥에 갇히고 맙니다. 그곳에서 탈출하는 과정은 죽음 이후의 부활과 재탄생을 상징적으로 보여줍니다. 이후 감옥을 탈출해 베인을 물리친 브루스 웨인은 터지기 직전의 핵폭탄을 앞에 두고 또 한 번 선택의 기로에 서게 됩니다.

고담 시민들에게 진정 필요했던 것은 공포를 통한 억눌린 평화가 아니었습니다. 그들에게는 스스로의 악에 맞서 '봉기'할 수 있는 용기가 필요했습니다. 이러한 변화는 공포에 대한 순응이 아닌, 은혜에 대한 감화를 통해서만 이루어질 수 있었습니다. 이를 깨달은 브루스 웨인은 고담시의 메시아가 되기로 결심합니다. 시민들의 마음속에 영원히 남아 그들을 변화시킬 신화적 상징이 되는 것, 그것이 그의 마지막 선택이었습니다.

브루스 웨인은 결국 핵폭탄을 싣고 홀로 바다로 날아갑니다. 그리하여 모든 고담 시민이 그의 희생을 두 눈으로 보며 마음속 깊이 새길 수 있었습니다. 결국 희생하는 메시아로 성장한 배트맨은 고담시가 스스로 '라이즈(rise)'할 수 있도록 이끄는 상징이 되었습니다. 마치 예수 그리스도의 상징이 역사 속 수많은 사람들이 악에 맞서 '라이즈'할 수 있는 원동력이 되어 온 것처럼 말입니다. 「다크 나이트」 시리즈는 이처럼 메시아 서사를 우아하게 표현해 낸 작품이라 할 수 있습니다.

메시아 서사의 향기를 느낄 수 있는 작품들

앞서 살펴본 두 작품은 메시아 서사를 직접적으로 적용하기에 적합한 예시였습니다. 이제부터는 완전한 메시아 서사는 아니지만, 그 요소들을 부분적으로 담고 있는 작품들을 살펴보겠습니다.

첫 번째로 떠올린 작품은 「어벤져스: 엔드게임」입니다. 몇 년 전, 저의 신앙적 동료이자 음악 평론가인 김호현 씨를 유튜브 라이브 방송에 초대한 적이 있습니다. 음악만큼이나 영화에도 조예가 깊은 분이었는데, 저와 함께 '기독교인이 꼭 봐야 할 영화 16편'을 각각 선정해 이야기를 나누는 시간을 가졌습니다. 흥미로운 점은, 서로 상의한 적도 없이 둘 다 「어벤져스: 엔드게임」을 골랐다는 사실입니다. 시청자들에게는 다소 의외의 선택으로 보였을 수도 있지만, 이후 대화를 통해 그 이유를 충분히 설명할 수 있었습니다.

이 영화는 단순한 히어로물을 넘어, 한 인간의 숭고한 변화를 감동적으로 그려 낸 작품입니다. 화려한 액션과 볼거리, 매력적인 캐릭터들의 향연 속에서 제게 가장 깊은 인상을 남긴 것은 단연 토니 스타크의 변화였습니다. 아마 대부분의 관객도 비슷한 생각을 했으리라 생각합니다. 자기중심적이던 토니가 결국 건틀릿을 착용하고 핑거 스냅을 하는 장면은, 한 사람의 희생을 통해 다수를 구원하는 메시아 서사의 핵심을 강렬하게 보여줍니다. 물론 그가 죽은 뒤에 부활하지 않는다는 점, 그리고 타노스를 상대하기 위해 여러 영웅의 협력이 강조된다는 점에서는 전통적인 메시아 서사와 다소 차이가 있지만 말입니다.

이 영화가 보여주는 토니 스타크의 희생은 단순히 개인이 펼치는 메시아적 행위를 넘어섭니다. 오히려 그리스도인 개개인이 걸어가야 할 길을 또렷이 제시해 주는 듯합니다. 자신만을 생각하던 이기적인 모습에서 벗어나 타인을 위해 희생하는 그의 변화는 우리에게 진정한 헌신의 의미를 되새기게 합니다. 이처럼 「어벤져스: 엔드게임」은 메시아 서사를 직접적으로 표방하지는 않지만, 기독교적 가치를 현대적인 영웅 서사에 자연스럽게 녹여 낸 작품이라고 볼 수 있습니다.

두 번째로 소개하고 싶은 작품은 「스파이더맨」 시리즈입니다. 이 시리즈는 여러 감독과 배우를 통해 수차례 리부트되었지만, 그 중심에는 언제나 희생과 책임이라는 핵심 주제가 자리 잡고 있습니다. 특히 샘 레이미 감독의 오리지널 3부작은 이 주제를 더욱 깊이 있게 탐구하며, 고뇌하는 영웅을 다루는 선구적인 작품이 되었습니다. 이 작품 이후 등장하는 모든 히어로물 영화는 주인공의 고통과 내적 갈등을 꼭 포함하게 되었다고 말해도 과언이 아닙니다.

「스파이더맨」 시리즈를 관통하는 핵심 대사는 '큰 힘에는 큰 책임이 따른다'는 말입니다. 주인공 피터 파커는 초능력을 얻은 이후, 끊임없이 개인적인 행복과 영웅으로서의 책임 사이에서 갈등합니다. 하지만 그는 항상 큰 힘에 대한 책임을 지는 쪽을 선택합니다. 사랑과 학업을 포함한 평범한 삶을 희생하며 뉴욕시를 지키는 그의 모습은 희생하는 메시아를 연상시키기에 충분했습니다.

특히 두 번째 작품에서 피터가 폭주하는 기차를 온몸으로 막아 시민들을 구출하는 장면은 많은 사람에게 강렬한 이미지로 남아 있습니다. 힘을 다해 쓰러진 그를 시민들이 머리 위로 들어 옮기는 장면은, 종교화에 묘사된 '그리스도의 수난'이나 '십자가에서 내려지는 예수'를 떠올리게 할 만큼 숭고하게 다가옵니다. 이는 스파이더맨이 단순히 강한 영웅을 넘어, 희생의 상징으로 시민들의 마음속에 깊이 새겨지는 순간을 보여줍니다.

토비 맥과이어 주연의 오리지널 3부작뿐 아니라, 톰 홀랜드 주연의 3부작 역시 희생이라는 주제를 등한시하지 않습니다. 다만 톰 홀랜드의 스파이더맨은 자신의 정체를 숨기기 위해 세상 모든 사람의 기억에서 자신을 지우는, 다소 절망적인 희생을 택합니다. 이는 영광스러운 부활로 이어지는 전통적인 메시아 서사와는 결이 다르지만, 자신을 완전히 소멸시킴으로써 타인을 구하는 새로운 형태의 희생을 보여 준다는 점에서 참신하게 다가옵니다.

앞선 장에서 다루었던 소년 만화에서도 이러한 서사를 찾을 수 있을까요? 물론입니다. 「원피스」는 해적왕을 꿈꾸는 소년 몽키 D. 루피의 모험을 그린 작품입니다. 언뜻 단순한 소년 성장물처럼 보이지만, 그 안에는 메시아 서사를 변주한 흥미로운 요소들이 곳곳에 숨겨져 있습니다. 특히 최근에 루피가 태양신 니카로 각성하는 장면이 등장하면서 이러한 요소들이 더욱 뚜렷하게 드러나고 있습니다.

「원피스」의 세계관에는 니카라는 전설 속 해방자의 이야기가 존재합니다. 억압받는 이들을 자유롭게 하는 이 영웅의 전설은 루피의 각성 과정에서 중요한 상징이 되어 줍니다. 특히 사망 직전 루피의 심장 박동이 '해방의 드럼'처럼 울려 퍼지는 장면은, 죽음을 통해 새로운 존재로 태어나는 메시아적인 부활을 연상시킵니다.

이처럼 「원피스」에는 예언과 전승의 요소가 곳곳에 등장합니다. 고대 문헌과 전설, 예언을 통해 위대한 구원자의 등장이 예고됩니다. 이를 추적하는 등장인물들의 모습은 메시아의 탄생을 알리던 성경 속 예언 자들을 떠올리게 합니다. 해적왕 골드 로저가 자신의 의도적 죽음으로 대해적 시대를 열었다는 설정이나, 그의 후계자인 샹크스가 어린 루피를 위해 한 팔을 희생하는 장면은, 구약 시대의 예언자나 세례 요한이 구원자의 길을 예비하는 모습과 유사하게 느껴집니다.

샹크스를 비롯한 이전 세대의 희생은, 은혜야말로 사람의 삶을 가장 크게 변화시키는 동력이라는 사실을 보여줍니다. 루피 해적단의 동료들은 대부분 은인들의 희생 덕분에 목숨을 건진 존재들이며, 몇몇은 그들의 꿈을 대신 이어 가고 있습니다. 말하자면 이들은 모두 갚을 길

없는 은혜를 받고 완전히 감화된 인물들입니다. 이런 주제들이 메시아 서사와 직접적인 연관은 없을지라도, 구원받은 이들이 이제 타인을 구원하는 사람으로 성장해 가는 모습은 단순한 감동을 넘어 신앙적으로도 많은 것을 느끼게 합니다.

마지막으로 「원피스」의 가장 중요한 주제 중 하나는 자유와 해방입니다. 루피는 바다를 항해하며 억압받는 사람들을 돕고 여러 불의에 맞서 싸웁니다. 이는 억압과 고통으로부터 인류를 해방시키는 메시아의 역할과 일맥상통합니다. 루피의 모험은 단순히 해적왕이 되는 여정을 넘어, 세상의 부조리를 타파하고 진정한 자유를 찾아 나서는 메시아적인 항해인 셈입니다.

결국 「원피스」는 소년 만화라는 장르적 특성 속에서 메시아 서사의 핵심 요소들을 효과적으로 변주하여 보여주는 작품입니다. 아직 결말이 나지 않았지만, 메시아의 원형인 니카 신화의 존재와 그것을 현실에 구현해 내는 루피의 모습은 앞으로 이 작품이 어떤 방향으로 나아갈지를 선명히 보여주고 있습니다.

메시아 서사를 뒤틀다

앞서 소개한 작품들과는 달리, 메시아적 서사를 보여주는 듯하다가 이를 비틀어 버리는 작품들도 있습니다. 이러한 작품들을 '탈(脫)메시아적 작품'이라 부를 수 있을 것입니다. 기독교인이라고 해서 반드시 이런 작품을 피할 필요는 없지만, 이를 기독교적인 작품으로 오해하지 않도록 주의해야 합니다. 특히 누군가에게 탈메시아적 작품을 '신앙적인 이유로' 권하는 일은 피해야 합니다. 이는 작품의 메시지에 대한 혼란을 초래할 뿐 아니라, 추천받은 사람이 오히려 그 작품이 전하는 메시지에 감화되는, 의도치 않은 결과를 낳을 수도 있기 때문입니다.

탈메시아적 작품들은 주로 초반부에 걸쳐 메시아 서사를 의도적으로 보여줍니다. 관객이 전형적인 메시아 서사라고 완전히 믿게 해야만, 이후의 전복이 더욱 강렬하게 다가오기 때문입니다. 저는 이런 작품의 예시로 한 작품만 소개하고자 합니다. 바로 「매트릭스」 시리즈입니다. 사실 「듄」 시리즈를 포함해 두 작품을 소개하고 싶었지만, 이 작품의 경우 아직 전부 영화화가 되지 않았기에 「매트릭스」만을 살펴보겠습니다.

「매트릭스」 시리즈는 1999년 개봉 당시 혁신적인 영상 기술과 철학적인 메시지로 전 세계적인 센세이션을 일으킨 작품입니다. 특히 1, 2, 3편으로 이어지는 트릴로지는 세월이 지난 지금까지도 최고의 SF 작품으로 꼽힙니다. 20년 이상의 공백을 깨고 최근에 개봉한 4편의 경우, 기존 시리즈의 분위기와 주제 의식을 흐린다는 이유로 많은 비판을 받았습니다. 저 또한 이 비판에 동의하는 바이기에, 3편까지의 내용만을 중점적으로 다루겠습니다.

우선 「매트릭스」 1편은 아주 전형적인 메시아 서사를 담고 있습니다. 제가 아는 어떤 목사님들은 오직 1편만을 추천하며 교회에서 상영했다는 말을 들었습니다. 또한 기독교와 무관한 관객들조차 1편은 좋아하지만 이후 작품들은 너무 난해하다며 싫어하는 경우도 있습니다. 그만큼 1편은 명확하게, 심지어 통쾌하게 메시아 서사를 그려낸 작품입니다.

1편에 담긴 메시아 서사의 요소는 일일이 나열하기 어려울 정도입니다. 기계로부터 인류를 구원할 자가 태어날 것이라는 오라클의 예언, 그 예언을 굳게 믿으며 세례 요한처럼 메시아의 길을 예비하는 모피

어스, 인간적인 두려움과 고뇌를 지닌 구원자 네오, 가룟 유다처럼 배신하는 사이퍼, 희생당한 네오를 오직 사랑으로 부활시키는 트리니티(삼위일체)까지, 사실상 복음서의 SF 버전이라 봐도 무방할 정도입니다. 또한 부활한 네오는 이전까지 절대 이길 수 없었던 요원들을 손쉽게 물리치며, 마지막에는 승천하는 듯한 모습까지 보입니다. 기독교를 아는 사람이라면 이 모든 요소에서 복음서의 서사를 떠올릴 수밖에 없습니다. 여기까지만 본다면 이 장에서 소개한 그 어떤 작품보다도 더 메시아적인 이야기라고 말할 수 있습니다.

하지만 2편인 「리로디드」의 이야기가 진행되면서, 감독들은 1편이 공들여 쌓아 올린 메시아 서사의 틀을 조금씩 붕괴시키기 시작합니다. 1편에서 진행된 내용 자체가 사실은 더 거대한 세력의 계략 속에 숨겨진 미끼에 불과했던 것입니다. 네오가 수행하던 '구원' 행위는 사실 매트릭스의 개발자가 변수를 통제하고자 미리 설계해 놓은, 일종의 버그 처리 프로그램에 불과했습니다. 말하자면 네오와 같은 메시아의 등장과 사람들이 그에게 거는 구원의 소망 자체가 시스템 유지를 위한 주기적인 백업 절차였던 셈입니다.

처음 영화관에서 「매트릭스」를 볼 당시 저는 초등학생에 불과했습니다. 하지만 성인이 되어 다시 감상하며 이러한 이야기 구조를 깨닫고 한동안 충격에 빠졌습니다. 이 내용을 단순히 글로 설명하면 그다지 특별해 보이지 않을 수 있습니다. 종교 자체가 민중 지배 수단이라는 진부한 주장과 별반 차이가 없으니 말입니다. 하지만 이야기는 단순한 논리 주장보다 훨씬 큰 힘을 지닙니다. 1편에서 충분히 감정 몰입을 유도한 메시아 서사를 한 번에 무너뜨리는 「리로디드」의 전개는 관객에게 큰 충격을 선사하기에 충분했습니다.

그럼에도 3편 「레볼루션」에서 네오는 자발적으로 자신을 희생하여

기계와 인간의 휴전을 이끌어 냅니다. 겉으로 보면 전형적인 메시아처럼 죽음을 맞이하는 모습입니다. 특별히 네오의 죽음 장면에서는 십자가 모양의 불빛이 발산되기도 합니다. 이러한 묘사를 통해, 이 작품은 마치 고전적인 메시아관을 넘어 새로운 구원의 길을 개척한 네오야말로 진정한 메시아라고 말하는 것처럼 보입니다. 결국 「매트릭스」는 신화와 종교를 넘어 스스로를 구원해 내는 인간에 대한 찬가를 말하는 작품이라고 볼 수 있습니다.

결론적으로 「매트릭스」 시리즈는 고전적인 메시아 모티프와 그 모든 것을 붕괴시키는 메커니즘을 절묘하게 결합한 탈메시아적 작품입니다. 메시아 서사와 그를 둘러싼 종교적 신앙조차 더 큰 시스템 안에서 얼마든지 재생산될 수 있다는 역설적인 통찰을 담고 있습니다. 따라서 「매트릭스」는 단순한 SF 액션 영화를 넘어, 탈메시아 서사의 대표이자 정점에 위치한 작품이라 할 수 있습니다.

왜 다시 메시아를 갈망하는가?

앞서 살펴본 「매트릭스」의 예시처럼, 한동안 메시아 서사를 변주하거나 뒤트는 흐름이 계속 이어졌습니다. 하지만 이러한 흐름이 정말로 현대적인 현상일까요? 저는 오히려 메시아 서사를 뒤집는 시도가 더 고전적인 흐름에 속한다고 봅니다. 「듄」의 원작이 1965년에 처음 쓰여진 것만 보아도, 메시아 서사를 전복하려는 시도는 이미 오래전부터 존재해 왔습니다.

오히려 지금 우리가 주목해야 할 현상은, 「아이언맨」이나 「스파이더맨」처럼 꽤 고전적인 메시아적 원형을 따르는 이야기들이 다시금 대중의 큰 사랑을 받고 있다는 점입니다. 그렇다면 질문은 이렇게 바뀌어야 하는지도 모릅니다. '왜 메시아 서사를 뒤트는가?'가 아니라, '왜 우리는 또다시 클래식한 메시아 서사를 갈망하는가?'입니다.

최근 구독자분들의 추천으로 「장송의 프리렌」이라는 애니메이션을 보게 되었습니다. 이 작품은 방영 후 영미권 최대 애니메이션 리뷰 사이트인 'MyAnimeList'에서 한때 모든 작품 중 1위에 오를 정도로 폭발적인 반응을 얻었습니다. 이 작품에는 제가 앞에서 다룬 극적인 희생과 부활의 서사를 넘어, 소박하고 일상적인 영웅적 행실을 남겨 미래에 남은 사람들을 도덕적으로 감화시키는 새로운 유형의 메시아 서사가 등장합니다. 이 서사를 가능케 한 '힘멜'이라는 인물은, 기존의 극적인 서사 속 영웅들보다 오히려 예수님과 더 가까운 모습을 보여줍니다.

이러한 작품들이 전 세계적으로 큰 인기를 얻는다는 사실은, 어쩌면 현대인들의 마음속에 바로 이러한 서사에 대한 깊은 갈망이 자리 잡고 있음을 보여주는 것일지도 모릅니다. 그렇다면 우리는 한 걸음 더 나아가 질문을 던져 보아야 합니다. 왜 사람들은 이토록 메시아 이야기를 갈망하면서도, 그 원형인 복음서 이야기는 쉽게 받아들이지 못하는 것일까요?

그런데 흥미롭게도 최근의 흐름은 이 질문에 대한 답이 그리 간단하지 않음을 보여줍니다. 「더 초즌」은 복음서의 내용을 거의 그대로 옮긴 드라마임에도 불구하고 큰 흥행을 거두어 최근에 디즈니 플러스와 계약을 맺었고, 한국 애니메이션인 「킹 오브 킹스」는 「기생충」을 제치고 미국에서 가장 흥행한 한국 감독 영화라는 기록을 세웠습니다. 이 둘은 모두 2025년 한 해에 일어난 일입니다. 솔직히 이런 소식을 접할 때면 기쁘면서도 '이게 정말인가?' 싶은 마음이 들기도 합니다. 마치 케이팝이 세계적으로 큰 인기라는 사실은 알지만, 막상 「케이팝 데몬 헌터스」 같은 작품이 넷플릭스 23개국에서 1위를 했다는 소식을 들을 때면 어딘가 비현실적으로 느껴지는 것처럼 말입니다.

해외 콘텐츠뿐 아니라 국내 유튜브 생태계를 보아도 비슷한 흐름을 관찰할 수 있습니다. 2025년 한 해에만 '삼프로TV', '너진똑'과 같은 초대형 채널에서 예수 그리스도를 직접 다룬 영상들이 연이어 수백만 조회수를 기록했습니다. 이처럼 그리스도를 소재로 한 콘텐츠가 주류 시장에서 큰 성공을 거두고, 예수라는 인물을 둘러싼 담론이 대중의 뜨거운 관심을 끄는 현상은, 분명 문화적으로 무언가 변화가 일어나고 있음을 보여줍니다. 불과 10년 전과 비교해도, 사람들이 '이야기로서의 복음'에 훨씬 열린 마음을 갖게 되었다는 점은 확실해 보입니다.

왜 메시아 서사가 중요한가?

앞서 말했듯이 메시아 서사를 넘어 복음서 서사 자체를 다룬 콘텐츠도 전세계적인 흥행을 일으키는 시대입니다. 그러나 그리스도의 이야기에 대한 관심과 별개로, 제도권 교회나 종교로서의 기독교에 대한 반감은 더욱 심화되고 있습니다. 사람들은 이야기로서의 예수님은 원하지만, 종교로서의 기독교는 거부합니다. 이러한 역설 속에서 중간 다리 역할을 감당할 수 있는 길은 결국 우리에게 주어진 메시아 서사들을 어떻게 활용하는가에 달려 있습니다.

우리는 성경이나 전통적인 크리스천 문화에서만 예수님을 발견할 수 있는 것이 아닙니다. 그분이 하늘에서 이 땅으로 성육신하신 것처럼, 우리는 대중문화에서도 그분의 자비와 사랑, 그리고 희생의 메시지를 발견할 수 있습니다. 말씀이신 예수님께서 이야기의 형태로 세속 문화 한가운데서 영향을 미친다는 개념을 한번 묵상해 보았으면 좋겠습니다. 이는 신앙적으로도 의미심장한 생각입니다.

물론 모든 작품이 예상대로 흘러가는 것은 아닙니다. 앞서 살펴본 「매트릭스」와 같은 작품들은 메시아 서사를 일부러 비트는 메시지를 담고 있기도 합니다. 그러나 이런 작품들도 누군가가 잘 해석하고 그 의미를 짚어 낸다면, 오히려 예수님에 대한 깊은 논의를 촉발시킬 수 있는 귀중한 자료가 됩니다. 기독교를 비판하는 내용을 담은 「밀양」이 한국의 기독교 논의를 한 단계 성장시키는 데 기여했던 것처럼 말입니다.

이번 마지막 장은 제가 이 책을 통해 전달하고자 했던 핵심을 명확히 보여줍니다. 대중문화 속에서 기독교와 예수님을 발견하는 일은 단순한 문화 비평을 넘어서, 세속적 맥락에서 신앙의 본질을 발견하는 훈련의 기회를 제공해 줍니다. 무슨 뜻일까요? 기독교인은 때로 전혀 신앙적으로 보이지 않는 상황 속에서도 신앙적 본질을 발견해 내야 할 때가 있습니다. 예를 들어 비기독교인들이 일상에서 겪는 공허함과 어려움을 털어놓을 때, 우리는 이를 복음과 얼마나 잘 연결할 수 있을까요?

우리가 마주하는 대부분의 사람들은 기독교적 용어를 사용하지 않습니다. 하지만 그들이 겪는 일상의 어려움은 기독교적 관점에서 바라볼 때 옳은 해결책을 찾을 수 있는 경우가 많습니다. 따라서 기독교인은 그들의 상황을 신앙적 세계관과 연결하여 실질적인 도움을 제공할 수 있어야 합니다. 궁극적으로 이를 통해 복음의 기쁜 소식이 전해질 수 있을 것입니다.

서문에서 말씀드렸듯이, 기독교인은 미디어 금식이 아닌 '미디어 미식'을 지향해야 합니다. 대중 매체를 통해 문화 콘텐츠 안에 계신 그리스도를 발견하는 일은 이를 위한 첫걸음입니다. 기독교적 세계관을 갖춘 채 미디어를 미식함으로써, 우리는 전 세계에 살아 계신 하나님을 만나게 될 것입니다. 또한 신앙의 언어를 공유하지 않는 사람들과도 함께 문화를 향유하며, 그들이 내심 갈망해 온 참메시아를 전할 수 있게 될 것입니다.